S 361
E

2741

MONOGRAPHIES
DE
MAMMALOGIE.

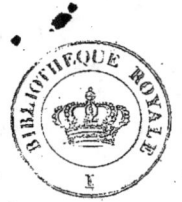

PARIS. — IMPRIMERIE DE FAIN,
RUE RACINE, N. 4, PLACE DE L'ODÉON.

MONOGRAPHIES
DE
MAMMALOGIE,

OU

DESCRIPTION DE QUELQUES GENRES DE MAMMIFÈRES, DONT LES ESPÈCES ONT ÉTÉ OBSERVÉES DANS LES DIFFÉRENS MUSÉES DE L'EUROPE;

PAR C. J. TEMMINCK,

DIRECTEUR DU MUSÉE D'HISTOIRE NATURELLE DE SA MAJESTÉ LE ROI DES PAYS-BAS, MEMBRE DE PLUSIEURS ACADÉMIES ET SOCIÉTÉS SAVANTES.

Ouvrage accompagné de planches d'Ostéologie, pouvant servir de suite et de complément aux Notices sur les animaux vivans, publiées par M. le baron G. Cuvier, dans ses Recherches sur les ossemens fossiles.

Hâtez-vous lentement, et, sans perdre courage,
Vingt fois sur le métier remettez votre ouvrage.
Boileau, *Art poétique.*

TOME PREMIER.

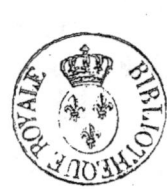 

PARIS.
CHEZ G. DUFOUR et Ed. D'OCAGNE, LIBRAIRES,
QUAI VOLTAIRE, N°. 13;

ET A AMSTERDAM, MÊME MAISON DE COMMERCE.

1827.

MONOGRAPHIES

DE

MMALOGIE.

DISCOURS PRÉLIMINAIRE.

Quelques années de paix, après une longue suite de guerres les plus désastreuses, ont suffi pour replacer l'Europe dans une position favorable à l'entreprise de grands voyages de reconnaissance vers les contrées dont le littoral seul était connu. Des expéditions ordonnées par la plupart des gouvernemens ont été confiées à des marins habiles. Des hommes du plus grand mérite ont reçu la mission de parcourir l'immense étendue de l'Océan, d'y répéter toutes les expériences utiles aux progrès des sciences et particulièrement à l'art nautique. A ces marins courageux ont été adjoints des naturalistes non moins recommandables. Bravant tous les dangers et l'insalubrité des climats auxquels les exposait leur noble dévouement, ces savans scrutateurs de la nature ont pénétré dans les régions dont le sol n'avait point encore été foulé par les Européens ; ils y ont fait un grand nombre de découvertes précieuses aux sciences et à l'économie générale ; et riches de conquêtes qui n'avaient point exigé de sacrifices humains, ils sont venus déposer dans les musées publics des trophées qui établissent leurs droits à la reconnaissance universelle.

Pour répandre les fruits qu'ont procurés ces expéditions lointaines, on a jugé convenable d'en publier des relations détaillées : les unes, rédigées par des savans qui ont rendu célèbre l'Institut d'Égypte, qui de même ont illustré les noms de Humboldt et Bonpland; dans ces ouvrages somptueux les artistes français se sont éminemment distingués par l'exécution typographique et par les gravures soignées qui répandent un nouveau lustre sur les monumens de l'antiquité ou qui retracent à nos yeux les précieuses découvertes en histoire naturelle; les autres, plus simples dans leurs narrations, mais non moins instructives, et dont l'infortuné Péron et le capitaine Krusenstern ont présenté le modèle. Toutes ont concouru à faire connaître au monde entier les efforts généreux des gouvernemens pour porter, sur tous les points du globe, des élémens de civilisation, pour faciliter les communications entre tous les hommes instruits que l'on a vus, de toute part, se présenter en foule pour seconder, à travers mille périls, les vues magnanimes des souverains.

C'est ainsi que l'on a su apprécier par les écrits, et que l'on n'apprendra pas sans intérêt les heureux résultats des voyages autour du monde, exécutés d'après les ordres de S. M. Britannique, par MM. Parker, King, Howel et même Byron; ceux au pôle Arctique, où pénétrèrent à travers les glaces MM. Parry, Ross et Lyon, tandis que M. Franklin suivit la même direction par terre; au pôle Antarctique, par MM. Powel, Weddel; au Mexique et au Brésil, par MM. Bullock et Mauwe; dans l'intérieur de l'Afrique, par MM. Laing, Salt, Burchel et Toole, le major Denham, Clapperton, Gray et plusieurs autres, tels que Hornemann, Houghton, Mungo-Park, Tuckey, Bowdich, Peddie, Cambell, Oudney, qui ont été victimes de l'insalubrité d'un climat dévorant; dans l'Inde et son vaste Archipel, par MM. Hardwich, Raffels, Finlayson, Horsfield.

La France a rivalisé de zèle avec l'Angleterre dans ses entreprises de découvertes : trois expéditions autour du monde ont été confiées à MM. Freycinet, Duperrey, d'Urville, dont MM. Blosseville, Bérard, de Blois, Lottin, Quoy, Gaimard, Gaudichaud, Lesson, Garnot, officiers de santé de la marine royale, faisaient partie comme observateurs de la nature. Indépendamment de ces grandes expéditions, d'autres naturalistes ont isolément parcouru des contrées peu explorées. MM. Leschenault, Milbert, Lesueur, Dussumier, Duvaucel, Diard, ont visité les parties les plus intéressantes de l'Asie, de l'Australasie et de l'Amérique; M. Butica, l'intérieur de la Guyane; M. Auguste de Saint-Hilaire, le Brésil; M. Jurien, le Chili; M. Delalande, le Brésil et successivement une petite partie de l'Afrique méridionale. Tout récemment la corvette l'*Astrolabe* a été armée à Toulon; elle est commandée par le capitaine d'Urville, et montée par MM. Quoy et Gaimard, en qualité de naturalistes; ils ont reçu la mission de reconnaître ces terres éloignées et ces îles à peine connues sous le nom vague de Nouvelle-Guinée. M. d'Orbigny est parti pour le Pérou. Pourquoi faut-il qu'en citant des noms si chers à la science, un cyprès couvre ceux de Havet, Godefroy et Duvaucel? le premier a succombé sous le climat destructif de Madagascar, le second a été victime de la perfidie des cruels habitans de Manille; Duvaucel, dans l'Inde, n'a pu survivre aux blessures des animaux féroces; Noël de la Morinière a péri dans le nord d'une inflammation au cerveau; Peley a trouvé la mort aux Antilles; il lègue au musée de sa patrie les fruits très-nombreux de plusieurs années de travaux et de recherches scientifiques.

Quatre expéditions de la plus haute importance signalent également la Russie au monde savant. On a vu sortir des ports de cet empire, à peine connu il y a seulement deux cents ans, MM. Bellingshausen, Golownin, Krusenstern, le dernier secondé par les naturalistes Tilesius et Langsdorff; ces marins se sont portés successivement d'un pôle à l'autre, pour s'y livrer aux recherches qu'inspirent l'amour des découvertes et un zèle ardent pour les progrès des connaissances. Le comte de Romanzoff, secondant le noble dessein de son monarque, a aussi expédié à ses frais le capitaine Kotzebue (1), accompagné du naturaliste Chamisso, tandis que vers le même temps, MM. Pander et Eversman (2) exploitaient la Bucharie, et M. Wrangel les parties inconnues de la Sibérie.

L'Autriche et la Bavière ont uni leurs efforts pour avoir leur part dans ce précieux genre de conquêtes; MM. Mikan, Natterer et Pohl, commissaires du musée impérial, MM. de Spix et Martius, Bavarois, ont été accrédités près du nouveau souverain du Brésil, et les zones encore vierges de ce vaste pays sont devenues tributaires de leurs scientifiques investigations. M. Sieber a en outre exploré une partie des côtes de la Nouvelle-Hollande. L'infatigable Natterer continue dans les parties les moins connues de l'Amérique méridionale ses recherches fructueuses.

La Prusse n'est point demeurée étrangère à ce grand mouvement. M. Harmsen a dirigé un voyage autour du monde. MM. Sello et Freyreis ont été envoyés pour explorer le Brésil; M. Olfers a fait un voyage au cap de Bonne-Espérance; le docteur Hemprich trouva son tombeau à Dongola en Nubie; le docteur Ehremberg, plus heureux que son infortuné compagnon de voyage, revit sa patrie, et l'a enrichie des fruits de leur dévouement généreux.

Le commerce, mû par un aussi puissant levier de la civilisation, a pris part à l'élan qui a transporté au delà des mers des savans de toutes les classes. On a vu MM. Ruppel et Hey obtenir des principaux négocians de la ville de Francfort de puissans secours pour aller explorer les contrées classiques de l'Égypte et de l'Arabie. Ces intéressans voyageurs parcourent encore en ce moment les bords de la mer Rouge (3). M. Dussumier, armateur de Bordeaux, se plaît dans ses loisirs à être utile aux sciences; il ne manque point, au retour

(1) La relation de ce voyage a été publiée à Weimar.
(2) M. Le professeur Lichtenstein, de Berlin, a rédigé la partie zoologique de ce voyage.
(3) Les deux premières livraisons de l'Atlas du voyage de M. Ruppel viennent d'être

de ses voyages, de déposer dans les musées de Paris et des Pays-Bas les objets d'histoire naturelle qu'il peut se procurer dans ses expéditions nautiques.

Enfin le prince Maximilien de Neuwied, dédaignant l'aisance et les plaisirs pour se livrer aux charmes de l'étude et de l'observation, a parcouru en naturaliste plusieurs provinces du Brésil. Le prince Paul-Guillaume de Wurtemberg, abandonnant sans regret le faste des cours, a exploré les parties centrales de l'Amérique du nord.

Au sein de cet élan général, le royaume des Pays-Bas, qui a tant concouru à faciliter les recherches en objets d'histoire naturelle, se vit trompé dans son attente, et frustré d'en recueillir les fruits, par la perte des jeunes savans, victimes de leur dévouement, et par celle des trésors scientifiques que les flots engloutirent.

Au nombre des nations qui semblent à l'envi vouloir ériger d'utiles monumens aux sciences, ne figure point encore le royaume des Pays-Bas; ce n'est pas qu'il manque de matériaux, aucun autre ne fit davantage pour en recueillir; aucun autre, malgré les rigueurs du sort (1), ne pourrait peut-être montrer plus de richesses; témoin le musée royal des Pays-Bas, et les immenses collections qu'il renferme; mais l'extrême modestie, qui toujours fut l'apanage des peuples nerlandais, même aux époques où leurs flottes étendaient sur toutes les mers une domination respectée, les a constamment portés à jouir dans le silence du fruit de leurs importans travaux, du résultat de leurs généreux efforts. Cette modestie que l'on peut considérer comme une vertu chez les particuliers, ne doit pas être celle d'un gouver-

publiées par les soins de la société Senkenbergienne de Francfort, et du produit des offrandes patriotiques des habitans de cette ville.

(1) La plupart des envois faits depuis huit ans, ont été engloutis par la tempête; malgré ces pertes énormes, le musée royal des Pays-Bas offre à l'œil étonné des trésors que l'on serait loin de soupçonner d'avoir pu y être rassemblés pendant le court espace qui s'est écoulé depuis sa création en 1820.

nement; il est au contraire de son devoir de donner la plus grande publicité à tout ce qui peut propager le goût et l'amour de l'étude, agrandir le cercle des connaissances et reculer constamment les bornes de la civilisation.

Loin que l'on puisse faire au gouvernement des Pays-Bas le reproche d'avoir vu d'un œil indifférent partir des ports de l'Angleterre, de la France, de la Russie, des expéditions de découvertes qui se sont élancées, presque simultanément, vers les régions équatoriales, puis de celles-ci vers les pôles, que l'on apprenne au contraire que ce même gouvernement a donné l'exemple de ces expéditions lointaines, en dirigeant vers l'Australasie M. le professeur Reinwardt. Que l'on sache, et nous le proclamons avec reconnaissance, les grands moyens qui ont été mis à la disposition de ce savant, et qu'une protection efficace lui a été accordée par le gouverneur général de l'Inde, M. le baron Van de Capellen, que l'on voit se distinguer toutes les fois qu'il s'agit de soutenir l'honneur national.

Répandons avec ce noble protecteur des sciences et des arts, des larmes amères sur la tombe où par ses soins furent réunies ces deux intéressantes victimes d'un zèle poussé jusqu'à l'imprévoyance. Kulh et Van Hasselt! le musée des Pays-Bas à honoré votre mémoire d'une manière digne de vous; la postérité regrettera long-temps votre perte prématurée!!! Le compagnon de ces jeunes savans, M. Van Raalten, poursuit à Java le cours de leurs travaux; il fut comme eux honoré de cette protection spéciale que S. E. le gouverneur général a également accordée aux travaux de M. Siebold, envoyé par lui pour reconnaître le Japon, cette terre de promission des naturalistes, cette île rigoureusement fermée jusqu'ici aux savans, et interdite à toutes leurs recherches. La mort a fait évanouir les beaux projets du colonel Trefs, envoyé par le gouverneur général de l'Inde pour explorer les îles les plus reculées du vaste archipel de l'Australasie et la Nouvelle-Guinée; il trouva son tombeau dans l'île de Céram. Le docteur Baierlain mourut au moment où il touchait ce rivage funeste de la côte de Guinée. Trois naturalistes distingués, attachés au musée des Pays-Bas, s'élancent de nouveau vers ces terres équatoriales, et MM. Boié, Macklot, Muller, l'esprit orné de connaissances profondes, animés d'un zèle ardent, voguent vers leur nouvelle destination (1). M. Horstok est chargé de faire des recherches dans l'Afrique méridionale. M. le chevalier de Humbert et M. Cantraine vont se rendre à Tunis, dans le but d'explorer les côtes barbaresques. Les deux Amériques, et cette vaste Océanie découverte par nos marins intrépides, attendent encore que leur sol soit foulé par l'observateur nerlandais. La marine royale s'empressera sans doute de prendre part à l'élan nouveau donné à la science; elle accueillera dans ses cadres des savans et des naturalistes expérimentés toutes les fois que le pavillon national sera destiné à se montrer dans des parages peu connus.

Si jusqu'ici on n'a point vu sortir des presses du royaume des Pays-Bas des relations qui assurent à chacun la part de gloire qui lui revient pour le dévouement qu'il a mis à seconder les vues bienfaisantes du gouvernement, les nombreux matériaux ne s'en préparent pas moins dans le silence. D'ailleurs, tout devant être national dans ces sortes de publications, il fallait nécessairement attendre que l'industrie de la nation fût parvenue au point de rendre superflu tout secours étranger pour l'exécution du monument typographique et iconographique de nos recherches lointaines. Le temps est enfin arrivé où l'on pourra satisfaire l'impatience de tous ceux qui ont fortement à cœur les succès et l'honneur de la patrie; l'Europe savante va bientôt en jouir par l'attention qu'a eue le gouvernement d'en faciliter les moyens, et d'en seconder l'entreprise, et nous saisissons, dans cette circonstance, l'occasion de signaler à plus d'un titre le zèle éclairé de M. Van Ewyck, administrateur de l'instruction publique, des sciences et des arts. La publication de toutes les richesses inédites que renferment le

---

(1) Les savans apprendront sans doute avec intérêt la nouvelle de l'heureuse arrivée à Java de cette troisième expédition nerlandaise

musée des Pays-Bas et les portefeuilles des savans, va être entamée : c'est une tâche dont son Excellence le ministre de l'intérieur a bien voulu m'honorer, et que je ne crains pas de m'imposer sous la protection d'un souverain que, sans flatterie, et dans l'effusion du cœur, chacun proclame le père, l'ami de son peuple et le modèle de toutes les vertus privées.

En attendant qu'une entreprise de cette extension puisse s'organiser d'une manière *complétement nationale*, j'ai cru rendre hommage à ma patrie, et faire apprécier à l'étranger les importantes découvertes des naturalistes nerlandais, en publiant à Paris quelques fragmens de ces découvertes, et les portraits des espèces les plus marquantes déposées dans les galeries du musée des Pays-Bas. La science ne connait plus de limites géographiques; le continent est, sous ce rapport, complétement libre de préjugé national; l'observateur trouve les moyens d'étudier dans tous les pays, partout il rencontre les secours les plus empressés de la part des savans de toutes les nations.

Cette facilité avec laquelle on se voit admis dans les sanctuaires des sciences, la noble libéralité avec laquelle les savans des diverses nations se communiquent ce qu'ils possèdent, la protection que les gouvernemens européens accordent à ceux que le désir de s'instruire porte au delà des limites de leur patrie, sont de nouveaux bienfaits dont on est redevable aux progrès de la civilisation qui, grâces aux vues philanthropiques, acquiert de jour en jour un développement plus parfait. Il n'existe en effet, parmi les savans, plus d'autre jalousie, plus d'autre émulation que celle de contribuer à l'accroissement plus rapide des connaissances.

Ce noble élan d'efforts partiels dirigé vers un centre commun permet de prendre une idée plus exacte de la richesse que nous offre la nature organisée. Comment oser se flatter de voir jamais un seul homme embrasser l'étude de l'ensemble de la création? Pour décrire avec précision, et d'après la nature, une seule classe du règne animal, la vie de l'homme le plus actif suffirait à peine. Le meilleur moyen que les naturalistes puissent choisir pour faire connaître une série de résultats des faits présentés en masse, paraît être celui de publications par *Monographies*. Ce moyen a été employé avec beaucoup de succès dans des ouvrages publiés sur quelques genres d'oiseaux, d'insectes, et de plantes; ce sont autant de traités classiques vers lesquels on se reporte avec confiance. J'en use aussi dans cette publication de l'histoire des mammifères destinée à servir de suite et de complément à cette partie de l'*Histoire des ossemens fossiles*, de M. le baron Cuvier, qui traite plus particulièrement des *espèces vivantes de mammifères*. J'ai mis tous mes soins à laisser le moins possible à désirer dans ces monographies de genres qui se suivront et seront réparties entre elles sans arrangement méthodique quelconque. Je choisirai parmi les genres ceux sur lesquels il m'aura été possible de rassembler un grand nombre de faits, et dont les cadres pourront comprendre la presque totalité des espèces connues. Toute compilation est bannie de la partie *officielle* (si je peux m'exprimer ainsi) de l'ouvrage; les espèces indiquées dans les ouvrages divers, et qui n'auront point été observées de nouveau en nature, seront classées provisoirement hors de ligne, et paraîtront comme articles supplémentaires des genres auxquels elles peuvent être rapportées.

Les entraves toujours croissantes que l'esprit de compilation porte dans l'étude de la nature, m'ont fait adopter ce plan de révision. Je ne me dissimule pourtant point qu'il faut du courage et de la persévérance pour vaincre les difficultés inséparables d'un travail très-long, souvent encombré d'obstacles, et qui oblige à de nombreuses courses pour examiner et décrire les différentes espèces réparties dans les collections d'histoire naturelle. Pour atteindre mon but, il m'a été nécessaire de mettre encore plus de circonspection que mes devanciers dans l'admission des espèces; il m'a fallu pousser la réserve jusqu'à la défiance, en n'admettant dans le catalogue des genres que les espèces observées avec soin sur le vivant ou sur des sujets bien préparés, établies autant que possible d'après l'examen du squelette entier, et toujours d'après la formule dentaire, et la comparaison de la forme du crâne; les observations sont basées le plus souvent sur l'examen d'individus d'âge différent, et lorsque les moyens s'en sont présentés sur des sujets originaires de diverses contrées (1).

On sent que cette révision des travaux de mes devanciers a dû nécessairement me mettre dans la fâcheuse alternative de garder le silence sur des observations qui me paraissent erronées, ou de les relever par la critique. J'ai préféré encourir les désagrémens inséparables d'une telle franchise, et j'espère que mes collaborateurs recevront les remarques et les notes critiques répandues en assez grand nombre dans cet ouvrage, comme ayant été dictées dans l'intérêt de la science ; mon but n'est point de porter la plus légère atteinte à l'amour-propre ni au mérite personnel. J'accepte avec reconnaissance la critique bien fondée ; elle sert à notre instruction, et peut contribuer efficacement à nous guider vers une connaissance plus parfaite de l'organisation des êtres, vers la détermination plus rigoureuse des espèces.

On peut voir dans le tableau méthodique placé en tête de cet ouvrage la classification systématique que j'ai cru devoir adopter pour l'arrangement des mammifères exposés dans les galeries du musée des Pays-Bas : ce tableau a été basé sur les méthodes les plus parfaites, et d'après le relevé le plus récent des espèces connues en Europe, dans les ménageries ou dans les cabinets d'histoire naturelle. Buffon avait estimé le nombre des mammifères existans à *trois cents* à peu près. M. Desmarest, dans le tableau encyclopédique de 1820 (2), indique

---

(1) Un *Mammifère*, un *Reptile*, un *Poisson*, dont le crâne, ou du moins les dents, n'ont point été observés et décrits, me paraissent seulement à moitié connus ; ils n'ont aucune valeur, scientifiquement parlant, lorsqu'à ce manque d'observations établies sur les caractères ostéologiques, vient se joindre une ignorance absolue sur les mœurs et sur l'*habitat*.

(2) M. Desmarest nous apprend que Brisson, dans son système, compte deux cent soixante-quinze espèces de Mammifères ; Erxlèbe, trois cent quarante quatre ; Pennant, quatre cent douze ; Boddaert, trois cent quarante-quatre ; Buffon, trois cent trente-trois (en y comprenant celles qui sont décrites dans les supplémens et les cétacés de M. Lacépède) ; Gmelin, quatre cent quarante, et Vicq-d'Azir, trois cent soixante-treize.

huit cent cinquante espèces, desquelles il faut déduire provisoirement, comme espèces douteuses (1) ou reconnues formant double emploi, pour le moins *cent quatre-vingt*, plus *quarante-deux* espèces fossiles, restes d'animaux qui ont fait partie d'une création antérieure à celle qui existe. Ces déductions doivent donc porter le dernier recensement, fait en l'année 1820, à *six cent trente* espèces. Nous croyons, en toute confiance, pouvoir porter le nombre des mammifères qui nous sont connus à *huit cent soixante* espèces distinctes.

L'ouvrage de M. Desmarest, que je cite partout, offre d'ailleurs le catalogue le plus complet et le meilleur traité à consulter. Il est à regretter que l'auteur n'ait pas trouvé le moyen d'établir ses descriptions sur la nature et sur l'examen d'un grand nombre de sujets; que la compilation ait dû nécessairement entrer pour beaucoup dans ce travail encyclopédique, semé malheureusement de plusieurs indications qui forment double emploi.

On peut offrir, comme un monument précieux, l'ouvrage de M. F. Cuvier, sur les mammifères observés vivans : c'est le plus beau travail qui existe pour cette classe du règne animal. En le présentant comme modèle, nous invitons les naturalistes à suivre scrupuleusement la marche qui y est tracée. Il est plus sûr de remettre aux soins de collaborateurs à portée des moyens d'observation, et à même d'être guidés par des recherches approfondies, toutes les investigations que les naturalistes ne pourront pas suivre par eux-mêmes; nous les engageons surtout à éloigner, du moins pour un temps, toute espèce de compilation; occupation stérile, secours illusoire, qui distraient de la lecture des pages sublimes du livre de la nature, et qui tend à porter le désordre le plus complet dans l'étude de cette science.

(1) L'auteur en signale cent quarante-cinq marquées d'un astérisque.

TABLEAU MÉTHODIQUE
DES MAMMIFÈRES,

RÉPARTIS

EN ORDRES, GENRES ET SECTIONS,

AVEC UNE ÉNUMÉRATION APPROXIMATIVE

DES ESPÈCES COMPRISES DANS LES GROUPES,

SUIVANT LE RELEVÉ LE PLUS RÉCENT DANS CETTE CLASSE DU RÈGNE ANIMAL.

PREMIER ORDRE. — *BIMANES.*

Ier. GENRE. HOMME. — *HOMO.* (*Linn.*)

DEUXIÈME ORDRE. — *QUADRUMANES.*

PREMIÈRE TRIBU. — Ancien continent.

Ier. GENRE. SINGE. — *SIMIA.* (*Linn.*)
Deux espèces, et une troisième douteuse.

IIe. GENRE. GIBBON. — *HYLOBATES.* (*Illig.*)
Quatre espèces bien connues, et une douteuse. *Hylobates variegatus*, et l'espèce nominale de M. F. Cuvier, donnée sous *Hylobates agilis*, forment double emploi.

IIIe. GENRE. COLOBE. — *COLOBUS.* (*Geoff.*)
Deux espèces bien connues, la troisième indiquée par Khul sous le nom de *Colobus Temminckii* est purement nominale; elle doit être rapportée au *Colobus ferrugineus*. Le genre *Semnopithèque* devrait, à la rigueur, faire partie du genre Colobe. Les espèces de ces deux groupes n'offrent point d'autre disparité que par le plus ou le

moins de longueur du pouce. La phalange onguéale manque aux *Colobes*; elle existe dans les *Semnopithèques*. Les *Atèles* entre eux, et les *Alouates* du Nouveau-Monde présentent à peu près la même anomalie. Le crâne et les dents des *Colobes* et des *Semnopithèques* ont exactement la même forme.

IVe. GENRE. SEMNOPITHEQUE. — *SEMNOPITHECUS*. (*F. Cuv.*)

Douze espèces distinctes.

Le *Semnopithecus pyrrus* de M. Horsfield est décidément la même espèce que *Cercopithecus auratus* de M. Geoffroy : notez que cette espèce est un vrai *Semnopithèque* ou *Colobe*. Le Semnopithèque croo (S. Comatus) de M. F. Cuvier est la même espèce que *Presbytis mitrata* du voyage du capitaine Kotzebue; c'est le *Siliri* des Javanais.

V^e. GENRE. GUENON. — *CERCOPITHECUS*. (*Briss.*)

DEUX SECTIONS : Guenons proprement dites et Macaques.

La 1re. section comprend dix-neuf ou vingt espèces distinctes. La 2e. section comprend dix espèces. *Simia atys* est un Albinos de *Cynomolgus*.

VIe. GENRE. MAGOT. — *INNUUS*. (*Geoff.*)

Une seule espèce.

VIIe. GENRE. CYNOCÉPHALE. — *CYNOCEPHALUS*. (*Briss.*)

Neuf espèces distinctes dont huit bien déterminées par nous.

DEUXIÈME TRIBU. — Nouveau continent.

VIIIe. GENRE. ALOUATE. — *MYCETES*. (*Illig.*)

Six espèces bien constatées et une douteuse. *Mycetes fuscus* des auteurs est identique de leur *Mycetes ursinus*. Le *Mycetes rufimanus* de Kuhl est le même que *Simia belzebul* de Linné ou l'*Ouarine* de Buff. Voyez aussi Schreber, tab. 25. b.

IXe. GENRE. ATELE — *ATELES*. (*Geoff.*)

Huit espèces connues *Brachyteles* de M. Spix est *Ateles hypoxanthus* du P. de Neuwied.

X^e. GENRE. SAPAJOU. — *CEBUS*. (*Erxleb.*)

Il est bien difficile de déterminer au juste le nombre d'espèces qu'il faut énumérer dans ce genre; il me paraît que quelques-unes de celles que nous admettons doivent être considérées comme de simples variétés d'âge ou de sexe. Les doubles emplois suivans sont bien constatés; *Cebus variegatus* de Khul est le jeune du *Cebus Xanthosternos* du prince de Neuwied; ce jeune est reproduit par M. de Spix, sous le nom de *Xanthocephalus*. Le *Cebus lunulatus* de Kuhl est un jeune du *Cebus cirifer* du prince de Neuwied.

XIe. GENRE. SAKI. — *PITHECIA*. (*Geoff.*)

Six ou sept espèces en comptant dans ce genre les deux *soi-disant Brachyurus* de M. de Spix, dont le premier, sous le nom de *Brachyurus israelita*, est le jeune de *Pithæcia satanas*; le second ou l'*Ouakary* est, par le crâne et par les dents, une vraie *Pithecia*, d'espèce nouvelle.

Pithecia rufibarbata (1) de Kulh est absolument identique avec *Rufiventer* de Geoffroy, ou *Simia pithecia* de Linné, ou bien *Capillamentosa* de Spix: *Pithecia ochrocephala* de Kuhl est la femelle ou le jeune *Pithecia leucocephala*. J'ai lieu de croire que *Pithecia hirsuta* et *Inusta* de Spix forment une espèce; mais je ne saurais l'affirmer.

XIIe. GENRE. LAGOTRICHE. — *LAGOTHRIX*. (*Geoff.*)

Composé de deux espèces absolument et décidément identiques avec les deux espèces de *Gastrimargus* de M. de Spix, qui vient d'en faire un double emploi.

XIIIe. GENRE. CALLITRICHE. — *CALLITHRIX* (*Cuv.*)

Huit espèces distinctes. Les indications des *Callithrix torquata*, *amicta* et *lugens* des auteurs doivent être réunies en une seule espèce. *Callithrix personata* et *nigrifrons* de M. de Spix forment une seule espèce; son *Callithrix cinerescens* n'est que le jeune, premier âge, du *Callithrix melanochin* du prince de Neuwied.

XIVe. GENRE. OUISTITI. — *HAPALE*. (*Illig.*)

Je ne vois point de distinction générique à établir entre les Ouictitis *Jacchus* et les Tamarins *Midas* de M. Geoffroy. On doit les réunir dans un même groupe.

Au total, quinze ou seize espèces distinctes, *Midas fuscicollis*, *nigricollis* et *mystax* de Spix, forment triple emploi de *Midas labiatus* de Geoffroy.

Tous ces emplois multipliés et ces espèces nominales que M. Spix établit dans son ouvrage des singes du Brésil, ont été vérifiés sur les sujets rapportés par lui.

XVe. GENRE. NOCTHORE. — *NOCTHORA*. (*F. Cuv.*)

Dénomination nouvelle donnée récemment par M. F. Cuvier au genre *Aotus* d'Illiger, vu que ce nom d'*Aotus* ferait préjuger l'absence de toute oreille externe, tandis que le *Douroucouli* (*Aotus trivirgatus*) est pourvu d'une conque auditive très-distincte. C'est le genre *Nyctipithecus* de M. de Spix.

Trois espèces nocturnes font partie de ce genre, qui forme le passage aux lémuriens tardigrades, et paraît être, dans le Nouveau-Monde, le représentant du groupe *Stenops*, propre à l'ancien continent.

---

(1) Le caractère pris de la queue, dans ce sujet décrit par Kuhl, repose sur un individu long-temps captif, dont le bout de la queue avait perdu la plus grande partie de ses poils, usés par le frotement.

TABLEAU MÉTHODIQUE.

TROISIÈME TRIBU. — Lémuriens.

XVIe. GENRE. GALAGO. — *OTOLICNUS*. (*Illig.*)

Trois espèces bien connues et une quatrième dont l'existence n'est pas bien constatée.

XVIIe. GENRE. TARSIER. — *TARSIUS*. (*Storr.*)

Repose sur l'espèce unique *Tarsius Daubentonii*, dont les naturalistes ont formé jusqu'à trois autres espèces purement nominales.

Formule dentaire plus ou moins variable selon l'âge *Tarsius bancanus* est le jeune.

C'est probablement après le *Tarsier* qu'il faudra classer un groupe de quadrumanes lémuriens, dont trois espèces ont été indiquées et figurées par Commerson; M. Geoffroy propose de les nommer *Cheirogaleus*.

XVIIIe. GENRE. LORIS — *STENOPS*. (*Illig.*)

Cinq espèces connues. C'est dans ce groupe qu'il faut placer le *Potto* de Bosman et les trois *Nycticèbes* de M. Geoffroy. La formule dentaire de ces animaux offre des différences très-marquées selon les périodes de l'âge.

XIXe. GENRE. INDRI. — *LICHANOTES*. (*Illig.*)

Repose sur l'espèce unique observée par Sonnerat.

XXe. GENRE. MAKI. — *LEMUR*. (*Linn.*)

Douze espèces distinctes; les *Lemur albimanus* et *collaris* des catalogues méthodiques forment double emploi.

XXIe. GENRE. GALÉOPITHÈQUE. — *GALEOPITHECUS*. (*Pall.*)

Deux espèces très-bien caractérisées par leur charpente osseuse. Les trois espèces inscrites dans les catalogues méthodiques, sous les noms de *Variegatus*, *Rufus* et *Ternatensis*, doivent être réunies sous une seule espèce, des deux qui nous sont connues.

TROISIÈME ORDRE. — *CHEIROPTÈRES*.

Ier. GENRE. MOLOSSE. — *DYSOPES*. (*Illig.*)

Onze espèces connues et huit autres indiquées, et une d'Europe peu connue.

Le genre *Thyroptera* de M. de Spix est apparemment basé sur une espèce du genre *Dysopes*. Les indications de M. de Spix sont peu scientifiques et ses figures au-dessous de la critique.

TABLEAU MÉTHODIQUE.

IIme. GENRE. ROUSSETTE. — *PTEROPUS*. (*Briss.*)

Dix-sept espèces, dont une peut-être nominale, vu l'affinité qui paraît exister entre *Pteropus marginatus* et *titthæcheilus*, qui est peut-être l'adulte ou l'état parfait.

IIIme. GENRE. CÉPHALOTE. — *CEPHALOTES* (*Geoff.*)

Deux espèces, dont une peu connue.

IVme. GENRE. STÉNODERME. — *STENODERMA*. (*Geoff.*)

Genre douteux de cheiroptère indiqué par M. Geoffroy. J'ai lieu de présumer qu'il a été établi sur un jeune *Molosse*. L'espèce unique sur laquelle ce groupe est basé n'a point subi une révision exacte.

Vme. GENRE. MORMOOPS. — *MORMOOPS*. (*Leach.*)

Sur une seule espèce. *Mormoops Blainvillii.*

VIme. GENRE. NOCTILION. — *NOCTILIO*. (*Geoff.*)

Repose, selon mes observations, sur une seule espèce ; car *Noctilio dorsatus* et *albiventre* sont des états différens d'âge et de sexe du *Vespertilio leporinus* de Linné.

VIIme. GENRE. PHYLLOSTOME. — *PHYLLOSTOMA*. (*Geoff.*)

Onze ou douze espèces, soustraction faite des *Vampires*.

VIIIme. GENRE. VAMPIRE. — *VAMPIRUS*. (*Geoff.*)

Une espèce bien connue, *Vespertilio spectrum*. Les deux autres de M. de Spix sont indéterminables sur les descriptions et sur les figures de son ouvrage.

IXme. GENRE. GLOSSOPHAGE. — *GLOSSOPHAGA*. (*Geoff.*)

Six espèces distinctes.

Xme. GENRE. MÉGADERME. — *MEGADERMA*. (*Geoff.*)

Trois espèces connues ; les *Megaderma trifolium* et *sphesma* forment une même espèce.

XIme. GENRE. RHINOLOPHE. — *RHINOLOPHUS*. (*Geoff.*)

Quatorze espèces connues et deux douteuses. *Rhinolophus speris* de Schneider et *Rhinolophus insignis* de M. Horsfield forment une même espèce.

XIIme. GENRE. NYCTÈRE. — *NYCTERIS*. (*Geoff.*)

Trois espèces connues, dont une plus ou moins douteuse.

XIIIme. GENRE. RHINOPOME. — *RHINOPOMA.* (*Geoff.*)

Je n'en connais qu'une espèce. Le *Rhinopoma caroliniensis* repose sur une simple indication.

XIVme. GENRE. TAPHIEN. — *TAPHOZOUS.* (*Geoff.*)

Sept espèces distinctes, des deux mondes. Le genre *Sacopterix* d'Illiger, est basé sur une espèce de *Taphien Vespertilio lepturus* de Linné. Je n'ai pas encore pu examiner *Taphosous longimanus* de M. Hardwicke. *Linn. ; transact.*, vol. 14.

XVme. GENRE. QUEUE A FOURREAU. — *EMBALLONURA.* (Kuhl.)

Deux espèces, et la troisième douteuse. Le genre *Proboscidea* de M. Spix repose sur une espèce de ce groupe, qui sera publiée dans nos monographies.

XVIme. GENRE. NYTICÉE. — *NYCTICEJUS.* (Rafinesque [1].)

Huit espèces, peut-être un plus grand nombre lorsque les dents de tous les *Vespertilions* auront été examinées.

Vespertilio Temminckii de M. Horsfield serait du genre *Nycticée*; *Vespertilio noveboracensis*, dont M. Rafinesque a fait un *Atalaphe*, est un *Nycticée*. Les genres *Hypexodon* et *Atalapha* de M. Rafinesque reposent sur des indications très-vagues, sur des données erronées. Il est indispensable de revoir tout ce travail, et d'examiner les espèces avant d'admettre celles-ci dans nos catalogues méthodiques.

XVIIme. GENRE. VESPERTILION. — *VESPERTILIO.* (Linn.)

Trente-cinq ou quarante espèces, peut-être un plus grand nombre, parmi lesquelles se trouvent probablement plusieurs espèces du genre *Nycticée*.

Il ne nous a pas encore été possible de voir les sujets sous lesquels sont basés les genres nouveaux, proposés par M. Leach, *Linn. Transact.*, vol. 13, indiqués sous les noms *Celaeno*, *Aëllo*, *Scotophilus*, *Artibeus*, *Monophylus*, *Nijtophilus*.

On peut conjecturer que c'est sur un *Molosse* qu'a été formé le genre *Thyroptera* de M. de Spix ; *Proboscidea* m'est connu par l'espèce *P. sanatilis*, c'est une *Emballonura*; la même que *Vespertilio naso* du prince de Neuwied. Le genre *Dipylla*, de Spix repose sur un *Glossophage*. Les espèces classées dans les genres *Desmodus* et *Diclidurus* du prince de Neuwied ne nous sont point connues.

---

[1] Cette coupe paraît vicieuse ; elle n'est déterminable par aucun caractère extérieur ; les espèces ne diffèrent des *Vespertilions* que par les seules incisives. Est-il dans l'intérêt de la science d'admettre un tel genre ?

QUATRIÈME ORDRE. — *CARNASSIERS.*

PREMIÈRE TRIBU. — Insectivores.

Ier. genre. HÉRISSON. — *ERINACEUS.* (Linn.)

Deux espèces bien connues, une troisième douteuse.

IIme. genre. MUSARAIGNE. — *SOREX.* (Linn.)

Quatorze ou quinze espèces distinctes. Quelques-unes, inscrites dans les catalogues méthodiques, forment double emploi. Plus deux espèces, *Sorex parvus* et *Sorex brevicaudatus*, Say, qui ne sont connues que des naturalistes américains.

IIIme. genre. HYLOGALE. — *HYLOGALE.* (Temm.)

Trois espèces connues.

J'ai donné cette dénomination au genre désigné par M. Raffels, sous le nom très-vicieux de *Tupaia* ou *Toupaie*, pris d'un idiome des sauvages de l'île de Sumatra. Ces peuples désignent sous cette dénomination tous les petits animaux qui grimpent aux arbres; les *Écureuils* portent également ce nom de *Toupaie*. Ce changement est dans l'intérêt de la science; il sera sans doute adopté.

IVme. genre. DESMAN. — *MYGALE.* (Cuv.)

Deux espèces, et une troisième douteuse.

Vme. genre. SCALOPE. — *SCALOPS.* (Cuv.)

Une espèce, *Sorex aquaticus* de Linné, bien connue; une autre connue des naturalistes américains, *Scalops pensylvanicus*, Harlan, que nous n'avons pas vue en nature.

VIme. genre. CHRYSOCHLORE. — *CHRYSOCHLORIS.* (Cuv.)

Une espèce bien connue de l'Afrique méridionale; celle d'Amérique repose sur les données de Seba, qui sont toujours très suspectes.

VIIme. genre. CONDYLURE. — *CONDYLURA.* (Illig.)

Une espèce connue et une seconde douteuse, *Condylura macroura*, par M. Harlan et *Longicauda* de Pennant sont probablement des variétés accidentelles de *Condylura cristata*.

VIIIme. genre. TAUPE. — *TALPA.* (Linn.)

Trois espèces distinctes.

IXme. GENRE. TENREC. — *CENTETES.* (*Illig.*)

Trois espèces.

DEUXIÈME TRIBU. — Carnivores proprement dits.

Xme. GENRE. OURS. — *URSUS.* (*Linn.*)

Divisé, on ne sait par quel caractère bien défini, en plusieurs genres distincts. La nouvelle espèce nominale, *Hélarctos euryspilus*, établie récemment par M. Horsfield, repose en double emploi sur *Ursus malayanus* des méthodes.

Nos observations sont basées, comme celles de M. Horsfield, sur le vivant.

Dix ou onze espèces *probablement* distinctes.

XIme. GENRE. RATON. — *PROCYON.* (*Storr.*)

Deux espèces bien connues.

XIIme. GENRE. COATI. — *NASUA.* (*Storr.*)

Deux espèces.

XIIIme. GENRE. KINKAJOU. — *CERCOLEPTES.* (*Illig.*)

Une espèce ; *Cercoleptes caudivolvulus.*

XIVme. GENRE. BLAIREAU. — *TAXUS.* (*Linn.*)

Deux espèces distinctes. A juger des renseignemens fournis par M. F. Cuvier sur l'animal décrit et figuré sous le nom de *Bali-saur*, il paraît probable que c'est un genre nouveau, qu'on pourrait classer provisoirement entre les *Blaireaux* et les *Mydaus*. Ce serait *Arctonyx collaris.*

XVme. GENRE. MYDAUS. — *MYDAUS.* (*F. Cuv.*)

Deux espèces, *Mydaus meliceps*, qui a servi de type, et *Gulo orientalis* de M. Horsfield, que je propose de nommer *Mydaus maccourus.* Kuhl.

XVIme. GENRE. GLOUTON. — *GULO.* (*Retsi.*)

Cinq espèces encore mal déterminées : peut-être un plus grand nombre lorsque toutes les espèces classées sous *Mustela* auront été mieux examinées. Il serait peut-être plus convenable d'isoler *Ursus gulo*, et de classer les autres espèces énumérées dans ce groupe avec les *Martes* (*Mustela*). La marche plus ou moins plantigrade des carnas-

TABLEAU MÉTHODIQUE.

siers est si difficile à déterminer d'une manière rigoureuse ; le passage des uns aux autres offre des nuances sujettes à tant d'anomalies que je ne vois pas de ligne de démarcation admissible entre les *Plantigrades* et les *Digitigrades*.

XVIIme. GENRE. ARCTICTE. — *ARCTICTIS*. (*Temm.*)

A l'article du *Binturong*, publié dans l'*Histoire des mammifères*, par MM. Geoffroy et F. Cuvier se trouve une note à laquelle les lignes ci-jointes servent de réponse. J'ai indiqué ce groupe sous la dénomination mentionnée en l'année 1820, dans un ouvrage périodique imprimé en langue hollandaise; depuis ce temps le Bulletin universel des sciences a annoncé cet article. Le nom *Arctitis* se trouve reproduit dans le prospectus du présent ouvrage ; ce n'est conséquemment point une réforme du nom *Ictides* proposé par M. Valenciennes avant 1822, et sanctionné en 1824 par M. F. Cuvier ; j'en fis verbalement la remarque à M. Valenciennes avant que celui-ci eût publié son mémoire mentionné. Il eut occasion de voir chez moi les dépouilles et les squelettes de cet animal ; depuis, il trouva moyen d'en faire l'acquisition à Bruxelles. M. de Blainville prit à Paris des notes sur le squelette que j'avais apporté dans le but de le faire dessiner pour une des monographies de cet ouvrage. On me permettra conséquemment de conserver le nom d'*Arctictis* préférablement à celui d'*Ictides*, pour désigner le nouveau groupe dont l'espèce-type porte à Sumatra le nom de *Binturong*. Les naturalistes hollandais nous ont fourni plusieurs dépouilles, quelques squelettes et les dessins de cet animal.

On n'en connaît exactement qu'une espèce ; car le *Binturong noir* et le *Binturong à front blanc* sont, l'un le mâle et l'autre la femelle ; le jeune est d'un jaunâtre terne.

Nous ne connaissons encore que par la description et par une belle figure l'animal nouveau, publié par M. F. Cuvier, sous le nom de *Panda* (*Ailurus fulgens*). Voyez l'*Histoire des mammifères*, vol. 3.

XVIIIe. GENRE. PARADOXURE. — *PARADOXURUS*. (*F. Cuv.*)

Six espèces distinctes, déduction faite du *Binturong* que M. F. Cuvier avait classé dans ce genre, avant d'en former son genre *Ictides*.

XIXe. GENRE. MARTE. — *MUSTELA*. (*Linn.*)

Vingt espèces bien connues et quelques-unes indiquées. Ce genre mériterait une révision plus exacte, et une détermination rigoureuse des espèces. (Voyez genre *Gulo*.)

XXe. GENRE. LOUTRE. — *LUTRA*. (*Briss.*)

Six espèces distinctes.

XXIe. GENRE. MOUFETTE. — *MEPHITIS*. (*Linn.*)

On n'en admet jusqu'ici qu'une ; je crois en connaître très-exactement deux. La charpente osseuse des *Moufettes* doit être examinée avant qu'on puisse se permettre l'admission d'un plus grand nombre d'espèces.

XXIIe. GENRE. MANGOUSTE. — *HERPESTES*. (*Illig.*)

Onze espèces distinctes. Le *Mangue* figuré et décrit par M. F. Cuvier peut-il, en effet, former un genre distinct ? S'il est jugé plus assorti au genre *Mangouste*, on pourra énumérer douze espèces.

XXIIIe. GENRE. SURIKATE. — *RYZÆNA*. (*Illig.*)

Sur l'espèce unique, *Ryzæna zenick*.

XXIVe. GENRE. CIVETTE. — *VIVERRA*. (*Linn.*)

Neuf espèces connues, et deux reposant sur des indications très-vagues. *Viverra prehensilis* et *nigra* sont identiques de *Paradoxurus typus*; et *Viverra rasse* de Horsfield est le même animal que *Viverra indica* de Geoffroi. Le premier de ces noms est à préférer.

XXVe. GENRE. CHIEN. — *CANIS*. (*Linn.*)

Trente espèces, deux autres peu connues, et trois espèces indiquées par les naturalistes américains, qu'on doit voir en nature avant de les admettre dans le système : ce sont *Canis latrans*, *nubilus* et *velox*, Say, Long. Expedit., sans porter en ligne de compte les races domestiques, parmi lesquelles se trouvent probablement quelques descendans d'espèces distinctes. L'espèce si long-temps douteuse, indiquée sous *Fennecus* ou *Megalotis* vient reprendre son rang dans ce genre.

XXVIe. GENRE. PROTÈLE. — *PROTELES*. (*J. Geoff.*)

Sur l'espèce unique inscrite dans quelques catalogues sous le nom de *Civette hyénoïde*; c'est *Aard-Wolf* (loup de terre) des colons du Cap.

XXVIIe. GENRE. HYÈNE. — *HYÆNA*. (*Briss.*)

Deux espèces bien connues, et une troisième vaguement indiquée.
L'animal que j'ai décrit dans les Annales des Sciences Physiques, sous le nom de *Hyène peinte*, est du genre *Chien*.

XXVIIIe. GENRE. FÉLIS. — *FELIS*. (*Linn.*)

Aujourd'hui trente espèces distinctes et sept ou huit autres indications douteuses.

TROISIÈME TRIBU. — Amphibies.

XXIXe. GENRE. PHOQUE. — *PHOCA*. (*Linn.*)

Quatorze ou quinze espèces ; probablement un plus grand nombre lorsque toutes celles indiquées auront été mieux étudiées, et qu'on connaîtra leur charpente osseuse, surtout leur formule dentaire sujette à des anomalies par le développement très-lent du crâne et des dents. Nous en possédons une grande série.

XXXe. GENRE. OTARIE. — *OTARIA*. (*Péron.*)

Six espèces connues, dont une imparfaitement. Quelques indications reposent seulement sur l'examen du crâne ou d'une partie des mâchoires.

XXXIe. GENRE. MORSE. — *TRICHECHUS*. (*Linn.*)

L'espèce unique, *Trichecus rosmarus*.

CINQUIÈME ORDRE. — *MARSUPIAUX*.

Ier. GENRE. SARIGUE. — *DIDELPHIS*. (*Linn.*)

Douze espèces bien caractérisées, et trois autres douteuses.

IIe. GENRE. CHEIRONECTE. — *CHEIRONECTES*. (*Illig.*)

Une seule espèce, si toutefois on doit admettre la séparation générique faite par Illiger. C'est *Didelphis palmata*.

IIIe. GENRE. PHASCOGALE. — *PHASCOGALE*. (*Temm.*)

Deux espèces distinctes.

IVe. GENRE. THYLACINE. — *THYLACYNUS*. (*Temm.*)

Une seule, *Thylacynus Harrisii*.

V^e. GENRE. DASYURE. — *DASYURUS*. (*Geoff.*)

Quatre espèces, et une cinquième qui n'a point été vue depuis l'indication et la figure fournie par White.

VIe. GENRE. PÉRAMÈLE. — *PERAMELES*. (*Geoff.*)

Les deux espèces de M. Geoffroy. Le *Péramèle-Bougainville* de l'Atlas du *Voyage du capitaine Freycinet*, pl. 5, repose sur un jeune sujet du *Péramèle nez pointu*, de M. Geoffroy.

VIIe. GENRE. PHALANGER. — *PHALANGISTA*. (*Geoff.*)

Huit espèces distinctes.

VIIIe. GENRE. PÉTAURISTE. — *PETAURUS*. (*Shaw.*)
Cinq espèces bien connues par nous.

IXe. GENRE. POTORO. — *HYPSIPRYMNUS*. (*Illig.*)
Deux ou trois espèces encore peu connues. Ce genre est-il en effet distinct du suivant?

X^e. GENRE. KANGURO. — *HALMATURUS*. (*Illig.*)
On peut distinguer huit espèces qui me sont connues. Celles des catalogues méthodiques reposent sur des indications plus ou moins vagues et embrouillées.

XIe. GENRE. KOALA. — *PHASCOLARCTOS*. (*Blainv.*)
Une seule espèce.

XIIe. GENRE. PHASCOLOME. — *PHASCOLOMYS*. (*Geoff.*)
Une seule espèce.

SIXIÈME ORDRE. — RONGEURS.

L'ordre des Rongeurs est composé d'animaux plus ou moins défectueusement répartis en groupes; les genres *Hypudœus*, *Georychus*, *Mus*, *Sceritus* et *Meriones* ont besoin d'une révision complète; on ne parviendra à classer ces animaux en des groupes bien assortis que par l'examen minutieux du crâne et des dents. Les diagnoses spécifiques devront offrir plus de précision.

Ier. GENRE. CASTOR. — *CASTOR*. (*Linn.*)
Deux espèces distinctes.

IIe. GENRE. ONDATRA. — *FIBER*. (*Cuv.*)
Une seule espèce.

IIIe. GENRE. CAMPAGNOL. — *HYPUDÆUS*. (*Illig.*)
Le nombre des espèces de ce genre et du genre suivant presque indéterminable. Il serait préférable de réunir quelques espèces de ces deux genres et d'en distraire quelques autres, qui seraient mieux classées dans les genres *Spalax* et *Bathijergus*. Je m'occupe depuis quelque temps de recherches suivies sur ces animaux.
Les catalogues méthodiques indiquent jusqu'à vingt espèces, et les naturalistes américains veulent en classer trois autres dont M. Harlan fait mention

C'est probablement après les *Campagnols* que devra être classé le nouveau Rongeur, reçu dans le dernier envoi de Sumatra; l'espèce est de la taille d'un fort *Ondatra*, et porte une bande longitudinale, d'un blanc pur, sur le sinciput; c'est *Mus sumatrensis* de M. Raffels.

IVe. GENRE. LEMMING. — *LEMMUS.* (*Cuv.*)

Plusieurs espèces de ce genre semblent offrir de nombreux rapports avec le genre *Spalax*.

Probablement huit espèces, *trois douteuses*.

V^e. GENRE. RAT-TAUPE. — *SPALAX.* (*Guldens.*)

Ce genre et celui du Lemming (*Lemmus*) sont bien rapprochés et peuvent être réunis. Je ne vois pas de différence bien caractérisée propre à les distinguer. Dans tous les cas il faudra joindre au *Spalax typhlus*, type de ce genre, le *Lemmus talpinus*. Le *Spalax à bandes* (*Spalax vittata*) formera probablement la troisième espèce ; elle est indiquée par M. Rafinesque.

VIe. GENRE. ÉCHIMYS. — *ECHYMYS.* (*Geoff.*)

Huit espèces distinctes.

VIIe. GENRE. LOIR. — *MYOXUS* (*Gmel.*)

Six espèces distinctes. Peut-être quelques autres lorsque leurs dents seront connues.

VIIIe. GENRE. MYOPOTAME. — *MYOPOTAMUS.* (*Commers.*)

L'espèce unique *Mus coypus*.

IXe. GENRE. HYDROMIS. — *HYDROMYS.* (*Geoff.*)

Deux espèces bien connues.

X^e. GENRE. CAPROMIS. — *CAPROMYS.* (*Desmar.*)

C'est le genre présenté par M. Say, sous le nom *Isodon*. Une espèce bien connue, une seconde douteuse.

XIe. GENRE. RAT. — *MUS.* (*Linn.*)

Ce groupe forme un amas confus d'espèces mal déterminées; toutes doivent être revues et comparées soigneusement sur un grand nombre de sujets, dans toutes les périodes de l'âge. Les descriptions et les indications fournies sont basées le plus souvent sur des individus dans le jeune âge ; elles manquent de précision, et ne pourront être utilisées convenablement qu'autant que les figures exactes et le contour du crâne et des dents accompagnent ces notices. Les genres nombreux proposés par quelques naturalistes ne peuvent trouver place dans le système; quelques-uns reposent évidemment sur l'examen des dents de jeunes animaux, tandis que l'adulte figure dans un groupe voisin.

Le nombre des espèces peut être porté, par approximation, à trente-quatre espèces inscrites dans les catalogues, et huit espèces présumées nouvelles, qui me sont venues de différentes parties du monde, et que je ne puis trouver dans les notices publiées.

J'ai lieu de juger que *Mus setifer* de M. Horsfield n'est que le jeune de *Mus giganteus* d'Hardwick; espèce assez commune dans l'île de Java.

XIIe. GENRE. HAMSTER. — *CRICETUS*. (*Cuv.*)

Dix ou douze espèces, en y comprenant le *Hamster anomal* et le *Hamster chinchilla* que nous ne connaissons point encore par les dents. On ne peut sans nouvel examen, assigner une place dans le système aux genres nouveaux de M. Rafinesque, sous les noms de *Geomys* et *Cynomys* (1).

XIIe. bis. GENRE. ASCOMYS. — *ASCOMYS*. (*Lichtens.*)

Une espèce, qui repose sur *Mus bursarius* de Shaw.

XIIIe. GENRE FOSSOYEUR. — *BATHEYERGUS*. (*Illig.*)

Deux espèces distinctes, *Mus maritimus* et *Mus capensis*.

XIVe. GENRE. PÉDÈTE. — *PEDETES*. (*Illig.*)

Sur l'espèce unique du cap de Bonne-Espérance. *Pedetes caffer*.

XVe. GENRE. GERBOISE. — *DIPUS*. (*Gmel.*)

On compte jusqu'à sept espèces, en énumérant celles indiquées par M. Lichtenstein, si toutefois il n'existe pas de double emploi. Ce genre et le suivant offrent selon mes données, trois espèces nominales, établies sur des jeunes d'espèces connues.

XVIe. GENRE. GERBILLE. — *MERIONES*. (*Illig.*)

Cinq espèces; probablement une sixième, et les quatre espèces indiquées par M. Rafinesque, encore douteuses pour nous.

XVIIe. GENRE. ULACODE. — *AULACODUS*. (*Swind.*)

L'espèce unique établie sur un jeune sujet. Voyez la septième monographie de cet ouvrage.

XVIIIe. GENRE. MARMOTTE. — *ARCTOMYS*. (*Linn.*

Quatre espèces bien connues, et quatre autres douteuses, savoir : *Pruinosa, Guadi, Maulina* et *Tscherkessicus*. *Arctomys melanopus* de Kuhl *Zool. Beit.*, page 64, a été établie sur un individu de *Arctomys empetra*, et fait conséquemment double emploi.

---

1 Genre douteux établi sur la *Marmotte du Missouri*, de M^r. Warden. *Description des États-Unis*, volume 5, page 627.

TABLEAU MÉTHODIQUE.

XIX. GENRE. SPERMOPHILE. — *SPERMOPHILUS*. (*F. Cuv.*)

Cinq espèces qui me sont connues.

Sous la dénomination de *Souslik* (*Arctomys citillus* des auteurs, existent deux espèces distinctes ; l'une tachetée, que l'on peut nommer *Spermophilus guttatus*, à laquelle vient se joindre *Undulatus* et *Spermophilus concolor* qui est répandue dans les parties orientales de l'Europe.

On ne peut classer, sans de nouveaux renseignemens, le genre *Anisonyx* de M. Rafinesque. Les indications superficielles ne doivent point être admises ; il nous faut plus de détails illustrés par la gravure ou par la lithographie.

XX. GENRE. ÉCUREUIL. — *SCIURUS*. (*Linn.*)

Nous ne pouvons point encore admettre cette série de nouveaux genres établie dans le genre *Sciurus*. Le nombre des dents, les formes extérieures n'offrent aucune différence facile à saisir. Toutes ces coupes nouvelles augmentent la confusion, surtout lorsqu'elles ne reposent point sur des caractères qu'on peut vérifier à l'extérieur. Le genre *Tamias* repose sur un caractère plus marquant, fondé sur l'existence de poches ou abajoues, et sur la vie souterraine de quelques espèces; mais cet instinct n'est pas toujours coïncident avec l'absence ou la présence des caractères extérieurs.

On peut porter le nombre des écureuils bien connus par les dépouilles à trente espèces distinctes, et à huit ou dix indications douteuses. *Sciurus Levaillantii* de Kuhl *Zool., beit.*, page 67, est le même animal que *Sciurus setosus*, Forsten et *Erythropus*. (Geoff.)

XXI. GENRE. POLATOUCHE. — *PTEROMYS*. (*Cuv.*)

Huit espèces bien connues. *Pteromys genibarbis* et *lepidus* de M. Horsfield, *Zool. Res.*, forment une seule espèce qu'il ne faut pas confondre avec *Pteromys Sagitta*.

On trouve au Japon une grande espèce, très-remarquable, que je décrirai sous le nom de *Pteromys leucogenys*.

XXII. GENRE. AYE-AYE. — *CHEIROMYS*. (*Cuv.*)

Une seule espèce basée sur le sujet unique rapporté par Sonnerat.

XXIII. GENRE. PORC-ÉPIC. — *HYSTRIX*. (*Briss.*)

Quatre espèces bien connues, une douteuse. *Fasciculatus* est un véritable porc-épic par tous les caractères extérieurs et par tout l'ensemble de la charpente osseuse. On le trouve sur le continent de l'Inde et à Java. *Macrourus* ne m'est pas encore connu.

XXIV. GENRE. SINÉTHÈRE. — *SINOETHERUS*. (*F. Cuv.*)

Deux espèces bien déterminées, et probablement une troisième.

XXV. GENRE. LIÈVRE. — *LEPUS*. (*Linn.*)

Douze espèces distinctes.

XXVI°. genre. PIKA. — *LAGOMYS.* (*Geoff.*)
  Trois espèces distinctes.

XXVII°. genre. CABIAI. — *HYDROCHÆRUS.* (*Briss.*)
  Une seule *Hydrochærus capybara.*

XXVIII°. genre. COBAYE. — *CAVIA.* (*Erxleb.*)
  Cavia aperea, ses variétés domestiques, et deux autres espèces d'Amérique.

XXIX°. genre. AGOUTI. — *DASYPROCTA.* (*Illig.*)
  Quatre espèces et une cinquième douteuse.

XXX°. genre. PACA. — *COELOGENUS.* (*F. Cuv.*)
  Deux espèces connues.

SEPTIÈME ORDRE. — *ÉDENTÉS.*

I°. genre. PARESSEUX. — *BRADYPUS.* (*Linn.*)
  Trois espèces distinctes.

II°. genre. TATOU. — *DASYPUS.* (*Linn.*)
  Deux sections du même genre préférablement à plusieurs genres distincts
  Huit espèces dont deux plus ou moins douteuses.

III°. genre. ORYCTÉROPE. — *ORYCTEROPUS.* (*Geoff.*)
  Une seule, *Orycteropus capensis.*

IV°. genre. FOURMILIER. — *MYRMECOPHAGA.* (*Linn.*)
  Quatre espèces et deux autres dont l'existence est probable.

V°. genre. PANGOLIN. — *MANIS.* (*Linn.*)
  Trois espèces distinctes.

TABLEAU MÉTHODIQUE.

HUITIÈME ORDRE. — *PACHYDERMES.*

Ier. GENRE. ÉLÉPHANT. — *ELEPHAS.* (Linn.)

Deux espèces. L'éléphant du nord et du midi de l'Afrique ne diffèrent point ; c'est à tort qu'on a proposé de les distinguer spécifiquement.

IIe. GENRE. HIPPOPOTAME. — *HIPPOPOTAMUS.* (Linn.)

Probablement une seule espèce, du nord et du midi de l'Afrique, ce qui mérite confirmation.

IIIe. GENRE. PHASCOCHÆRE. — *PHASCOCHÆRES.* (F. Cuv.)

Deux espèces distinctes, celle connue sous le nom de *Sus æthiopicus* ; une seconde, découverte par M. Ruppel sera figurée dans l'atlas de son Voyage, sous le nom de *Phascochæres barbatus.*

IVe. GENRE. COCHON. — *SUS.* (Linn.)

Trois espèces connues et trois nouvelles des parties de l'Australasie.

La dépouille de *Sus* à oreilles longues, terminées de poils, rapportée du cap de Bonne-Espérance, et conservée au musée de Paris, est celle de la femelle du *Sus larvatus.*

V^e. GENRE. PÉCARI. — *DICOTYLES.* (Cuv.)

Deux espèces distinctes ; on a voulu établir une troisième *D. Pygmeus*, mais elle repose sur la vue d'un jeune Pécari à collier.

VIe. GENRE. RHINOCÉROS. — *RHINOCEROS.* (Linn.)

Quatre espèces bien connues ; la cinquième, dont M. Burchell fait mention, n'a point encore subi un examen comparatif.

VIIe. GENRE. DAMAN. — *HYRAX.* (Herman.)

Une seule espèce, du midi et du nord de l'Afrique ; j'en juge ainsi sur l'examen des dépouilles et des squelettes.

VIIIe. GENRE. TAPIR. — *TAPIRUS.* (Briss.)

Deux espèces connues et une troisième de la Chine qui repose sur des notices très-vagues.

IXe. GENRE. CHEVAL. — *EQUUS.* (Linn.)

Sept espèces distinctes. M^r. E. Gray, *Zoolog.*, journal, n°. 2, a proposé de former deux genres, *Equus* et *Asinus*; mais cet essai n'est pas heureux : la dédicace qu'il fait d'une espèce nouvelle de son genre *Ane*, est encore moins heureuse.

NEUVIÈME ORDRE. — *RUMINANS.*

PREMIÈRE TRIBU. — Sans cornes.

Ier. GENRE. CHAMEAU. — *CAMELUS.* (*Linn.*)
Deux espèces distinctes.

IIe. GENRE. LAMA. — *AUCHENIA.* (*Illig.*)
Trois espèces distinctes.

IIIe. GENRE. CHEVROTAIN. — *MOSCHUS.* (*Linn.*)
Cinq espèces dont une douteuse.
Il faut rayer du genre *Moschus* l'animal inscrit dans les systèmes sous le nom de *Moschus pygmœus* ; toutes les indications reposent sur des jeunes d'une espèce de très-petite *Antilope*, mon *Antilope spinigera* des côtes de Guinée et de Loango. Cette espèce est moins grande d'un tiers que *Antilope pygmea*. On sait que *Moschus delicatulus* et *americanus* sont établis sur des jeunes du *Cervus rufus*.

DEUXIÈME TRIBU. — Des bois dans les mâles.

IVe. GENRE. CERF. — *CERVUS.* (*Linn.*)
J'en connais vingt-trois ou vingt-quatre espèces distinctes, et on cite les indications douteuses de quatre autres.

TROISIÈME TRIBU. — Des proéminences velues.

V^e. GENRE. GIRAFE. — *CAMELOPARDALIS.* (*Linn.*)
Une seule espèce propre au nord et au midi de l'Afrique ; j'en juge sur les dépouilles ; il faudra comparer les squelettes.

QUATRIÈME TRIBU. — Cornes à fourreau en étui.

VIe. GENRE. ANTILOPE. — *ANTILOPE.* (*Pallas.*)
J'en connais exactement quarante-trois espèces ; trois autres existent et reposent sur l'examen du crâne ou des cornes. Cinq ou six sont indiquées, et deux ou trois autres indications sont purement nominales.

VIIe. GENRE. CATOBLÉPE. — *CATOBLEPAS*. (Élien.)
Deux espèces distinctes.

VIIIe. GENRE. CHÈVRE. — *CAPRA*. (Linn.)
Genre très-voisin de celui désigné sous *Antilope*, et plus encore du genre *Ovis*.
Quatre ou cinq espèces types, et plusieurs races domestiques. Le Bouquetin du Nepoul de M. F. Cuvier, est le même animal que l'*Antilope goral* de M. Hardwicke. *Capra nubiana* de M. F. Cuvier, se trouve aussi en Arabie ; il porte au Musée de Vienne le nom de *Capra arabica*. On peut voir dans le Musée des Pays-Bas des individus de ces deux contrées [1].

IXe GENRE. MOUTON. — *OVIS*. (Linn.)
Six ou sept espèces distinctes, et plusieurs races domestiques.

X^e. GENRE. BOEUF. — *BOS*. (Linn.)
Neuf espèces distinctes, et les races domestiques.

DIXIÈME ORDRE. — *CÉTACÉS*.

PREMIÈRE TRIBU. — Herbivores.

Ier. GENRE. LAMANTIN. — *MANATUS*. (Linn.)
Deux espèces distinctes, et une *Manatus latirostris* très-douteuse.

IIe. GENRE. DUGONG. — *HALICORE*. (Illig.)
Sur l'espèce unique *Halicore dugong*.

IIIe. GENRE. STELLIERE. — *STELLERUS*. (Cuv.)
Genre, espèce unique, que je n'ai jamais eu occasion de voir en nature.

DEUXIÈME TRIBU. — Piscivores.

IVe. GENRE. DAUPHIN. — *DELPHINUS*. (Linn.)
Nous n'en connaissons très-exactement que quinze ou seize espèces ; quatorze autres re-

---

[1] Je demande aux critiques, si j'ai tort de me prononcer contre le choix des noms de contrée.

posent sur des indications très-vagues. Il se trouve sans doute plusieurs parmi ces dernières qui sont purement nominales, ou qui ont rapport à des états différens d'âge.

V^e. GENRE. NARWAL. — *MONODON.* (*Linn.*)

Une espèce bien connue ; deux ou trois autres reposent sur des indications de quelques marins.

VIe. GENRE. CACHALOT. — *PHYSETER.* (*Linn.*)

Deux espèces un peu mieux étudiées que les cinq ou six autres, simplement indiquées sur des données très-vagues.

VIIe. GENRE. BALEINE. — *BALÆNA.* (*Linn.*)

On peut énumérer, quoiqu'avec quelque doute, quatre ou cinq espèces ; les autres qu'on trouve indiquées doivent subir une révision plus exacte. On peut conjecturer avec assez de probabilité que les baleines munies de plis longitudinaux au ventre sont toutes de la même espèce ; les différences signalées paraissent se rapporter aux sexes et aux états différens de l'âge.

ONZIÈME ORDRE. — *MONOTRÊMES.*

Portés provisoirement à l'extrême ligne des *Mammifères*, comme servant à indiquer le passage aux classes des *Reptiles* et des *Oiseaux.*

Ier. GENRE. ÉCHIDNÉ. — *ECHIDNA.* (*Cuv.*)

Une seule espèce *Echidna hystrix* ; car la seconde indiquée sous *Echidna cetosa* n'est qu'un état différent d'âge ou de mue du même animal. Les Porcs-Épics et les *Sinéthères* pourraient nous offrir des différences spécifiques absolument semblables.

IIe. GENRE. ORNITHORHYNQUE. — *ORNITHORHYNCHUS.* (*Blumenb.*)

Deux espèces distinctes, bien constatées. *Orn. rufus et fuscus.*

En établissant cet *Essai d'un tableau méthodique*, nous n'avions aucune idée d'y comprendre des remarques et des notes ; celles-ci se sont offertes à fur et mesure ; elles ne portent que sur les espèces les plus récemment indiquées : une révision de toutes celles classées dans les systèmes et dans les ouvrages sur les mammifères d'une date plus reculée, ne peut être que le fruit d'un travail nouveau, établi sur toutes les espèces décrites ou indiquées ; c'est conséquemment la tâche ingrate et difficile réservée à ceux qui publieront la monographie d'un genre.

MONOGRAPHIES
DE
MAMMALOGIE.

PREMIÈRE MONOGRAPHIE.

SUR LE GENRE

PHALANGER. — *PHALANGISTA*. (Geoff.) (1).

PHALANGER (*Storr.*). — CUSCUS (*Lacep.*). — PHALANGISTA (*Cuv. Geoff.*). — BALANTIA (*Illiger*).

Dents incisives mitoyennes $\frac{2}{2}$, longues, tranchantes; les deux inférieures plus longues du double que les supérieures, couchées en avant et tranchantes comme celles des rongeurs; les deux supérieures fortes, courbées, un peu écartées à leur base, convergentes et pointues au bout; les incisives latérales *de chaque côté* $\frac{2}{0}$, très-petites, mais la seconde plus grosse que la première (2). Dents canines $\frac{2}{0}$. A cette

---

(1) Nous ne comprenons pas par quel motif il a plu à M. Illiger de substituer, pour ce nom de genre très-bien imaginé, celui de *Balantia*, qui est également bien vu; mais le premier nom étant correct, plus ancien et généralement usité, nous l'adoptons pour ce groupe d'animaux. Le nom de *Phalanger* a été donné par Buffon à la seule espèce connue de son temps, à cause de la réunion de deux doigts du pied. M. Geoffroy réunit aux *Phalangers proprement dits* les Phalangers volans (nos *Pétauristes*). Il convient de séparer ces deux groupes d'animaux, par les mêmes motifs qui ont fait répartir en deux genres distincts les *Polatouches* et les *Écureuils*.

(2) En tout, au nombre de 6 incisives supérieures, mais point 8, ainsi que l'avancent MM. Geoffroy et Illiger.

T. I.

canine de chaque côté à la mâchoire supérieure, répondent à la mâchoire inférieure deux ou trois petites dents rudimentaires, obtuses, à peine sortant des mâchoires, et le plus souvent cachées sous les gencives. Dents molaires $\frac{6}{6}$. La première molaire, à la mâchoire supérieure, ressemble à une petite canine; la seconde est très-grosse, pointue et à facettes; les quatre autres ont quatre tubercules réguliers disposés sur deux rangs. La première molaire à la mâchoire inférieure est très-grosse, et a la même forme que la seconde à facettes de la mâchoire supérieure; les quatre autres ressemblent aux supérieures. Une seule espèce (*Phalangista cavifrons*) est munie d'une très-petite dent rudimentaire, cachée entre la fausse canine et la molaire à facettes; elle est si petite qu'on l'aperçoit à peine, mais elle ne tombe point dans un âge avancé. Nombre total des dents régulières, 32, et des petites dents anomales, et sans fonction présumable, de 4 jusqu'à 8.

La tête est allongée, mais moins que celle des autres genres des marsupiaux; une double crête réunie, et naissant de chaque côté du front, partage le crâne; les arcades zygomatiques sont larges et fortes; le museau est comprimé, la lèvre un peu fendue et le nez divisé par un sillon. Les yeux sont grands, au centre des deux autres organes, et à pupille nocturne dans plusieurs. (1). Les pieds sont courts, gros et forts; ceux de devant munis de cinq doigts, disposés en demi-cercle, et armés d'ongles gros, comprimés et crochus; les pieds postérieurs ont un grand pouce, distinct et écarté des autres, sans ongle; les deux suivans sont plus courts que les deux autres doigts; leurs phalanges sont réunies sous une même enveloppe cutanée, et paraissant extérieurement ne former qu'un seul doigt muni de deux petits ongles; les deux doigts extérieurs sont gros, et à peu près d'égale longueur. Les oreilles sont, ou longues et plus hautes que le crâne, ou très-courtes, et souvent cachées par les poils; la queue est fortement préhensile dans toutes les espèces, mais, dans quelques-unes, velue à peu près partout, hormis à la face in-

(1) Toutes les espèces n'ayant point été observées vivantes, nous ne généraliserons pas ce caractère à toutes; car il est probable qu'on en trouve à pupille diurne, comme nous le voyons dans le genre des chats.

férieure de la pointe; et dans le plus grand nombre, elle est nue et couverte de rugosités sur plus de la moitié de sa longueur (1). Les femelles ont une poche fort ample sous le ventre, où sont quatre mamelles. Les mâles ont un scrotum distinct.

Le pelage de ces animaux est cotonneux, crépu, très-fourni et serré; les poils sont grossiers et rudes. Tous se servent de leur queue, fortement préhensile, pour s'accrocher aux branches des arbres. On les trouve suspendus ou bien blottis contre les grosses branches, et couverts de leur queue, dont ils s'enroulent. L'estomac est peu musculeux, et le cœcum très-long. Leur régime est omnivore, mais principalement et en grande partie frugivore : on croit qu'ils sont aussi insectivores. Ils vivent habituellement sur les arbres, où ils sont assoupis de jour. Ils n'ont pas les mouvemens vifs, et répandent une odeur désagréable, qui est due à la liqueur que sécrètent les glandes qu'on remarque près de leur anus. On mange leur chair.

Ces animaux sont, sous certains rapports, dans l'ancien continent, les représentans des *Sarigues*, qui sont propres au Nouveau-Monde; mais ils diffèrent essentiellement par les dents. On les trouve dans les îles du grand archipel des Indes, et dans l'Océanie.

Ce genre a été établi primitivement sur deux espèces de l'Océanie, dont on a pu obtenir quelques renseignemens à l'époque des découvertes faites par le capitaine Cook. Depuis, elles ont été mieux observées, et plusieurs autres espèces ont été découvertes et figurées dans les relations des voyages à la Nouvelle-Hollande. Toutes celles qui vivent dans les îles du grand archipel des Indes ne nous étaient connues que par les rapports très-succincts des navigateurs. Les indications de tous les naturalistes modernes reposent uniquement sur ces données vagues, puisées dans l'ouvrage de Seba, et sur l'examen de fœtus ou de très-jeunes individus des espèces de *Phalangers* de la seconde division, auxquels nous laissons le nom de *Couscous*, qu'ils portent aux Moluques. On ne connaît encore aujourd'hui, dans les catalogues les plus récens qui ont été publiés, que les descriptions prises sur des jeunes d'une ou de deux espèces, qui

(1) Ces deux caractères nous servent pour former deux groupes ou sections dans ce genre.

sont reproduites en double emploi sous deux dénominations différentes, dont l'une sert d'indication du mâle, et l'autre de la femelle. Valentin, dans l'histoire naturelle de l'Inde, est, je crois, le premier auteur qui ait fait mention de ces animaux. Seba n'a fait qu'embrouiller leur histoire en les confondant avec les *Sarigues* d'Amérique, genre d'animaux à bourse, purement américain, qui n'ont rien d'analogue avec les *Phalangers* que la poche marsupiale, le caractère du pouce opposable aux pieds de derrière, et la force préhensile dans la queue, qui leur sert à tous de cinquième point d'appui. Buffon avait déjà prouvé l'existence des *Sarigues*, comme animaux américains, et celle des *Phalangers*, comme marsupiaux propres aux îles du grand archipel des Indes, et les travaux de MM. Geoffroy-Saint-Hilaire et Cuvier ont mis cette vérité au grand jour. Quoique toutes les descriptions reposent jusqu'à présent sur des sujets pris dans un âge peu avancé, et que plusieurs espèces n'aient été constatées que sur des individus extraits des liqueurs fortes, on doit convenir que l'histoire de ces animaux est basée sur des données certaines, émises par les savans distingués que je viens de citer, et que pour la rendre plus complète et la mettre au niveau des succès obtenus par les découvertes récentes, il ne reste qu'à ajouter à leur histoire les descriptions prises sur des sujets adultes, auxquels viendra se joindre l'exposé des caractères ostéologiques. Le voyage du professeur Reinwardt aux Moluques nous donne la faculté de compléter nos connaissances sur ce genre d'animaux, par l'envoi qu'il a fait au musée des Pays-Bas de leurs squelettes complets, et des dépouilles de sujets parfaitement adultes. A l'aide de ces matériaux, et des observations que j'ai pu réunir dans les musées de Londres et de Paris, je me trouve à même de publier une histoire complète de ce genre, et de faire connaître quelques espèces nouvelles découvertes par notre voyageur. Les planches 1, 2, 3 et 4, qui accompagnent ce mémoire, représentent le squelette et les crânes du plus grand nombre des espèces connues.

PREMIÈRE SECTION.

A QUEUE PRENANTE, MAIS COUVERTE EN TOUT OU EN GRANDE PARTIE DE POILS, LES OREILLES LONGUES ET DROITES.

PHALANGER RENARD. — *PHALANGISTA VULPINA.*

Taille de l'adulte, plus forte qu'un *Raton* (Procyon lotor); queue, longueur du corps et moitié de la nuque, couvertes d'un poil abondant dans toute leur étendue, excepté dans un sillon placé en dessous, qui s'étend du milieu jusques au bout; oreilles longues, droites et pointues; museau comprimé; lèvre supérieure très-fendue. A la mâchoire supérieure une canine distincte, quoique peu longue, puis une fausse canine plus petite, une grosse molaire à facettes et cinq molaires ordinaires; à la mâchoire inférieure seulement deux petites dents obtuses, à peine visibles. Je n'ai vu que *des parties* de mâchoire de l'adulte. La tête du jeune *Phalanger renard* offre trois petites dents obtuses et rudimentaires à la mâchoire inférieure, et deux correspondantes à la mâchoire supérieure qui sont plus grandes; celle qui suit la canine que je viens de désigner dans l'adulte, comme fausse canine, est la plus forte, et paraît en effet former une seconde petite canine. Les molaires sont comme dans tous les autres *Phalangers* de la division *Couscous*.

Les poils cotonneux forment la presque totalité du pelage, et les poils soyeux sont rares et disposés à claire-voie; la base de tous ces poils est plus ou moins grise, puis roussâtre, et leur pointe paraît couverte d'un certain lustre ou reflet argentin : les poils soyeux sont noirs. Il résulte de ce mélange que les parties supérieures du corps, les flancs et la face externe des membres sont d'un fauve roussâtre, ou brunâtre sous certains jours, et d'un fauve jaunâtre argentin sous d'autres; les lèvres supérieures et inférieures; le tour des yeux et la moitié de la queue, vers son extrémité, sont d'un noir parfait. La base de la queue est d'un brun marron; les joues, la gorge, la poitrine et la région marsupiale, sont d'un roux jaunâtre; le reste des parties inférieures, ainsi que la face interne des membres, sont jaunâtres. Les oreilles sont longues et pointues, nues intérieurement, et velues sur le côté externe de la conque, qui est noirâtre. Le sillon nu, qui s'étend en dessous sur la moitié de la queue, est couvert d'une peau grenue.

Les jeunes de moyen âge ont des teintes moins foncées que les adultes, tirant au cendré et au brun clair. Les individus plus jeunes encore sont d'un gris clair; les extrémités sont roussâtres; le dessous du corps est blanchâtre; l'extrémité de la queue paraît noire dans tous les âges.

Longueur de l'adulte de forte taille, 3 pieds 5 ou 6 pouces, dont la queue prend 1 pied 5 pouces; hauteur moyenne, 10 pouces; distance du bord antérieur des yeux à la pointe du nez, 1 pouce 9 lignes; hauteur des oreilles, 2 pouces 1 ou 2 lignes.

J'en ai vu de dimensions d'un tiers moins fortes, et des jeunes n'ayant que 12 pouces en longueur totale.

Synonymie. Didelphis vulpina et lemurina. Shaw. *Gen. zool.*, vol. 1, part. 2, p. 487, tab. 110. — Phalanger renard. Cuv. *Reg. anim.*, vol. 1, p. 179. *Nouv. Dict. d'hist. nat.*, vol. 25, p. 475. *Encyclop. mam.*, p. 267, esp. 413. — Le Bruno de Vicq-d'Azyr. *Syst. des anim.*, p. 251. — Wha-tapoau-roo. White. *Voy. Nouv.-Holl.*, app., p. 278, avec une bonne figure. — Vulpain opossum. Phillip. *Voy.*, p. 150, avec une figure.

Patrie. Se trouve sur les côtes orientales et méridionales de la Nouvelle-Hollande, ainsi qu'à l'île de Sumatra. Les navigateurs anglais l'ont rapporté du port Jackson. Il vit sur les arbres; mais on dit qu'il se retire dans des tanières en terre. Son régime est, dit-on, omnivore; il prend de petits oiseaux, et se nourrit aussi de végétaux et de fruits. En captivité, on l'a vu accroupi à la manière des écureuils, et se servant des pieds de devant pour soutenir et porter les alimens à la bouche.

On voit dans le musée des Pays-Bas un individu parfaitement adulte, de très-forte taille, et un autre un peu plus petit. Deux sujets d'âge moyen font partie des galeries du Jardin du Roi, à Paris; un troisième, plus jeune que les deux premiers, a été rapporté par l'expédition du capitaine Baudin. On voit de jeunes sujets à Londres. Le squelette d'un jeune de cette espèce fait partie du cabinet d'anatomie de Paris.

PHALANGER DE COOK. — *PHALANGISTA COOKII.*

Taille du *Putois* (Mustela putorius); queue grêle, à peu près de la longueur du corps et de la tête; velue, mais couverte de poils courts, un sillon nu, très-étroit en dessous; oreilles longues, arrondies, nues intérieurement; extrémité de la queue blanche; yeux plus près du nez que des oreilles. Les femelles ont une poche complète. La tête est très-déprimée, à peu près comme dans les *Pétauristes* ou *Phalangers volans* de M. Geoffroy. Toutes les dents molaires sont hérissées d'une double rangée de pointes aiguës; les incisives latérales, et les petites dents anomales de la mâchoire supérieure, sont cannelées comme dans quelques espèces de *Chauves-souris*. Les incisives de la mâchoire inférieure sont longues, couchées en avant, minces et convergentes à la pointe; deux petites dents anomales, presque imperceptibles, garnissent cette mâchoire. La canine supérieure se distingue à peine des incisives latérales; une seule petite dent anomale correspond aux deux dents rudimentaires de la mâchoire inférieure; on peut compter une fausse molaire de plus en haut, qui remplace la seconde dent anomale dans les autres *Phalangers*.

Le pelage est cotonneux et semblable à celui de l'espèce précédente, mais plus court, plus doux et moins grossier; la base de la queue abondamment fournie de poils, mais le reste couvert de poils plus courts. Toutes les parties supérieures du corps et des membres, ainsi que le tiers de la queue, depuis sa base, sont d'un gris brun, noirâtre sous certains jours, et d'une teinte cendrée-argentine sous d'autres, ce qui est produit par les mêmes causes que dans l'espèce précédente; la partie de la queue qui est couverte de poils ras est brune noirâtre sur trois pouces de longueur, et d'un blanc pur sur le reste de son étendue. Les flancs et les quatre extrémités sont roussâtres; du roux marron couvre la région marsupiale dans les femelles; tout le reste des parties inférieures, et la face interne des membres sont d'un blanc pur; la tête est d'un fauve cendré, mais le tour des yeux est légèrement teint de roussâtre. Les ongles sont jaunâtres.

On voit des individus à pelage nuancé de roussâtre, particulièrement aux joues, aux flancs et aux membres; quelques-uns ont une tache blanche au-dessous de l'oreille.

Longueur totale de l'adulte, de 2 pieds 2 pouces, jusqu'à 4 pouces; la queue seule a de 12 à 13 pouces de longueur; distance du bord antérieur des yeux à la pointe du nez, 1 pouce.

Synonymie. Cette espèce a été découverte par le capitaine Cook, et on la trouve figurée dans le *Troisième voyage de ce navigateur,* pl. 8. C'est le PHALANGER DE COOK. Cuv. *Reg. anim.*, vol. 1, p. 179. *Nouv. Dict. d'hist. nat.*, vol. 25, p. 476. *Encyclop. mam.*, p. 268, esp. 414.

Patrie. Elle vit à la Terre-Van-Diemen, pointe méridionale de la Nouvelle-Hollande; elle a aussi été trouvée, par les naturalistes de l'expédition du capitaine Freycinet, dans l'île de Rauwak. Ses mœurs nous sont inconnues.

On voit dans les galeries du musée des Pays-Bas un sujet adulte, provenant du voyage du capitaine Cook; deux adultes et un jeune font partie du musée de Paris. Les sujets adultes proviennent du voyage de Labillardière; le jeune a été trouvé à l'île de Rauwak par le capitaine Freycinet. Le squelette de l'adulte fait partie du cabinet d'anatomie du Jardin du Roi, à Paris.

PHALANGER NAIN. — *PHALANGISTA NANA.*

Cette description est établie sur un seul individu, probablement un jeune, mais l'unique que nous ayons vu. Les dents n'ont pu être examinées que sur le sujet monté.

Taille de la *Souris*; queue très-grêle, à base plus poilue que l'extrémité, qui est couverte d'un poil ras. Les dents paraissent disposées comme dans les autres Phalangers ; la fausse canine et la molaire à facettes de la mâchoire supérieure sont à peine visibles; à la mâchoire inférieure se trouvent trois petites dents rudimentaires et obtuses.

Le pelage en dessus est d'un gris légèrement teint de roussâtre; la lèvre supérieure est garnie de poils blancs, et les yeux sont entourés de brun; toutes les parties inférieures sont blanches ; les oreilles sont arrondies et couvertes de poils.

Longueur totale, 5 pouces; queue, 2 pouces 6 lignes.

Synonymie. PHALANGISTA NANA, Geoffroy. *Ann. du mus.* — *Nouv. Dict. d'hist. nat.*, vol. 25, p. 477. — *Encycl. mamm.*, p. 268, *esp.* 415.

Patrie. Péron a trouvé l'individu indiqué dans l'île Maria, située sur la côte est de la Terre de Van-Diémen. Il l'obtint, par échange, d'un sauvage qui se disposait à le tuer pour le manger.

On trouve l'individu qui a servi à la présente description dans les galeries du musée de Paris.

DEUXIÈME SECTION.

A QUEUE PRENANTE, MAIS EN GRANDE PARTIE NUE ET COUVERTE DE RUGOSITÉS; LES OREILLES COURTES (1).

COUSCOUS OURSIN. — *PHALANGISTA URSINA.*

Taille plus grande que les plus forts *Chats sauvages*, à peu près de la *Civette;* oreilles très-courtes, cachées, très-poilues partout; queue de la longueur du corps et de la tête, sa partie poilue occupant plus de moitié de sa longueur; la partie nue couverte de rugosités et de rides très-marquées, toujours noirâtres partout; pelage rude, frisé et crépu. La tête offre les particularités suivantes : le chanfrein et le front sont à peu près d'une venue, et sur une ligne horizontale; l'os frontal est dilaté sur les côtés; le coronal a un creux peu profond au centre; et les deux crêtes occipitales, plus ou moins réunies, selon l'âge, s'élèvent au-dessus du front. On ne voit jamais plus de deux petites dents obtuses à la mâchoire inférieure. La tête de l'adulte, vue sur toutes les faces, est représentée de grandeur naturelle, pl. 1, fig. 1, 2 et 3. Les parties de la tête d'un second individu, supposé par la taille au terme moyen de l'âge, sont données pl. 2, fig. 1 à 5. Cette tête, enlevée d'une peau préparée, manque d'une portion de la boîte cérébrale. Le squelette réduit de moitié, avec ses extrémités antérieures et postérieures de grandeur naturelle, sont figurés pl. 4.

Le pelage de cette espèce est mieux fourni et plus serré que celui des autres Couscous; le feutre et les poils soyeux sont plus grossiers et plus rudes; ces derniers sont beaucoup plus nombreux et plus longs; les poils soyeux sont un peu contournés et frisés vers le bout. Les poils qui couvrent la face sont courts; ceux des oreilles sont assez longs et frisés; ils couvrent les deux faces du lobe,

(1) J'avais eu l'idée de former, des Couscous, un genre sous le nom de *Ceonix;* mais ces coupes nombreuses me paraissent parfaitement inutiles, et sont à charge à la mémoire lorsqu'elles ne reposent pas sur des caractères faciles à saisir.

et cachent complétement cet organe, dont l'ouverture est indiquée par la touffe de poils qui en borde l'entrée. La queue est couverte, sur plus de sa moitié supérieure, d'un feutre serré, qui occupe plus d'espace en dessus et en dessous de la base de cet organe que dans les autres espèces; la partie nue est toute couverte de rides et de rugosités.

La plus grande partie du pelage est noir ou noirâtre, mais il paraît d'un noir fauve, provenant de la couleur noire du feutre, dont la pointe est d'un fauve jaunâtre. Les poils soyeux disposés sur le dos sont entièrement noirs, mais ceux des autres parties ont aussi des pointes fauves ou jaunâtres. Le sommet de la tête et toutes les parties supérieures du corps ont une teinte noire très-décidée; seulement, la fine pointe du feutre étant de couleur fauve, toute la face, le devant du cou, la poitrine, le ventre et la face interne des membres sont d'une teinte fauve roussâtre, la pointe colorée des poils soyeux et du feutre étant plus considérable sur ces parties. Toute la face paraît jaunâtre, les poils courts de cette partie n'ayant du noir qu'à leur racine; la touffe crépue qui garnit les deux côtés du lobe des oreilles est d'un roux jaunâtre. La partie nue du museau, celle des extrémités, les ongles, et la partie nue et rugueuse de la queue sont noires.

Les jeunes diffèrent des vieux par les couleurs du pelage, qui sont plus claires: les vieux sont d'un noir parfait; ceux de moyenne taille d'un brun noirâtre; et les individus que je suppose être des jeunes de l'année, ont le pelage des parties supérieures d'un brun roussâtre; celui des joues, des flancs et des membres, d'un brun jaunâtre, et les parties inférieures toutes jaunâtres. On les reconnaît facilement des autres espèces à leurs oreilles bien garnies de poils, et à leur pelage sans aucune tache ou raie.

Le pelage est frisé et crépu dans tous les âges, mais les poils soyeux sont plus longs dans les jeunes que dans les adultes; ils dépassent quelquefois le poil laineux de plusieurs lignes.

Longueur des adultes, de 3 pieds 4 à 6 pouces; la queue a de 19 jusqu'à 20 pouces. Hauteur moyenne, 9 pouces 6 lignes ou 10 pouces.

Synonymie. Cette espèce, de même que les suivantes, sont toutes comprises dans l'indication du *Didelphis orientalis* de Linné, et des autres catalogues méthodiques. On dirait cependant que la figure publiée par Buffon, et celle coloriée de Schreber, ont été prises sur un très-jeune individu de l'espèce qui fait le sujet de cet article; mais la description de ce *Didelphis orientalis* a été établie sur des jeunes de notre *Phalangista maculata*, et sur des femelles de la *Phalangista cavifrons*. L'espèce nous était connue depuis long-temps par les nombreux sujets conservés à l'esprit-de-vin, qui se trouvent dans les cabinets de ce pays. Ces individus, la plupart fœtus, ou très-jeunes, ne pouvaient me servir de moyen pour distinguer les espèces. Les sujets provenant du voyage de M. Reinwardt nous mettent à même de mieux apprécier les caractères qui distinguent les espèces; toutes nous sont parvenues dans les différens périodes de l'âge, et nous avons pu constater les formes de celle qui fait le sujet de cet article sur deux squelettes d'individus adultes; le plus grand est figuré pl. 4.

Patrie. Ils vivent en grand nombre dans les bois touffus des parties septentrionales de l'île Célèbes : les habitans ne connaissent point de variétés dans cette espèce; ils en mangent la chair. On les voit peu pendant le jour, se tenant alors blottis à l'enfourchement des branches et cachés sous le feuillage des arbres.

Le musée des Pays-Bas possède deux individus de forte dimension, deux squelettes d'adultes, et plusieurs jeunes, tant montés qu'en squelette. Un sujet provenant du même voyage, et peu éloigné de l'état adulte, est déposé dans les galeries du musée de Paris. Des fœtus et des jeunes conservés à l'esprit-de-vin font partie de quelques autres collections; plongés dans la liqueur, il serait difficile de dire au juste à quelle espèce il faudrait les rapporter.

COUSCOUS A CROUPION DORÉ.—*PHALANGISTA CHRYSORRHOS.*

Taille du *Chat sauvage;* museau court; front d'une venue, avec le chanfrein; oreilles très-courtes, cachées, poilues partout; queue de la longueur du corps et du cou, poilue en dessus, et aux côtés sur les deux tiers de sa longueur; le reste nu, couvert de rides, et jaunâtre. Les femelles ont une poche très-ample. La tête osseuse, enlevée d'une dépouille préparée, manque d'une portion de la boîte cérébrale. Les détails sont figurés pl. 1, fig. 4, 5 et 6.

Pelage court, serré, cotonneux et un peu frisé; les poils soyeux plus longs que les poils laineux, et de la même couleur; les oreilles velues intérieurement et à l'extérieur, et cachées par le poil qui les couvre; le front est un peu élevé entre les yeux, d'une venue avec le chanfrein.

Les poils de la tête sont d'un gris cendré clair; mais la touffe aux oreilles est blanchâtre; toutes les parties supérieures du corps, comprises depuis l'occiput à la croupe, les flancs et la face externe des membres sont d'un gris couleur de cendre, plus ou moins noirâtre; toute la croupe et la partie supérieure de la queue sont d'un jaune doré plus vif dans les adultes que chez les jeunes; du blanc pur règne sur la face interne des membres, et à la partie inférieure du cou. Cette couleur couvre aussi la poitrine, et s'étend, en forme de bande très-large, sur la partie moyenne du ventre; le blanc est séparé du cendré qui couvre les flancs par une bande noire dans les adultes, et seulement noirâtre dans les jeunes individus. La région de la poche, chez les femelles, et des parties génitales des mâles, est roussâtre. Toute la partie de l'abdomen, et le dessous de la queue sont blanchâtres; les quatre extrémités des membres sont d'un roux clair un peu doré. La pointe du nez est brune, celle des ongles est brune jaunâtre, et la partie nue et rugueuse de la queue est jaune.

Longueur des individus de forte taille, à peu près 3 pieds; leur queue est longue de 13 pouces.

Cette espèce n'avait point encore été observée, nous en devons la connaissance au voyage de M. Reinwardt. Les deux sujets qu'il a rapportés de l'expédition aux Moluques m'ont servi à établir la description qui vient d'être donnée. Nous n'avons rien appris sur les mœurs et le genre de nourriture de ce Couscous, que notre voyageur paraît ne point avoir observé en état de liberté. Les notes manuscrites n'en font point mention.

Patrie. Les Moluques; mais nous ne savons point au juste dans quelle île de ce vaste archipel l'espèce a été trouvée.

Deux sujets montés font partie du musée des Pays-Bas. On y voit aussi les têtes de ces animaux.

COUSCOUS TACHETÉ. — *PHALANGISTA MACULATA.*

Formes moindres que celles des deux espèces précédentes. Taille du *Chat domestique;* queue à peu près de la longueur du corps et de la tête; la partie garnie forme une bande poilue qui couvre la face supérieure jusqu'au delà de la moitié; le reste est nu, couvert de rides, et jaunâtre; oreilles courtes, rondes, poilues partout, et cachées; museau très-court, chanfrein et front bombés. Les femelles ont une poche.

La tête offre les particularités suivantes : le chanfrein est faiblement bombé; le front s'élève subitement, et forme une protubérance comprimée, donnant naissance à la double crête occipitale qui fuit plus bas que l'os frontal. Seulement deux petites dents obtuses à la mâchoire inférieure, dans l'adulte. Les jeunes ont encore une très-petite dent à chaque mâchoire, savoir : à la mâchoire supérieure, entre la canine et la première molaire; et à l'inférieure, entre la seconde dent anomale et la première molaire : ces petites dents tombent, et les alvéoles se ferment dans un âge plus avancé. Voyez, pl. 3, tous les détails de ces crânes; fig. 1 à 5, tête de l'adulte, et fig. 6, tête d'un jeune, manquant les arrière-molaires.

Pelage court, serré, cotonneux et rude; les poils soyeux très-clair-semés, et plus longs chez les jeunes que chez les adultes; les oreilles sont garnies partout, et cachées dans une touffe de poils; le chanfrein forme une ligne courbe; le front s'élève subitement, et forme une protubérance entre les yeux; le bout du museau est noir.

Le pelage dans tous les âges, et chez les deux sexes, est couvert de taches irrégulières blanches et brunes; elles sont toujours d'un brun plus pâle et moins distinctement dessinées sur la robe des jeunes, qui ont les poils soyeux plus longs et le pelage plus irrégulièrement bigarré que dans les individus adultes. La face est couverte de poils ras, jaunâtres ou blanchâtres; toute la tête et les côtés du cou offrent un mélange de poils gris et blanchâtres, mais la touffe qui cache les oreilles est le plus souvent blanchâtre; les parties supérieures du corps, les flancs et la face supérieure des membres, sont couverts de taches brunes et blanches, plus ou moins grandes, et distribuées irrégulièrement soit par taches nombreuses, de forme ronde ou oblongue, ou bien par grands compartimens bigarrés; le menton, toutes les parties inférieures du corps et la face interne des membres, sont d'un blanc pur, le plus souvent sans aucune tache; l'extrémité des quatre membres est d'un roussâtre très-clair dans les adultes, et blanc dans les jeunes; la base de la queue et la bande poilue de sa face supérieure sont le plus souvent sans taches, et d'un blanc pur; la partie nue de la queue est jaune et couverte de rugosités et de rides nombreuses; les ongles sont jaunes.

J'ai vu des jeunes individus à poils soyeux très-longs, et à pelage plus fourni que celui des vieux; ces poils soyeux, chez les jeunes, sont le plus souvent noirâtres sur les parties blanches, et blanchâtres sur les parties brunes, ce qui est cause que leur robe est plus tapirée, et plus irrégulièrement teinte que celle des adultes; mais elle est plus ou moins tachetée dans tous les âges. On voit cependant de très-jeunes individus qui sont entièrement cendrés.

Longueur totale de l'adulte, 2 pieds 9 ou 10 pouces; la queue est longue de 1 pied 3 ou 4 pouces. Nous avons mesuré des jeunes de 20 pouces et de 15 pouces en longueur totale, et nous en avons vu de plus petits, à pelage tacheté de la même manière que la robe des vieux.

Un autre individu, un peu plus grand, tiré de la liqueur spiritueuse, m'a donné les dimensions suivantes : Longueur totale, 2 pieds 11 pouces, dont la queue prend 1 pied 5 pouces 6 lignes; la partie poilue de cette queue, en dessus, est de 10 pouces, et en dessous, seulement de 4 pouces 5 lignes.

Synonymie. On trouve cette espèce indiquée sous le nom collec-

tif de Didelphis orientalis. M. Geoffroy a établi son Phalanger tacheté, voyez *Catal. des mam. du mus.*, p. 149, sur un jeune sujet de cette espèce. Ce savant nous apprend que le même individu,
n°. 318, a servi de modèle à la figure publiée par Buffon, *vol.* 13,
tab. 11. C'est Phalangista maculata. *Nouv. Dict. d'hist. nat.*,
vol. 25, *p.* 472, *tab. M.* 35, *fig.* 3. D'après le même individu jeune,
envoyé à Buffon sous le nom de rat de Surinam. Voyez aussi les
indications prises sur de jeunes sujets dans l'*Encycl. mam.*, *p.* 266,
esp. 411.

Patrie. Les îles de Banda et d'Amboine, où il se tient sur les arbres. Les insulaires mangent la chair, qui est de bon goût. On ne le
trouve point à Java, mais les naturalistes de l'expédition du capitaine
Freycinet ont rapporté la peau d'un jeune tué à Waigiou.

Le musée des Pays-Bas possède des individus dans tous les âges,
et le squelette de l'adulte et du jeune. Les deux sujets du musée de
Paris sont des jeunes. On voit dans ces galeries un troisième individu
moins distinctement marqué de taches et à sommet de la tête roussâtre; les taches noirâtres sont moins distinctes parce qu'elles sont
placées sur un pelage dont la couleur du fond est plus rembrunie
et plus cendrée que celui de tous les autres sujets que j'ai vus. Un
seul, trouvé par nos voyageurs à l'île d'Amboine, ressemble à celui-
ci par les couleurs plus foncées de sa robe. J'attribue ces légères différences à des causes purement locales. L'expérience acquise par l'examen d'un grand nombre de dépouilles nous montre clairement qu'il
existe de légères nuances dans le pelage des individus rapportés des
différentes îles du grand archipel de l'Inde et de l'Australasie. S'il fallait se résoudre à faire autant d'espèces qu'il existe de légères nuances
dans la robe de certains mammifères de ces contrées, on pourrait en
créer un grand nombre purement nominales. Le *Galéopithèque*
(Galeopithecus variegatus), et la *Roussette édule* (Pteropus edulis)
serviraient à en former des séries; car il est rare que des sujets rapportés d'îles même très-rapprochées, telles que celles de Java, de Sumatra, de Banda et de Banca, soient exactement semblables par la

couleur du pelage et par la forme des taches dont la livrée est peinte. Sur plus de vingt dépouilles de *Galéopithèques* rapportées des quatre îles mentionnées, je n'en ai vu que trois qui offrent exactement le même dessin : l'âge et le sexe ne présentent presque point de différence dans la couleur du pelage ; mais la localité en fournit de très-remarquables. Nous donnerons de plus amples détails sur cette matière dans un autre mémoire ; il suffira d'avoir émis notre opinion sur cette espèce, soi-disant nouvelle, que MM. Quoy et Gaymard ont déposée dans les galeries du musée de Paris, sous le nom de *Phalangista Quoy*, et qu'ils se proposent de figurer dans la partie zoologique de la relation du voyage autour du monde sous le commandement du capitaine Freycinet. Il me semble qu'avant d'établir une espèce, on devrait en connaître, sinon l'adulte dans les deux sexes et les différens âges, du moins plusieurs individus. Ces espèces, établies sur l'examen d'un seul sujet, surtout lorsque l'individu porte tous les caractères du jeune âge, et lorsque aucune des parties ostéologiques n'ont été examinées, me paraissent bien hasardées, et ne peuvent être admises dans les monographies.

COUSCOUS A FRONT CAVE. — *PHALANGISTA CAVIFRONS*.

Taille du *Lapin adulte* ; oreilles distinctes, demi-circulaires, poilues à leur face externe, nues intérieurement ; chanfrein et front caves ; queue de la longueur du corps seulement. Le mâle d'un blanc parfait ; la femelle fauve, avec une seule raie sur le dos. Sommet du crâne guère plus élevé que le bord supérieur des arcades zygomatiques ; chanfrein horizontal ; front très-comprimé formant une cavité ou sillon longitudinal produit par les bords saillans de la double crête qui s'élève au-dessus des yeux. A la mâchoire inférieure trois petites dents obtuses, cachées par les gencives : une seule de chaque côté entre la fausse canine et la grande molaire.

Le crâne de l'adulte est représenté pl. 1, fig. 7, 8 et 9; celui d'un très-jeune individu fait partie de la pl. 2, fig. 7 à 10.

Le pelage est court, cotonneux ou soyeux, et serré partout ; le front est déprimé et creux; les oreilles ont du poil ras sur la face externe du lobe, mais la partie interne est nue. La robe des mâles, même dans le premier âge, est d'un blanc parfait sur toutes les parties; les adultes ont une teinte plus jaunâtre, et les jeunes sont d'un blanc de lait. Les parties nues du museau, la partie interne des quatre extrémités, celles de la queue et des oreilles, sont blanches, et livides ainsi que les ongles; l'iris des yeux est blanchâtre, et la pupille linéaire noirâtre.

La femelle, dans tous les âges, est facile à distinguer du mâle: une seule raie partant du front et se prolongeant sur la ligne moyenne de la nuque et du dos, vient aboutir à quelque distance de la croupe; la couleur des poils qui forment cette raie est toujours plus foncée que le reste du pelage; le lustre en est plus remarquable, et sa teinte la plus ordinaire est le brun châtain; le reste du pelage varie, dans les adultes, du brun fauve au brun noisette, ou au gris brun plus ou moins mélangé de cendré; chez les jeunes, on le trouve roux ou roussâtre, avec une légère nuance cendrée, quelquefois argentine ou blanchâtre. Le menton, toutes les parties inférieures du corps et la face interne des membres sont, dans tous les âges, d'un blanc légèrement lavé de cendré clair; la région de la poche est roussâtre; la partie nue de la queue est jaunâtre dans l'adulte et blanchâtre dans les jeunes.

La longueur totale des plus grands individus mâles est 2 pieds 10 pouces, rarement 3 pieds; la queue a 14 ou 15 pouces. Les plus grandes femelles ont 2 pieds 6 pouces. J'ai vu des jeunes mâles tout blancs, d'un pied seulement de longueur totale, et des jeunes femelles de 15 pouces. Les embryons femelles sont déjà reconnaissables aux indices que fournit la raie unique.

Synonymie. A celle que l'on trouve à l'article *Didelphis orientalis* des méthodes, il faut ajouter le PHALANGER BLANC et le PHALANGER ROUX des catalogues des mammifères de M. Geoffroy, esp. 1 et 2, ainsi que les citations rapportées dans le *Nouv. Dict. d'hist. nat.*, vol. 25, p. 473. — Buffon, *Quad.*, vol. 13, tab. 10. — COESCOES.

Valent., *p.* 272, *tab.* 3. — Voyez aussi *Encyclop. mam.*, *p.* 266, *esp.* 412, sous le nom de Phalangista rufa, et la figure du jeune, *pl.* 24, *fig.* 2.

Patrie. Les îles de Banda et d'Amboine. On ne le trouve point à Java.

Le musée des Pays-Bas possède une série d'individus de cette espèce dans tous les âges ; il en possède aussi les squelettes. On voit dans celui de Paris un mâle et une femelle d'âge moyen, et une femelle très-jeune. Le squelette d'un jeune fait partie du cabinet d'anatomie.

Je suis presque certain qu'on trouvera encore plus d'espèces inédites de ce genre qu'il n'y en a de connues, dans les îles nombreuses qui forment les archipels de la Sonde, des Moluques et des Philippines. Sumatra, Bornéo et Célèbe, ces trois grandes îles de ces parages, nourrissent assurément d'autres espèces sur lesquelles nous n'avons encore que des renseignemens vagues obtenus des indigènes et des résidens européens dans ces contrées ; il est permis d'espérer que bientôt les nombreux voyageurs naturalistes auxquels le roi des Pays-Bas a confié la mission d'explorer, dans un but scientifique, toutes ses possessions dans ces archipels très-étendus, dérouleront l'immense tableau que cache encore l'état sauvage de ces régions dont on soupçonne à peine les richesses variées en productions naturelles.

M. Reinwardt a déjà répondu d'une manière distinguée aux intentions vraiment glorieuses du monarque ; il a ouvert et tracé la route à suivre dans une carrière aussi honorable pour les voyageurs qu'utile à la patrie et aux sciences. M. Kuhl, dont les connaissances seront long-temps regrettées de ceux qui ont pu les apprécier, a péri victime de son zèle dans une première excursion ; ses compagnons, MM. Van Hasselt et Van Raelten, plus heureux que leur chef, ont rassemblé, à Java, des collections immenses (1). Une nouvelle expé-

(1) En traçant ces lignes, j'étais loin de m'attendre à la nouvelle fâcheuse qui vient

dition, destinée pour ces parages, va bientôt sortir de nos ports : deux naturalistes distingués, MM. Boié et Macklot, tous deux attachés depuis trois ans comme aides-naturalistes au musée des Pays-Bas, vont être envoyés près du gouverneur général dans l'Inde ; ils seront accompagnés de dessinateurs et de préparateurs habiles, et pourvus de tous les moyens qu'une administration éclairée et prévoyante sait accorder pour la réussite d'un pareil plan ; ils vont chercher, dans nos possessions les plus reculées, et les moins explorées par les Européens, des alimens nouveaux pour l'étude de l'histoire naturelle. Leurs connaissances dans toutes les branches de cette étude, et le zèle dont ils sont animés, répondent du succès d'une entreprise qui va donner, sur la géographie, la géologie et la zoologie de ces possessions, des éclaircissemens dont la science sent le besoin. Puissent leurs efforts généreux être couronnés du succès que nous avons lieu d'en attendre ! Par leurs savantes recherches nous aurons enfin une idée exacte des ressources que peuvent offrir ces contrées tropicales, qui ne nous sont connues que par quelques productions dont le commerce s'est emparé, et qui ne sont recueillies que sur les points très-circonscrits des côtes où le gouvernement des Pays-Bas a établi des postes militaires.

m'accabler au moment de livrer ce mémoire à l'impression. Le jeune naturaliste, M. Van Hasselt, qui a acquis, à la reconnaissance et aux éloges, des droits si justement mérités, vient de suivre de bien près dans la tombe, son ami et son émule. Nous essaierons plus tard de rendre un hommage public à la mémoire de ces deux jeunes naturalistes, en présentant une analyse de leurs travaux. Les collections qu'ils ont réunies, et dont la première expédition vient d'arriver, seront la base du monument que nous tâcherons de leur élever, et qui sera pour leurs successeurs un encouragement dans leurs pénibles recherches.

DEUXIÈME MONOGRAPHIE

SUR LE GENRE

SARIGUE (1) — *DIDELPHIS*. (Linn.)

DIDELPHIS (*Linn.*, *Illig.*, *Cuv.*, *Geoff.*) — PHILANDER (*Briss.*)

Dents incisives mitoyennes $\frac{2}{2}$, incisives latérales $\frac{4}{8}$ de chaque côté, les incisives mitoyennes longues, proéminentes, et séparées des laté rales par un espace vide; celles-ci sont bien rangées; celles de la mâchoire supérieure droites, et de l'inférieure un peu couchées en avant; nombre total des dents incisives $\frac{10}{8}$; dents canines $\frac{2}{2}$ fortes, comprimées : celles de la mâchoire supérieure plus grandes que de l'inférieure. Dents molaires $\frac{7}{7}$; les trois premières sont comprimées; la première ressemble à une petite canine, et les dents suivantes, ou fausses molaires, sont plus ou moins à facettes selon les âges; les quatre arrière-molaires hérissées de pointes nombreuses dans les jeunes et de tubercules dans les vieux; les supérieures ont une forme triangulaire et les inférieures sont oblongues. En tout, 50 dents : nombre le plus grand que l'on ait encore observé, mais qui varie singulièrement suivant les différentes époques de l'âge (2). La tête

---

(1) *Sarigue* vient du mot indien *Carigueia*, nom de ces animaux au Brésil selon Marcgrave. On les nomme *Micoure* au Paraguay, *Manicou* dans les îles, *Opossum* dans les États-Unis, *Thlaquatzin* au Mexique, *Rats des bois* par les colons. Cuv. Reg. anim.

(2) On compte en tout 40 dents seulement dans les deux mâchoires des jeunes de moyen âge, et de 44 à 46 dans les individus qui ne sont point encore au terme de leur développe-

est pointue, en fuseau; le chanfrein et le front sont d'une venue et forment une ligne à peu près diagonale; la crête est forte et élevée, mais point double comme dans les *Phalangers;* leur bouche est très-fendue; ils ont un muffle proéminent et divisé par un sillon profond. Les clavicules sont fortes et complètes; les pieds assez longs, totalement plantigrades. On compte cinq doigts partout; ceux des pieds de devant sont divisés et armés d'ongles crochus, mais courts; les pieds postérieurs ont un pouce écarté, opposable, gros et sans ongle; les ongles des quatre autres doigts ont la même forme que ceux des pieds antérieurs. La queue est ronde, fortement préhensible, nue et écailleuse dans toute son étendue, excepté à sa base, qui est poilue. Les osselets marsupiaux existent dans toutes les espèces, et les deux sexes en sont pourvus. La première section comprend celles dont les femelles ont une ample poche renfermant les mamelles; les petits y sont reçus, on ne sait trop comment, au moment de leur naissance; ils y restent pendant quelque temps, et cette poche est long-temps leur refuge lorsque le danger les menace. La seconde section se compose des espèces qui manquent de poche, remplacée par une duplicature de la peau qui n'est d'aucun usage; les petits restent suspendus aux mamelles; lorsqu'ils sont plus forts, mais point encore assez vigoureux pour se passer des soins maternels, c'est sur le dos que la mère les reçoit, et c'est à l'aide de sa queue, autour de laquelle la queue des petits vient s'entortiller, que la petite famille échappe aux dangers qui la menacent. Leur langue est hérissée; les oreilles sont grandes et nues; leur estomac est simple et

ment parfait, quoique à peu près de la taille des vieux. Cette disproportion est produite par l'accroissement lent et progressif des molaires. On compte seulement deux fausses molaires dans les jeunes, avec trois à quatre molaires hérissées de pointes. Cet état des fausses molaires reste le même jusqu'à l'entier développement de l'animal, et ce n'est qu'à l'époque où la dernière arrière-molaire paraît, que la troisième molaire antérieure prend cette forme comprimée et pointue qui caractérise ces sortes de dents, désignées sous le nom de fausses molaires. L'accroissement progressif des dents dans la mâchoire supérieure diffère de celui qui a lieu dans la mâchoire inférieure; on voit le plus souvent quatre molaires de chaque côté dans la mâchoire supérieure, lorsqu'il en existe déjà cinq, et même jusqu'au nombre de six, dans la mâchoire inférieure.

petit; leur cœcum médiocre, et non boursoufflé comme celui des *Marsupiaux* herbivores tels que les *Kanguros*.

Ce sont des animaux fétides et nocturnes dont la marche est lente; ils se tiennent cachés pendant le jour dans les buissons épais ou sur les branches des arbres où ils nichent; ils vont pourvoir de nuit à leurs besoins; leur régime est omnivore : la nourriture qu'ils préfèrent est la chair et le sang des victimes; ils poursuivent les oiseaux, les petits mammifères, les reptiles et les insectes, mais ne dédaignent point les fruits. Ils sucent le sang comme les fouines, et font dans les basses-cours les mêmes dégâts que ces animaux, en étranglant les poules et autres oiseaux domestiques. L'odeur fétide qu'ils exhalent est produite par la sécrétion du fluide de leurs glandes anales.

Toutes les espèces de ce genre appartiennent au continent de l'Amérique; elles sont beaucoup plus nombreuses dans les parties méridionales. Ce sont, sous certains rapports, dans le Nouveau-Monde, les représentans des *Phalangers* qui habitent l'Inde et l'Océanie, et c'est faute d'observations exactes que plusieurs espèces de l'ancien continent ont été classées dans le même genre que celles du Nouveau-Monde. La forme, le nombre et l'arrangement des dents diffèrent; leur régime n'est pas non plus, à tout prendre, le même, quoique les mœurs, les habitudes et plusieurs rapports dans les formes soient semblables. Les *Phalangers* de l'Inde sont plus frugivores que carnivores, tandis que le goût de prédilection pour la chair et pour le sang est plus prononcé dans les *Didelphes* du Nouveau-Monde.

Les *Sarigues* se rapprochent, il est vrai, des *Péramèles* par leurs dents plus que ne le font les vrais *Dasyures* (1), tels que ceux indiqués sous les noms de *Dasyurus ursinus*, *macrourus*, *Maugei* et

---

(1) Nous sommes fondés, par des observations récentes, à distraire du genre Dasyure tel qu'il a été établi par MM. Geoffroy de Saint-Hilaire et Cuvier, et adopté par tous les compilateurs, 1°. le *Dasyurus penicillatus* qui formera, avec le *Dasyurus minimus*, un genre sous le nom *Phascogale* ; 2°. le *Didelphis cynocephala* de Harris, classé mal à propos avec les *Dasyures*, qui formera un genre dans lequel cet animal portera le nom de *Thylacinus Har-*

viverrinus; le seul *Dasyurus penicillatus* ou *Didelphis penicillata* de Shaw, associé mal à propos avec les vrais *Dasyures*, est l'animal le plus voisin des *Sarigues* pour l'arrangement et la forme des dents : c'est en quelque sorte le représentant de ces animaux dans les contrées de l'Océanie; il a, comme les *Sarigues*, deux sortes de dents incisives, les dents intermédiaires étant proéminentes et plus fortes que les incisives latérales ; mais le nombre de leurs dents incisives diffère. Tous les autres vrais *Dasyures*, et même notre *Thylacine* ou *Didelphis cynocephala* de Harris, ont une même sorte d'incisives, toutes rangées en ligne demi-circulaire. Les *Sarigues* et les *Dasyures* sont, ainsi que le juge M. F. Cuvier, inséparables par leurs molaires, qui les éloignent un peu des *Péramèles* et de notre *Phascogale*, en les rapprochant des carnassiers; car c'est dans ces dents surtout qu'on trouve le type des molaires tuberculeuses de ces derniers. Mais les *Sarigues* diffèrent encore des *Dasyures* par les pieds de derrière; les premiers ont un pouce long et bien marqué, les doigts sont inégaux, le petit doigt, et surtout son os du métatarse, est plus court que les autres ; les *Dasyures* ont les quatre doigts à peu près égaux, et le pouce est si court, que la peau le cache presque entièrement et ne le laisse paraître que comme un petit tubercule.

Le genre *Didelphis* est composé d'espèces qui diffèrent considérablement entre elles par la grandeur; elles varient depuis la taille du chat domestique jusqu'à celle du loir et au-dessous. Le plus grand nombre des indications placées dans les catalogues méthodiques ont été prises sur de jeunes sujets, ou reposent sur des individus dégradés faisant partie d'anciens cabinets d'histoire naturelle; ce qui fait que l'histoire de ce genre est extrêmement embrouillée dans tous les auteurs. Les descriptions qui font partie de ce mémoire sont les résultats de recherches assidues et souvent renouvelées sur une multitude d'individus; elles sont toutes basées sur l'examen des

risii; 3°. le *Dasyurus tafa* des catalogues de nomenclature, que je n'ai trouvé dans aucun des cabinets de l'Europe. La troisième monographie comprendra le genre *Dasyurus*, avec les genres qui en sont le démembrement.

animaux parvenus à l'état complet du développement; les dimensions ont été prises sur l'adulte; une quantité de dépouilles, de squelettes et de sujets tirés de l'esprit-de-vin ont dû être examinés pour constater les caractères qui doivent servir de premier moyen propre à distinguer les différentes espèces. Nous connaissons aujourd'hui douze *Sarigues* bien déterminés par la vue tant de leurs dépouilles que du squelette entier, ou du moins du crâne; l'existence d'une treizième est probable, mais je n'ai pu la voir en nature : c'est le *Micouré à grosse queue* de l'Histoire naturelle des quadrupèdes du Paraguay, par d'Azara, vol. 1, page 284, sans doute le même animal que le *Cayopollin* des méthodes, qui ne doit pas être confondu avec le *Cayopollin* de M. Cuvier, le même que le *Philander* de Schreber; car le *Micouré à grosse queue* et le *Cayopollin* des méthodistes n'ont point de poche, tandis que le *Philander* de Schreber et le *Cayopollin* de M. Cuvier ont une poche très-distincte.

Le tableau des espèces énumérées par MM. Geoffroy et Cuvier (1) est indiqué d'une manière très-succincte. Ces savans n'ont pu déterminer que huit espèces, dans le nombre desquelles on trouve l'animal connu sous le nom d'*Yapock*, la *Lutra memina* de Boddaert ou *petite Loutre de la Guiane* de Buffon, dont Illiger a formé son genre *Cheironectes*, et que je place provisoirement après les *Sarigues* comme type d'un genre distinct, mais sur lequel on attend des renseignemens plus complets. Je n'ai pas examiné les dents de l'*Yapock*, mais les savans ci-dessus nommés n'auraient point classé cet animal parmi les *Sarigues proprement dits*, si cette réunion n'avait été précédée de recherches faites sur le système dentaire; nous sommes de plus autorisés à adopter leurs vues sur ce point, puisque M. F. Cuvier dit positivement que les espèces de *Sarigues* qu'il a pu observer, et dont les dents se rapportent à la description qu'il donne, sont le *Crabier*, les *Yapock* (2) et le *Manicou*.

(1) On trouve ce dernier recensement des espèces de Sarigues dans la savante discussion sur le Sarigue fossile, tom. 3, pag. 295 de la nouv. édit. des Recherches sur les ossemens fossiles de M. G. Cuvier, et dans l'Encyclopédie, article Mammalogie.
(2) Les *Yapock*. M. F. Cuvier connaîtrait-il plusieurs espèces de ces animaux? Voyez,

A mes douze espèces bien déterminées et une treizième dont l'existence est probable, viennent se joindre le *Micouré laineux* et le *Micouré nain* de d'Azara, que je n'ai pu trouver jusqu'à présent dans aucune des collections d'histoire naturelle. Nous mettons provisoirement ces deux espèces ainsi que la treizième, ou le *Micouré à grosse queue* de d'Azara, hors de ligne, et proposons d'éloigner et de rayer totalement du genre *Didelphis*, tel qu'il est établi dans la 13°. édition de Linnée, par Gmelin, les indications suivantes, savoir, *Didelphis marsupialis* avec son composé bizarre des espèces de philander de Brisson et de Seba. — *Didelphis molucca* et *orientalis*, qui sont basées sur de jeunes *Phalangers*. — *Didelphis Brunii* et *gigantea*, qui sont du genre *Kanguro*; enfin, *Didelphis macrotarsus* qui est un quadrumane, l'unique du genre *Tarsier*. Il paraît que le nombre des espèces de *Sarigues* s'augmentera encore lorsque les naturalistes auront exploré les immenses contrées sauvages de l'intérieur de l'Amérique méridionale; le Brésil, le Paraguay, le Chili et le Pérou nourrissent sans doute des espèces particulières qui nous sont encore inconnues. Il s'agira d'examiner rigoureusement ces êtres réputés nouveaux; de légères différences dans les couleurs du pelage ne doivent point suffire aux naturalistes comme moyen unique pour former une espèce nouvelle. La manie du jour, en fait d'histoire naturelle, consiste à s'emparer du premier objet supposé inédit, ou de la première observation que l'on croit nouvelle; on compose à la hâte quelques lignes en prise de possession, que les écrits périodiques servent à répandre; les compilateurs s'emparent de ces indications précoces; elles passent sans examen nouveau dans les catalogues méthodiques, qui sont les réceptacles des bévues de tous les genres. Il faut souvent des travaux suivis pour détruire les erreurs, fruits de cet élan trop précipité, dans une science qui demande des observations souvent renouvelées. Il est

---

Dents des mammifères, pag. 75. Je ne connais que les dépouilles de l'animal figuré par Buffon. Aucun auteur n'a fait mention d'une conformation très-singulière dans cet *Yapock*: ses pieds de devant ont six doigts bien distincts; le sixième doigt est placé extérieurement, c'est un rudiment sans ongle.

sans doute bien facile d'établir des genres et des espèces ; mais lorsque ces espèces nominales ont été classées dans les systèmes méthodiques, il devient souvent très-difficile de prouver qu'elles doivent l'existence à une négligence trop commune d'observation et de comparaison, ou à l'ignorance des progrès que les sciences ont faits dans les autres pays.

Les remarques qui ont eu lieu sur la classification des espèces, et les erreurs que j'ai cru devoir indiquer, se trouvent consignées à la suite de chaque article descriptif.

PREMIÈRE SECTION.

LES FEMELLES ONT UNE POCHE COMPLÈTE TRÈS-AMPLE DANS LES INDIVIDUS ADULTES, MOINS DISTINCTE DANS LES JEUNES, ET DIFFICILE A RECONNAITRE SUR LES DÉPOUILLES SÉCHÉES DE CES JEUNES SUJETS. LES JEUNES SE CACHENT DANS LA POCHE DE LEUR MÈRE.

SARIGUE A OREILLES BICOLORES (1) ou MANICOU.
DIDELPHIS VIRGINIANA.

Sa taille la plus ordinaire est celle du *Lapin*, mais les adultes de forte dimension sont de la grandeur du *Chat sauvage* ; queue plus courte que le corps et la tête, garnie de très-longs poils à sa base ; le reste jusqu'à la pointe, couvert à claire voie d'un poil ras et blanc ; museau long, très-pointu ; boutoir du nez couleur de chair jaunâtre ; fente nasale très-profonde ; doigts de tous les pieds longs et très-fendus ; seulement l'extrémité des oreilles jaunâtre.

Tout l'animal paraît blanc ; mais il n'y a en effet de blanc parfait qu'à la tête, au cou, à la nuque et aux parties inférieures ; le pelage sur ces parties est court, laineux, très-serré ; un cer-

(1) On peut en dire autant du *Sarigue Azara* propre à l'Amérique méridionale ; mais le nom ayant été proposé par M. Cuvier, je ne veux point le changer contre un autre peut-être plus approprié ; il suffit que l'identité de caractère soit reconnue propre aux deux espèces. Celle-ci a les oreilles bicolores, parce que leur pointe seulement est jaunâtre. Chez le *Sarigue Azara* c'est la base seulement de cet organe qui est de la couleur indiquée ; le reste est noir.

cle de poils d'un brun clair entoure l'orbite des yeux, mais le reste de la tête et le plus grand nombre des poils de la moustache sont blancs. La fourrure est, de même que chez les *Sarigues Azara* et *cancrivore*, de deux qualités; un feutre cotonneux et serré couvre la peau; les poils proprement dits sont longs et durs, et cachent le feutre. Le corps paraît former une seule masse avec l'origine des membres et de la queue, vu que ces parties sont cachées par les poils longs et très-touffus qui les couvrent. Le feutre ou le poil laineux est long d'environ un pouce et demi, blanc depuis la racine, mais brun foncé à la pointe; les poils soyeux plus longs que ce feutre ont jusqu'à trois pouces, et souvent davantage le long de l'épine dorsale; ils sont d'un blanc parfait dans toute leur longueur; leur extrémité, qui dépasse celle des poils laineux à pointe brune, fait que la fourrure paraît blanche et que le brun s'aperçoit plus ou moins; ces longs poils garnissent aussi la base de la queue dont la plus grande étendue est couverte d'un poil très-ras, de couleur blanche, qui couvre mal les petites écailles blanchâtres, dont toute cette partie de la queue est pourvue; les quatre extrémités sont d'un brun marron, mais la fine pointe des poils est souvent blanche; l'oreille est grande, noire depuis sa base, et jaunâtre à la pointe; l'œil est entouré d'un cercle brun ou marron clair; la pointe du nez est couleur de chair jaunâtre, et les moustaches sont composées de poils blancs et de poils d'un roux foncé.

Longueur totale, de 20 à 21 pouces, dont la queue porte 8 pouces; distance du bord antérieur des yeux à la pointe du nez, 1 pouce 6 lignes; longueur des pieds postérieurs depuis le talon jusqu'à l'origine de la phalange onguéale du doigt le plus long, 1 pouce 6 lignes, mesures prises sur un mâle adulte.

J'ai mesuré une femelle plus petite, quoique paraissant adulte par les dents; elle porte en longueur totale 17 pouces, dont la queue mesure 7 pouces 6 lignes; distance du bord antérieur des yeux à la pointe du nez, 1 pouce 4 lignes.

Les jeunes sont plus blancs que les adultes; ces derniers sont aussi moins abondamment couverts de poils laineux que les jeunes :

en général, tous les jeunes animaux ont une fourrure plus épaisse que les adultes.

Synonymie. C'est, ainsi que M. Cuvier le remarque très-exactement, l'*Opossum* des Anglo-Américains, ou le véritable DIDELPHIS VIRGINIANA de Pennant, vol. 2, p. 18, accompagné d'une mauvaise figure, t. 63. — SARIGUE A OREILLES BICOLORES, Cuv., *Rég. anim.*, vol. 1, p. 172. — SARIGUE DES ILLINOIS et SARIGUE A LONGS POILS, Buff., *Quad. supp.*, vol. 7, pl. 33 et 34. — DIDELPHE MANICOU, Geoff., *Catalog. du Musée*, pag. 140, sp. 2. — *Encyclop. mammal.*, pag. 255, esp. 389. C'est encore la seule planche de Schreber 145 * sous le nom de *Didelphis marsupialis* : la planche, même numéro mais sans le signe *, est une mauvaise figure du *Sarigue crabier*, calquée sur celle de Seba. — Une figure très-exacte du mâle et de la femelle se trouve dans les mammifères publiés par MM. Geoffroy et Cuvier, sous le nom d'OPOSSUM. — VIRGINIAN OPOSSUM, Shaw., *Gen. zool.*, *vol.* 1, *part.* 2, *pag.* 473, avec une figure.

Remarque. M. Cuvier a le premier distingué cette espèce du crabier (Didelp. cancrivora et marsupialis). Ce savant ne parle point du *Micouré premier* de d'Azara, qui forme une espèce distincte, ainsi que d'Azara l'avoue dans le premier volume, page 284, de son Voyage; il y relève l'erreur commise dans la description des quadrupèdes du Paraguay, où il confondait les deux espèces. Dans le nouveau dictionnaire d'histoire naturelle, il est dit que M. Cuvier réunit ces deux espèces, et cette erreur se trouve, en effet, commise dans le dictionnaire, à l'article *Didelphe à oreilles bicolores.* Une partie de la description étant prise d'après le *Didelphis virginiana*, ou *Sarigue* du nord de l'Amérique, et une autre partie d'après les dépouilles du *Sarigue* de l'Amérique méridionale; plusieurs individus de cette dernière espèce, sont déposés dans les galeries du musée de Paris. Les descriptions publiées dans ce mémoire serviront de moyen pour distinguer ces trois espèces de *Sarigues*.

Patrie. L'Amérique septentrionale depuis le Mexique jusque dans les provinces septentrionales des États-Unis, où elle se nourrit de chair, de fruits et de racines; on la dit dangereuse pour la volaille domestique, qu'elle surprend et dont elle fait sa proie. On mange sa chair, et les sauvages font des tissus du pelage soyeux dont le corps est couvert.

On voit des individus dans les musées des Pays-Bas, de Paris, de Vienne et de Berlin.

SARIGUE AZARA, ou GAMBA. — *DIDELPHIS AZARÆ.*

Taille du lapin; museau long; queue aussi longue que le corps, le cou et une partie de la tête; son extrémité aboutit aux yeux; très-poilue à la base; couverte sur la partie nue d'écailles marquées, rudes et couchées les unes sur les autres; entre ces écailles naissent à claire-voie des poils très-courts, noirs sur la partie couverte d'écailles blanches; chanfrein droit, oreilles de médiocre longueur, souvent à base jaunâtre. Les longs poils soyeux toujours d'un blanc pur sur toute leur étendue. Les femelles ont une poche complète.

Pelage de deux qualités : celui de dessous ou le feutre est cotonneux et court; l'autre est long et rude. Le poil cotonneux est blanc ou blanchâtre depuis sa base, mais les pointes de ce feutre sont noires; les longues soies raides sont par tout le corps blanches, dans la totalité de leur longueur; ces poils ou soies sont en plus grand nombre et plus longs au dos, à la nuque et à la base de la queue, que sur toutes les autres parties, où ils sont plus rares et moins longs. Du noir règne autour des yeux et se prolonge jusqu'aux moustaches; dans le creux du chanfrein naît une autre tache noire qui se dirige entre les oreilles, et continue à avoir plus d'étendue jusque vers l'occiput, où elle se réunit avec le noir de la nuque, d'où les poils soyeux, d'un blanc pur, commencent à couvrir entièrement l'extrémité noire du poil en feutre. L'assemblage de tous ces poils soyeux d'un blanc pur fait que tout le corps paraît blanc, surtout lorsque l'animal est tranquille et que les poils sont couchés.

Les quatre jambes sont noires, et le poil du métacarpe, celui du métatarse et de la face, sont très-courts, ainsi qu'on l'observe chez tous les *Sarigues* connus. Partout où la face n'est point couverte de feutre noir, on voit un feutre de couleur jaunâtre sale qui revêt le museau, les lèvres, et forme au-dessus des yeux et à la naissance des oreilles quatre grandes taches bien marquées. La base de la queue est garnie et colorée comme le dos; la partie nue de cette queue est couverte d'écailles rudes; sa première moitié est noire, et quelques poils également noirs, très-courts et disposés à claire-voie, paraissent entre les écailles; l'autre moitié est blanche et les petits poils sont blancs. Les oreilles, grandes et nues, sont le plus souvent jaunâtres à la base seulement, et noires sur tout le reste.

Longueur totale des adultes de la plus forte taille, 28 pouces 6 lignes; sur cette étendue, la queue mesure seule 13 pouces 6 lignes; distance du bord antérieur des yeux à la pointe du nez, 2 pouces 8 lignes : *une femelle adulte*. Un autre individu mâle long de 26 pouces; la queue seule, 12 pouces 6 lignes. Un autre individu, 25 pouces, et la queue à peu près 12 pouces. J'ai mesuré des jeunes absolument colorés comme les vieux; l'un de ceux-ci avait 11 pouces 6 lignes, et la queue mesurait à peu près 6 pouces 6 lignes.

Remarque. On évitera de confondre les trois espèces de grands *Sarigues* à longs poils désignés sous les noms de *Sarigue manicou*, *Azara* et *crabier*, en ayant soin d'observer que le *manicou*, ou *Sarigue* du nord de l'Amérique, a toujours la face et le cou d'un blanc pur, le boutoir du nez blanc, le bout des oreilles coloré, et la queue plus courte que le corps; le *Sarigue d'Azara* se distingue du *manicou* par sa queue plus longue, sa face et la nuque presque noires, et ses oreilles toujours noires ou colorées à leur base. Ces deux espèces ont des poils soyeux très-longs d'un blanc pur depuis leur base jusqu'à la pointe. Le *Crabier* se distingue par sa très-longue queue et par les longs poils soyeux qui ont seulement du blanc à leur base, tandis que tout le reste est d'un noir profond ou d'un brun noirâtre très-foncé. Il ne s'élèvera jamais de doutes sur la différence bien caractérisée entre le *manicou* et les *Sarigues Azara* et *crabier ;* mais j'aurais conservé des doutes sur la différence authentique des deux derniers, si je n'avais trouvé ces différences constantes dans tous les âges et chez les deux sexes.

Synonymie. On doit énumérer en premier lieu le Micouré premier, ou Micouré proprement dit, Azara, *Quadrup. du Parag.*, traduct. franç., vol. 1, p. 244, mais les synonymes sont tous faux. — Dans le dictionnaire d'histoire naturelle (voyez à l'article *Sarigue à oreilles bicolores*), M. Desmaret confond ce *Sarigue* avec le *Manicou*, qui est celui de l'Amérique septentrionale. — M. Schreber a indiqué notre espèce dans un écrit périodique qui paraît à Vienne ; prenant sans doute l'espèce pour un animal inconnu ; il lui a donné le nom de *Gamba*, qui est probablement un nom du pays, que nous avons cru devoir conserver.

Patrie. Les contrées méridionales de l'Amérique. D'Azara dit qu'il vit dans les buissons et dans les champs ; durant le jour il se tient dans les trous ; il entre aussi dans les maisons. La nuit il dévaste les poulaillers, mange les œufs et suce le sang des oiseaux qu'il saisit ; il monte aux arbres, mange les fruits, et d'Azara croit qu'il fait aussi sa nourriture d'insectes et de reptiles. On le trouve au Brésil, où il est très-répandu.

On conserve dans le musée de Paris des jeunes individus ; des adultes et de jeunes sujets font partie des musées de Vienne, des Pays-Bas, du prince de Neuwied, et de Francfort.

SARIGUE CRABIER. — *DIDELPHIS CANCRIVORA*.

Taille du chat ; tête et museau remarquablement longs ; boutoir du nez noir ; queue un peu plus longue que le corps et la tête, poilue à la base, couverte sur la partie nue d'écailles marquées, rudes et couchées les unes sur les autres ; entre ces écailles naissent à claire-voie des poils très-courts, noirs à la partie supérieure revêtue d'écailles noires, et blancs sur la partie couverte d'écailles blanches; museau long, très-effilé; chanfrein bombé; oreilles longues, unicolores; les longs poils soyeux toujours blancs à la base, et d'un noir profond sur le reste de leur étendue. Les femelles ont une poche complète. Les trois vertèbres cervicales qui suivent après l'atlas ont leurs apophyses épineuses très-épaisses et larges; elles s'élèvent au-dessus des autres apophyses cervicales; leur surface est plane, et elles adhèrent fortement les unes aux autres (1). *Voyez* pl. 7.

Pelage de deux qualités : le feutre est cotonneux et court, les poils soyeux sont longs et rudes; le poil serré et cotonneux est blanc ou blanchâtre, et les longues soies raides sont blanches depuis leur base jusqu'à la moitié de leur longueur seulement; depuis cette moitié jusqu'à la pointe ils sont d'un brun noirâtre très-foncé; ces poils ou soies sont en plus grand nombre et plus longs au dos, au sommet de la tête et à la base de la queue que partout ailleurs, où la fourrure courte et cotonneuse paraît entre les longs poils très-clair-semés; le côté externe, ainsi que celui interne des quatre membres, est partout couvert de poils courts entièrement noirs; toute la tête et le museau sont à peu près d'un brun noirâtre et couverts de poils courts; ceux du crâne sont aussi de deux couleurs, la racine étant blanchâtre et la pointe noire, ce qui produit un mélange fauve très-foncé sur cette partie; du fauve un peu plus clair est répandu sur les parties inférieures du corps, où les poils noirs sont en très-petit nombre et le pelage cotonneux d'une teinte jaunâtre. La queue est couverte d'écailles rudes; sa partie poilue est assez longue, celle couverte d'écailles est noire dans sa première moitié et blanchâtre sur le reste; les poils clair-semés qui naissent entre ces écailles sont aussi de deux couleurs, noirs sur les écailles noires, et blancs sur les écailles blanches.

Les jeunes naissent complétement nus; à l'époque où ils quittent les mamelles et sortent de la poche de leur mère, ils sont couverts

(1) Je n'ai pas été à même de comparer les squelettes du *Crabier* avec ceux du *Manicou* ou du *Sarigue Azara*. Il n'y a rien de semblable dans le squelette de toutes les autres espèces décrites dans ce mémoire.

d'un pelage court et lisse, seulement composé de poils soyeux, d'un brun marron plus ou moins foncé; les poils laineux paraissent lorsque le jeune animal a pris la moitié de son accroissement.

Longueur totale, 2 pieds 5 pouces, dont la queue mesure 15 pouces; la partie poilue a 2 pouces 3 lignes; distance du bord des oreilles à la pointe du nez, 3 pouces 3 lignes, et depuis cette partie jusqu'au bord antérieur de l'œil, 1 pouce 8 lignes; les soies ou crins des moustaches et ceux entre les yeux et les oreilles mesurent 2 pouces 6 lignes; longueur des pieds postérieurs, depuis le talon à la pointe des ongles, 2 pouces, et des pieds de devant, 1 pouce 5 lignes : dimensions prises sur un individu mâle tiré de l'esprit-de-vin, ayant toutes ses dents usées de vieillesse. Les individus adultes de taille ordinaire sont environ d'un pouce ou un pouce et demi moins longs, et toutes les autres parties proportionnellement. Un jeune que j'ai mesuré a 20 pouces, et la queue 10 pouces 2 lignes. Je viens de recevoir la peau bien conservée d'une très-vieille femelle; sa dimension totale est de 3 pieds environ.

Synonymie. C'est en premier lieu le GRAND PHILANDER ORIENTAL de Seba, *Thes.*, vol. 1, p. 64, tab. 38, fig. 1, gravure exacte. — DIDELPHIS MARSUPIALIS, Shreb., et surtout tab. 145, mais seulement la première table qui porte ce numéro *sans l'astérisque* (1), figure très-exacte quant aux formes de l'animal, mais mal enluminée. Ajoutez encore DIDELPHIS MARSUPIALIS, Gmel., Linn., Syst. 1, p. 105, sp. 1. — DIDELPHIS CANCRIVORA, id., p. 108, sp. 7. — GRAND SARIGUE ou CRABIER, Buff., *Supp.*, vol. 3, pl. 54 (mâle), et *Didelph. carcinophaga*, Bodd. (femelle.) — Cuvier, *Règ. anim.*, vol. 1, p. 173. — Geoff., *Catal.*, p. 139. — DIDELPHE CRABIER, *Nouv. dict. d'Hist. nat.*, vol. 9, p. 422. — MOLUCCA OPOSSUM, Shaw., *Gen. Zool.*, vol. 1, part. 2. P. Ce misérable compilateur décrit notre *Phalanger oursin*, y joint une figure du véritable *Sarigue Quica*, et indique

(1) La table 145, avec un astérisque, est une figure passable du *Didelphis virginiana*, qui est notre première espèce.

ensuite comme variété le vrai *crabier*, dont il donne une figure calquée sur celle de Seba, du *Philander maximus orientalis*, t. 39.

Remarque. Le pelage du *crabier* varie plus ou moins du noir au marron. J'ai vu des individus à bout des poils et aux quatre extrémités d'un noir profond; d'autres d'un marron noirâtre, avec les quatre extrémités d'un marron pur; leur teinte, ainsi que celle de deux autres espèces à pelage de deux qualités, varie toujours à raison de la longueur des poils raides ou des soies qui cachent totalement le feutre, ou qui, le recouvrant mal, en font alors apercevoir plus ou moins la teinte blanchâtre qui le colore. Il y a cette différence facile à saisir du premier coup d'œil entre le *Sarigue Azara* et le *Sarigue crabier*, que le premier paraît blanc parce que tous ses poils soyeux, qui sont les plus longs, sont blancs depuis la base à la pointe; le dernier paraît noir, parce que la grande moitié de tous les poils soyeux est noire, et que la base seulement, qui est cachée par le feutre, est blanche. J'ai comparé une multitude d'individus des deux espèces dans tous les âges, depuis le jeune jusqu'à l'adulte; à toutes les époques de l'âge, et quel que fût le sexe, j'ai trouvé ces différences constantes sur plus de trente sujets. Les mâles ont toujours trois fausses molaires comme les femelles, mais avec cette différence que leur fausse molaire antérieure est excessivement petite, l'inférieure surtout paraît à peine pointer des gencives.

Patrie. Une grande partie de l'Amérique méridionale, surtout la Guiane et le Brésil, qui en sont très-peuplés; on le trouve dans toute la Guiane, où il grimpe aux arbres, mais on le dit mauvais coureur. Il habite de préférence les marécages, où il se nourrit de crabes; il attaque aussi les petits oiseaux et livre la guerre aux reptiles et aux insectes. Je n'ai trouvé que de la terre glaise dans les viscères de ceux que j'ai disséqués. Les naturels en mangent la chair, qui a quelques rapports avec celle du lièvre.

Musées des Pays-Bas, Paris, Vienne, Berlin, Francfort et autres.

SARIGUE QUICA (1). — *DIDELPHIS QUICA.*

Taille d'un jeune *Putois* (Mustela putorius); queue plus longue que le corps et la tête, épaisse à la base, chez le mâle, à peu près d'une venue avec le corps; moins grosse dans la femelle; la partie poilue occupe un peu moins du tiers de sa longueur; la partie nue toujours terminée par un espace blanc, plus ou moins étendu. Les femelles ont une poche complète.

Le mâle a toutes les parties supérieures du corps et des membres, ainsi que le tiers environ de la queue, d'un gris de souris; tous les poils étant annelés de cendré et de noirâtre, le noir domine à leur extrémité, ce qui fait qu'à voir l'animal de face la fourrure ressemble à celle de la souris; mais vu de côté, elle a plus de ressemblance avec celle de l'*Écureuil gris* de la Caroline; la gorge, toutes les parties inférieures et la face interne des membres, sont d'un blanc parfait; les yeux sont entourés par un cercle noir, au-dessus duquel est peinte une tache blanche, comme dans l'*Opossum* ou *Quatre-œil;* au-dessous des yeux, une tache blanche, blanchâtre, ou d'un roussâtre très-clair; le museau et la ligne longitudinale sur le chanfrein sont d'un gris sombre; la partie nue de la queue est noire sur sa première moitié, et blanche sur celle qui forme le bout; les oreilles sont grandes, ovales, et plus ou moins bicolores.

La femelle a toutes les parties supérieures du corps et la base de la queue d'un fauve noirâtre, avec une légère nuance argentée, selon le jour qui l'éclaire; le pelage est d'une teinte cendrée, claire sur les flancs et à la face externe des membres; le menton et la face interne des membres sont blancs; une teinte cendrée roussâtre est répandue sur le ventre; toute la région de la poche est d'un roux foncé; le sommet de la tête et le museau sont noirs ou noirâtres, et trois grandes taches blanches ou blanchâtres sont disposées au-dessus, derrière et en-dessous des yeux; ceux-ci ont un cercle noir autour de l'orbite.

(1) Nom vulgaire de cette espèce au Brésil.

Les jeunes ont un pelage plus lavé de fauve ou de brun; les taches ne sont point aussi bien dessinées que dans les adultes; mais la queue est toujours terminée par un espace blanc plus ou moins étendu.

Longueur moyenne prise sur un grand nombre d'individus : en totalité, 22 pouces, dont la queue prend de 11 à 12 pouces; la partie couverte de poils est longue de 2 pouces 9 lignes chez les femelles, et souvent de 3 pouces 6 lignes dans les mâles; celle de la nudité, de couleur blanche, varie de 3 pouces 3 lignes jusqu'à 5 pouces. Distance du bord antérieur des yeux à la pointe du nez, 1 pouce 1 ou 2 lignes. J'ai vu des mâles plus petits, dont la longueur totale est de 20 pouces 3 lignes, et les autres dimensions moindres en proportion.

Synonymie. Cette espèce n'est point du nombre des découvertes nouvelles; elle paraît avoir été confondue dans les indications très-embrouillées de l'*Opossum* des méthodes; chaque auteur a cru reconnaître dans des animaux, le plus souvent différens, le véritable *Opossum* indiqué d'une manière si vague par Linnée, et méconnu par le plus grand nombre des naturalistes. On trouve dans les cabinets des individus de cette espèce étiquetés sous les noms d'*Opossum*, de *Cayopollin*, et de *Philander*. Nous devons à M. Natterer la connaissance plus exacte de cette espèce qu'il a envoyée au musée impérial de Vienne, sous le nom de *Quica*, dénomination qui sera sans doute conservée. Nous avons reçu plusieurs dépouilles et vu quatre individus vivans, outre plusieurs sujets conservés dans l'esprit-de-vin. Il est facile de distinguer ce Sarigue du véritable *Opossum*, qui est plus petit, à queue moins longue, et à base poilue moins étendue. La couleur de la robe du véritable *Opossum* est d'un roux vif et roussâtre, tel que Schreber en donne deux figures exactes sous tous les rapports. Il n'est guère possible de confondre le *Quica* avec le *Philander*, et nous ne pouvons comprendre comment on a pu en faire un *Cayopollin*. Ce dernier est probablement le même animal que le *Micouré à grosse queue* de d'Azara. Les femelles, dans cette espèce, n'ont point de poche. Le Cayopollin du *Nouv. Dict. d'hist. nat.*, vol. 9, pag. 426, et celui sous la même indication dans le *Règne animal*, de M. Cuvier, et dans l'*Encycl.* doivent être réunis au *Philander* de cette monographie. La description du *Cayopollin* de Buffon est prise sur un très-jeune *Sarigue*, on ne sait trop de quelle espèce; car il est dit qu'il a deux molaires de moins que l'*Opossum* et que la *Marmose*, caractère commun à tous les jeunes *Sarigues* (1). On fera bien d'exclure ce *Cayopollin* de Buffon de la liste des êtres. Le *Micouré laineux* ou *Micouré second* de d'Azara ne doit pas non plus être admis dans nos catalogues méthodiques; ce sont de ces indications vagues qui reposent sur l'examen très-superficiel d'un seul individu.

Patrie. Le *Quica* habite le Brésil; il vit sur les arbres, fait la chasse aux petits oiseaux et aux insectes, et mange aussi des fruits. En captivité on le nourrit de chair. Il se cache pendant le jour, et se roule en boule pour dormir; il souffle comme le furet, et ne paraît sortir de sa retraite que de nuit.

Le musée des Pays-Bas possède plusieurs individus montés, et des squelettes. On en voit aussi dans les musées de Vienne et du prince de Neuwied. L'individu du musée de Paris est en très-mauvais état.

SARIGUE MYOSURE. — *DIDELPHIS MYOSUROS.*

Taille du précédent; la queue semblable à celle du *Rat vulgaire* (Mus rattus), bicolore, grêle, beaucoup plus longue que le corps et la tête; la base poilue très-petite; oreilles très-grandes, à peu près rondes; museau très-pointu. Les femelles ont une poche complète.

Pelage doux, serré, mais très-court, d'une teinte mélangée, à peu près comme la fourrure du *Rat surmulot;* les poils cendrés à

(1) Voyez la note sur les caractères du genre *Didelphis*.

leur base et variés de brun foncé et de fauve-roussâtre à leur pointe ; ceux disposés sur la ligne moyenne du dos d'une teinte plus sombre que le pelage des flancs et de la face externe des membres; sur le sommet du crâne et depuis les narines à l'origine des oreilles sont trois bandes noirâtres; au-dessus des yeux se trouve une petite tache d'un roux jaunâtre, et en dessous de cet organe, une autre beaucoup plus grande, qui s'étend sur l'angle des deux lèvres; les flancs, les côtés du cou, et le bord extérieur des cuisses, sont d'un fauve roussâtre ; les parties inférieures sont d'un blanc faiblement nuancé de roussâtre, ou d'un blanc terne ou couleur isabelle. Les oreilles sont très-grandes, à peu près rondes, nues, d'un jaunâtre clair à leur base, et noirâtre sur le reste ; derrière les oreilles, et à leur base, se trouve une petite tache rousse. La queue est longue, grêle, très-mince vers le bout, très-peu poilue à sa base, brune et garnie d'écailles lisses jusqu'à la distance de trois pouces de la pointe, qui est blanche. Les plus grands individus ont une grande plaque noire sur le sommet de la tête; elle s'étend de l'occiput au chanfrein ; le cercle qui entoure les yeux est noir, et on voit une tache noire devant cet organe.

Longueur totale des plus grands sujets, 22 pouces, dont la queue prend 11 pouces 2 lignes ; distance du bord antérieur des yeux à la pointe du nez, 1 pouce 3 lignes; base poilue de la queue, longue seulement de 10 lignes. J'ai pris les dimensions sur des individus de 20 pouces en longueur totale : la queue, 11 pouces 2 lignes ; base poilue, 10 lignes. Les jeunes de moyen âge m'ont fourni les dimensions suivantes : longueur totale, 16 pouces 6 lignes, dont la queue prend 8 pouces 8 lignes; sa base poilue n'est que de 9 lignes; hauteur et largeur des oreilles, 10 lignes ; distance du bord antérieur des yeux à la pointe du nez, 11 lignes.

Synonymie. On ne peut rapporter cette espèce à aucune de celles qui se trouvent dans les méthodes. J'ai cru que ce pourrait être le Didelphis nudicaudata de M. Geoffroy, et du *Dict. d'hist. nat.*, vol. 9, p. 424 ; mais il est dit dans le texte que la queue de cet animal est toute nue, et que la femelle n'a point de poche. On a trouvé, *dit-on*, les petits attachés aux mamelons. Tout ceci paraît bien différent de ce que nous rapportons ici du *Sarigue myosure;* cependant, j'ai reconnu très-distinctement, et sans laisser aucun doute, dans le sujet étiqueté au musée de Paris, *Didelphis nudicaudata*, un individu jeune, de moyen âge, de mon *Didelphis myosuros*, à la vérité détérioré, mais assez bien conservé pour trouver en lui tous les caractères de notre espèce. Ce sujet est-il le même que celui qui a servi à la description de M. Geoffroy? c'est ce que je ne saurais affirmer. Il est au reste très-facile de se méprendre sur l'existence ou sur l'absence d'une poche dans les jeunes femelles qui nous parviennent en peaux desséchées ; et la supercherie des préparateurs, dans les colonies, doit nous rendre défians lorsqu'on reçoit des individus où les jeunes sont adhérens. Il m'est arrivé deux fois d'être dupe de pareilles supercheries. Dans un sujet de l'*Opossum* qui fut tiré de la liqueur, je trouvai quatre petits, adhérens au ventre ; étonné de ne point trouver de poche, la dissection servit à me prouver que les petits étaient fixés par du fil au ventre d'un mâle auquel on avait coupé le scrotum ; j'en ai reçu un en peau préparée, de l'espèce du *Sarigue quica*, où la même supercherie avait été commise; un *Sarigue dorsal* mâle, en esprit-de-vin, portant ses petits sur le dos, se trouve encore dans une de nos collections ; et j'en ai vu un autre, avec les petits d'une espèce différente, attachés au ventre. Un cas semblable peut avoir induit en erreur ceux qui ont décrit leur *Sarigue nudicaude*.

Patrie. Notre espèce habite le Brésil, où elle paraît très-commune; tous les naturalistes qui ont visité ce pays en ont rapporté. Elle semble l'être moins à la Guiane. On la reçoit rarement dans les transports d'objets d'histoire naturelle qui nous arrivent de Surinam.

Musée des Pays-Bas, plusieurs individus des deux sexes. Musées de Vienne, de Francfort et du prince de Neuwied. Celui du musée de Paris est en mauvais état.

SARIGUE OPOSSUM. — *DIDELPHIS OPOSSUM.*

Taille plus forte que l'*Écureuil d'Europe ;* queue un peu plus courte que le corps et la tête, ou de même longueur, grêle depuis son origine; sa partie poilue assez étendue, la partie nue couverte d'écailles; fourrure soyeuse, fine, peu fournie, d'un roux vif; museau très-pointu, chanfrein droit. Les femelles ont une poche complète.

Pelage de toutes les parties supérieures du corps et de la base poilue de la queue d'un roux de rouille ou cannelle, plus vif chez *les mâles* que dans *les femelles.* Cette couleur domine aussi sur la tête et en dessous des yeux, mais elle se nuance en blanchâtre vers l'angle de la bouche; la teinte rousse perd de sa pureté sur la partie inférieure des quatre membres; au-dessus de l'œil se trouve une grande tache blanche (1), et derrière l'oreille se dessine une semblable tache; la partie inférieure des joues, l'intérieur des quatre membres, et toutes les parties inférieures du corps, sont d'un blanc jaunâtre; l'œil est entouré par un cercle de la même teinte rousse que celle du dos : ce roux diffère toujours, par quelques nuances plus foncées, de la couleur des poils qui recouvrent le chanfrein; la partie nue de la queue est brune, et la pointe en est blanche.

Avant d'être parvenus à l'état d'adultes, les jeunes ont le pelage coloré de roussâtre, au lieu de roux vif. La femelle est toujours d'une taille plus forte que le mâle.

Longueur totale, 17 à 18 pouces, dont la queue mesure de 8 pouces à 8 pouces 6 lignes; base poilue de la queue longue de 2 pouces; épaisseur de celle-ci à son origine, 1 pouce 6 lignes; distance du bord antérieur des yeux à la pointe du nez, 1 pouce, mesure prise sur des individus mâles.

(1) Ces deux taches au-dessus des yeux ont valu à cette espèce le nom de *Quatre-œil*, qu'on pourrait donner également, et par le même motif, au *Sarigue quica* comme au *Sarigue myosure*, décrits dans cette monographie.

La longueur totale des *vieilles femelles* est de 19 pouces, dont la queue mesure 9 pouces 6 lignes; base poilue de la queue, 2 pouces 1 ligne; distance du bord antérieur de l'œil à la pointe du nez, 1 pouce 2 lignes.

Remarque. Le crâne de l'*Opossum* est difficile à distinguer de celui du *Sarigue quica :* même nombre de dents, et à peu près même forme générale. Un caractère assez saillant peut servir de moyen pour reconnaître ces crânes. Dans l'*Opossum*, le chanfrein forme une ligne inclinée, mais droite, et d'une venue avec le front; au lieu que le chanfrein du *Sarigue quica* est voûté et forme une ligne courbe dont la plus grande élévation est au centre. Cette coupe de la mâchoire supérieure fait que la tête du *Sarigue quica* ressemble à celle des *Sarigues crabier*, *illinois* et *micouré*, dont le museau, quoique proportionnellement aussi long, paraît moins pointu que celui des autres *Sarigues*, particulièrement de l'*Opossum*, du *Dorsal* et de la *Marmose*, qui rappellent, dans les formes de la tête, quelque ressemblance entre ces petits animaux et les *Renards*. Cette partie, dans les *Sarigues philander* et *grison*, se distingue par le chanfrein assez court de ces animaux.

Le nom d'*Opossum* a été donné indistinctement à plusieurs *Sarigues*. M. Cuvier vient très-récemment de nommer ainsi le *Sarigue illinois* de Buffon. Voyez *Histoire des Mammifères*. Cette remarque m'a paru nécessaire pour éviter une réunion que l'identité de nom pourrait occasioner. Au reste, M. Cuvier paraît avoir choisi cette dénomination, parce que les Anglo-Américains désignent ainsi le *Didelphis virginiana* de Pennant; mais j'ai cru devoir la rendre à l'espèce de cet article, le nom d'*Opossum* lui ayant été donné par Linné, Buffon et Schreber : ce dernier en a publié deux bonnes figures.

Synonymie. Didelphis opossum. Gmel. *Syst.* 1, *p.* 105, *sp.* 3. — Schreb. *Saught.*, *vol.* 3, *p.* 537, *tab.* 146, *A* et *B*, figure exacte du mâle et de la femelle. — Sarigue opossum. Buff. *Quadrup.*,

vol. 5o, *tab.* 45 *et* 46. — Cuv. *Reg. anim., vol.* 1, *p.* 173. — Dɪ-
ᴅᴇʟᴘʜᴇ sᴀʀɪɢᴜᴇ. Geoff. Catal. *mamm.*, *p.* 141, *sp.* 3. — Moʟᴜᴄᴄᴀ
ᴏᴘᴏssᴜᴍ. Shaw. *Gen. Zool., vol.* 1, *part.* 2, *pl.* 108, figure reconnaissable de notre *Opossum;* mais le texte, *voyez* p. 476, appartient au *Didelphis molucca* de Linné, qui n'est point un *Sarigue*, et
qu'on doit rapporter au *Didelphis orientalis* du même auteur. L'a-
nimal indiqué dans ce diagnose fait partie du genre *Phalangista*.
Plusieurs noms entassés dans les synonymies de cette espèce ne doivent point y être compris; ils se bornent à ceux que je viens d'indiquer. L'indication du *Philander saturatè spadiceus* de Brisson,
Quad., *p.* 207, peut encore être énumérée.

Patrie. L'Amérique méridionale; il est très-répandu dans toute
la Guiane, et paraît commun à Surinam. J'ai lieu de croire qu'il
est plus rare au Brésil. La dissection de plusieurs individus a constaté que cet animal se nourrit habituellement de chair; il paraît
faire la chasse aux oiseaux, dont nous avons trouvé des débris dans
les viscères.

Le musée des Pays-Bas possède des individus montés, et le
squelette. On n'en voit point dans les galeries du musée de Paris;
l'individu désigné sous ce nom est un *Didelphis quica*.

SARIGUE PHILANDER. — *DIDELPHIS PHILANDER*.

Taille de l'*Opossum*, tête très-courte, museau obtus, narines séparées par un sillon très-marqué; une bande d'un roux foncé s'étendant des narines au sinciput; yeux placés dans une tache cendrée;
oreilles nues, distantes, ovales; queue beaucoup plus longue que le
corps et la tête, garnie d'un poil touffu à sa base, du reste totalement nue, tachetée de brun sur un fond blanc. Les femelles ont
une poche complète. Les côtes de ce *Sarigue* sont du double plus
larges que celles des autres espèces. *Voyez* le squelette et les détails de la tête, *pl.* 6.

Un poil très-doux, cotonneux et bien fourni, couvre tout le

corps et s'étend sur une grande portion de la queue ; les oreilles sont grandes, très-distantes et ovoïdes à leur partie supérieure ; les narines se trouvent partagées par un sillon très-profond ; une petite bande d'un roux vif passe sur le chanfrein, et aboutit au sinciput où elle est plus large ; les yeux sont exactement entourés par une petite tache d'un brun cendré clair qui s'étend jusqu'aux narines ; tout le sinciput, les côtés du chanfrein et les joues sont à peu près blancs ; le pelage, sur toutes les autres parties supérieures du corps, et à la base de la queue, est, dans le mâle, d'un fauve roussâtre très-clair, mais teinté de jaunâtre sur les flancs et à la partie poilue du dessous de la queue ; toutes les autres parties inférieures sont blanches ; les moustaches et les longs poils au-dessus des yeux sont d'un roux foncé ; les oreilles, la partie nue des pieds, et une partie de la queue, sont d'un brun roussâtre. La femelle a le pelage d'un fauve cendré et roussâtre ; la partie intérieure de la poche est garnie d'un poil roux, et toutes les autres parties inférieures sont d'un blanc sale ; un quart de la partie nue de la queue est brun, l'autre est marbré de brun et de blanc, et le reste, jusqu'au bout, est tout blanc. La taille des femelles est toujours bien plus forte que celle des mâles.

Longueur totale prise sur trois mâles, 13 pouces 6 lignes ; la queue seule mesure 8 pouces 6 lignes ; la partie qui est couverte de poils a 1 pouce 9 lignes. Longueur totale de la tête, 1 pouce 10 lignes ; de la pointe du nez au bord antérieur de l'œil, 8 lignes. Deux femelles nous ont fourni les dimensions suivantes : 22 pouces ; longueur totale de la queue, 13 pouces ; la partie couverte de poils, 2 pouces 9 lignes ; de la tête, 2 pouces 3 lignes ; de la pointe du nez au bord antérieur de l'œil, 10 lignes.

Synonymie. La seule indication que l'on puisse citer avec confiance est celle donnée par Schreber, *Saugth.*, *v.* 3, *p.* 541, sous le nom de FARAS, ainsi que, table 147 du même ouvrage, sous le nom de DIDELPHIS PHILANDER ; cette figure est du petit nombre de celles publiées par Schreber, qui est bien dessinée, et colorée avec exactitude. La figure mentionnée représente *une femelle.* Les jeunes, dès leur premier âge, sont couverts d'un poil cendré; la raie brune au chanfrein existe, et la pointe de leur queue est blanche. On les distingue dès l'époque de leur naissance des autres jeunes *Didelphes* à la forme obtuse du museau.

Remarque. Les naturalistes qui réunissent le *Philander* au *Cayopollin*, et ceux-ci au *Dorsal*, sont dans l'erreur : ces animaux forment trois espèces bien caractérisées ; le *Philander* et le *Grison* se distinguent par la forme de la tête, très-courte, et par le museau obtus ; le *Dorsal* (Didelphis dorsigera), qui n'est pas le même que le *Miçouré à queue grosse* de Azara, a la tête longue et comprimée ; le museau est proéminent, et le chanfrein beaucoup plus long ; sous ces rapports, il existe plus d'analogie dans les formes de la tête du *Sarigue à grosse queue,* du *Cayopollin*, de l'*Opossum*, du *Dorsal* et de la *Marmose*, tandis que les crânes du *Philander* et du *Sarigue grison* de cette monographie ont plus de rapports entre eux ; ils se rapprochent des formes générales du crâne des différentes espèces de *Couscous*, qui forment une section dans le genre *Phalangista.* Ceux qui ont réuni le *Philander* au *Cayopollin* et au *Dorsal* n'ont sans doute pas fait attention à l'existence d'une poche chez les femelles du *Philander*, tandis que la femelle du *Sarigue dorsal* n'en a point. Les côtes du *Sarigue philander* sont larges et en lames aplaties ; celles des autres espèces sont comprimées et grêles. Séba et Schreber se sont contentés de décrire leur *Philander* d'après les individus renfermés dans la liqueur spiritueuse, sans les en tirer, afin d'établir avec exactitude les dimensions de leur animal, ce qui est cause qu'on ne peut s'en rapporter aux mesures données par ces naturalistes ; aussi varient-elles beaucoup entre elles, et diffèrent-elles de mes indications, prises sur trois individus mâles parfaitement adultes. Les mâles que j'ai examinés n'avaient point de scrotum très-gros et descendant presque à terre. Cette partie, quoique examinée sur deux sujets adultes tirés de l'esprit-de-vin, n'offrait aucun développement extraordinaire. Les mesures prises sur les femelles que j'ai tirées de l'esprit-de-vin se rapprochent plus de celles indiquées par Schreber. Les jeunes, même lorsqu'ils sont encore portés par la mère, sont faciles à distinguer des jeunes de toutes les autres espèces que nous venons d'indiquer; il serait impossible de les confondre avec les jeunes de l'*Opossum* ou *Quatre-œil*.

La description du *Cayopollin* dans le *Nouveau Dictionnaire d'histoire naturelle* doit être rapportée au *Philander* de cette monographie; et c'est aussi d'un *Philander* dont il est question dans le *Règne animal*, sous ce même nom, mal appliqué, de *Cayopollin*. Les sujets mal étiquetés du musée de Paris confirment ce que j'avais supposé, d'après les indications mentionnées. Il est probable que les figures 3 et 4 de la planche 31 de Seba ont été prises sur des sujets de l'espèce du *Philander*.

Patrie. L'Amérique méridionale. Les individus que j'ai examinés ont été envoyés de Surinam; il est probable qu'on les trouve dans toute la Guiane. Je n'en ai point vu dans les collections faites au Brésil. On a trouvé des débris d'oiseaux dans les individus que j'ai fait tirer de l'esprit-de-vin.

Plusieurs individus montés et des squelettes font partie des musées des Pays-Bas et de Vienne; ceux du musée de Paris sont en très-mauvais état, et portent sur l'étiquette dont ils sont pourvus le nom de *Cayopollin*.

DEUXIÈME SECTION.

LES FEMELLES N'ONT POINT DE POCHE; ELLE EST REMPLACÉE PAR UNE DUPLICATURE DE LA PEAU DU VENTRE. LES JEUNES MONTENT SUR LE DOS DE LEUR MÈRE, ET S'Y AFFERMISSENT AU MOYEN DE LEUR QUEUE.

SARIGUE GRISON. — *DIDELPHIS CINEREA*.

Taille moindre que l'*Opossum* (Didelphis opossum), ou de la grandeur du *Rat domestique* (Mus rattus); tête petite, museau très-court; oreilles un peu étranglées à la base, nues; queue beaucoup plus longue que le corps et la tête, très-grêle, très-poilue à sa base, parfaitement nue sur tout le reste, sans aucun vestige de poils; extrémité blanche, occupant plus de la moitié de sa longueur. Les femelles manquent de poche.

Tout le pelage est bien fourni, mais court et cotonneux. Les mâles sont d'un gris cendré clair, teinté de noirâtre à la fine pointe des poils; parties inférieures du corps et la face interne des membres blanchâtres; gorge et poitrine d'un blanc roussâtre; la couleur des poils qui couvrent la tête et le museau ne diffère point de celle du dos, et il ne se trouve aucun indice de raie sur le chanfrein, ou de tache blanche au-dessus des yeux; l'orbite de cet organe est coloré de noir profond, mais ce cercle noir est un peu plus large en avant des yeux; la queue est couverte à sa base d'une fourrure épaisse de la même couleur cendrée que celle du corps, tout le reste de cette queue est parfaitement dénué de poils; la peau un peu écailleuse qui recouvre cette partie est brune jusque près de la moitié de sa longueur, mais la plus grande moitié est blanche.

Les femelles ont le pelage un peu lavé de roussâtre, ce qui fait que leur fourrure est fauve clair au lieu de gris; un ton fauve jaunâtre règne à la région des oreilles et sur les joues, les parties inférieures sont d'un blanc moins pur que chez les mâles; la région des tétines et du pli longitudinal, qui se prolonge vers l'anus, est d'un jaune roussâtre; le cercle noir qui entoure les yeux est moins large et moins prononcé que dans les mâles.

Longueur totale des adultes, de 15 à 16 pouces; sur celle-ci, la queue mesure 9 pouces ou 9 pouces 6 lignes, dont 2 pouces sont couverts d'un poil touffu; distance du bord antérieur des yeux à la pointe du nez, 7 lignes.

Synonymie. Ce *Sarigue*, trouvé au Brésil par le prince de Neuwied, et envoyé depuis par M. Natterer au cabinet impérial de Vienne, n'a point encore été indiqué. Je dois à la bonté du prince de Neuwied et de M. Schreibers, directeur du musée impérial de Vienne, d'avoir pu donner la description de cette espèce ; ces amis ont bien voulu m'envoyer les individus de leurs collections.

SARIGUE DORSAL. — *DIDELPHIS DORSIGERA.*

Taille et formes du *Rat* (Mus rattus); queue grêle, dépassant d'un pouce et demi la longueur du corps et de la tête; partie poilue assez étendue; la partie nue, brune unicolore; yeux placés dans une tache marron très-foncé, qui se prolonge sur une partie de la lèvre supérieure; ligne du chanfrein et le front d'un blanc jaunâtre. Les femelles manquent de poche.

Pelage serré et fin, mais court et peu fourni ; les poils sont de deux couleurs : d'un cendré foncé à leur base, et d'un gris brun ou fauve brunâtre à la pointe. Cette nuance, qui colore l'extrémité des poils aux parties supérieures, porte absolument la même teinte que le pelage du *Surmulot* (Mus decumanus), et diffère constamment de celle qui colore la fourrure du *Sarigue marmose*. Les yeux sont placés dans une tache d'un brun foncé, plus étendue vers le museau qu'à la partie postérieure de l'œil; le brun est peu marqué en dessous; il forme une simple raie ou sourcil, au-dessus de cette région ; tout le chanfrein et le front, entre les yeux, est d'un blanc jaunâtre; cette couleur domine aussi sur les joues, sur la face extérieure des jambes de devant, et sur l'extrémité ou les pieds des quatre membres ; sur la partie nue de la queue n'existe aucun poil ; elle est écailleuse et brune partout.

Longueur totale, 12 pouces 6 lignes, dont la queue mesure 7 pouces ; la partie poilue de sa base est longue de 11 lignes ; distance du bord antérieur de l'œil aux narines, 7 lignes.

Synonymie. DIDELPHIS DORSIGERA. Linn., Gmel., *Syst.*, 1, p. 107, *sp.* 5. — Schreb. *Saugth.*, *vol.* 3, *p.* 546, *tab.* 150, figure très-mauvaise et mal enluminée. — Probablement aussi MUSGLOCETRIS AMERICANUS, Seba, *Mus.*, vol. 1, tab. 31, *fig.* 1 et 2. Les autres indications et même celles portées ici méritent peu de confiance.

Remarque. Les naturalistes qui n'ont point été dans le cas de faire des recherches basées sur l'examen d'un grand nombre d'individus, ou qui se sont trouvés dans la nécessité d'avoir recours aux descriptions succintes des voyageurs et aux figures plus ou moins vicieuses des différentes espèces de *Sarigues*, ont pu croire facilement que, de toutes ces espèces nominales, il s'en trouvait plusieurs formant double emploi du même animal. Je dois attribuer à cette cause l'erreur commise dans le *Règne animal*, et suivie dans le *Nouveau Dictionnaire d'histoire naturelle*, où les auteurs ont réuni le *Didelphis Cayopollin*, *Philander* et *Dorsigera*, dans un même article, et sous des indications très-vagues. Ces trois espèces diffèrent à tant d'égards les unes des autres, ainsi que je l'ai prouvé par les caractères essentiels et les descriptions fournis dans cette monographie, qu'il sera facile de les reconnaître par ces seuls moyens. Mais, nonobstant toute l'exactitude que j'ai tâché de mettre dans les descriptions du *Sarigue dorsal* et du *Sarigue marmose*, je n'ai pu rendre à ces différences un caractère d'originalité à l'aide duquel on puisse reconnaître du premier coup d'œil les individus de ces deux espèces voisines. Je tâcherai d'y remédier par quelques détails. Les formes du *Dorsal* et de la *Marmose* sont peu différentes; leur taille l'est davantage; j'ai trouvé cette différence constante sur tous les individus tirés de l'esprit-de-vin; mais elle varie dans les individus montés, et ceci tient à la préparation vicieuse des dépouilles. Indépendamment de la couleur du pelage, toujours roussâtre ou jaunâtre chez la *Marmose*, et brune ou cendrée-fauve chez le *Dorsal*, j'ai trouvé des différences invariables dans la queue; plus longue, en proportion du corps, dans le *Dorsal* que dans la *Marmose* : cette queue est constamment jaunâtre et sans taches chez ce dernier, et d'un brun uniforme dans le *Dorsal*. Ces animaux, qui viennent du même pays, diffèrent toujours de la même manière entre eux; ils n'offrent point de dissemblance très-marquée de grandeur dans les sexes.

Patrie. Tous les individus que j'ai reçus proviennent des collections faites à Surinam. Le *Sarigue dorsal* n'est point la seule espèce connue qui porte ses petits sur le dos; tous les *Sarigues*, dont les femelles manquent de poche pour y cacher les petits, transportent leur petite famille de cette manière.

Le musée des Pays-Bas possède plusieurs individus montés et des squelettes. Ceux du musée de Paris sont en si mauvais état, qu'il est impossible de reconnaître l'espèce.

SARIGUE MARMOSE. — *DIDELPHIS MURINA.*

Taille du *Lérot* (Myoxus nitela); queue un peu plus longue que le corps et la tête; la partie poilue de sa base très-petite; la partie nue d'un jaune unicolore; yeux placés dans une tache marron, cette tache se prolonge sur une partie de la lèvre supérieure. Les femelles manquent de poche.

Pelage serré et fin, mais court et peu fourni; les poils sont de deux couleurs; d'un cendré foncé à leur base, et fauve roussâtre ou jaunâtre à leur pointe, quelquefois aussi d'un roux pur; cette bigarrure des poils fait que les parties supérieures du corps et l'extérieur des quatre membres sont d'un fauve roussâtre clair, jaunâtre, ou d'un roux vif, paraissant mêlé de cendré, suivant que ces poils sont plus ou moins divergens; la tête est d'un jaunâtre clair, dépourvue de raie sur le chanfrein; les yeux sont placés dans une tache marron, assez grande, mais plus étendue vers le museau qu'à la partie postérieure de l'œil; toutes les parties inférieures et les joues sont d'un beau blanc légèrement jaunâtre; la base peu poilue de la très-longue queue est colorée comme le dos; sa partie nue est parfaitement glabre, unicolore, et de couleur jaunâtre, ainsi que les oreilles. Les femelles sont un peu plus grandes que les mâles; les jeunes peuvent être facilement distingués de ceux des autres espèces. A l'époque où leur longueur totale n'excède point encore trois pouces, par conséquent, peu de temps après leur naissance, ils sont déjà très-reconnaissables par la tache marron qui est prolongée en avant et derrière les yeux, et par la couleur de leur pelage roussâtre.

Longueur totale, de 10 pouces ou 10 pouces 2 lignes, dont la queue mesure 5 pouces 3 ou 4 lignes; la partie poilue de sa base longue de 6 lignes; distance du bord antérieur de l'œil aux narines, 6 lignes, mesure prise sur trois *femelles adultes*. Les *vieux mâles* ont des dimensions un peu moins fortes.

Synonymie. Didelphis murina, Gmel. *Syst.* 1., *p.* 107, *sp.* 4. — Schreb. *Saugth.*, *v.* 3, *p.* 545., *tab.* 149, figure mal colorée, quoique assez exacte de contour. — La Marmose, Buff. *Quad.*, *vol.* 10, *p.* 335, *t.* 52 et 53. — *Idem. éd. de Sonn.*, *v.* 28, *p.* 65, *pl.* 3. — Cuv. *Reg. anim.*, *v.* 1, *p.* 174. — Geoff. *Catal. quad. du musée*, *p.* 143, *sp.* 6. — Murine opossum, Shaw. *Gen. zool.*, *v.* 1, *part.* 2, *p.* 484. On ne doit point rapporter à la *Marmose* le Micouré quatrième, de d'Azara, *Quad. du Parag.*, *v.* 1, *p.* 290, qui paraît être synonyme avec le *Sarigue nudicaude* de M. Geoff., ni son *Micouré cinquième*, qui est notre *Sarigue touan*, ou *Didelphis brachyura*.

Remarque. On ne pourra confondre la *Marmose* qu'avec le *Dorsal* dont elle approche beaucoup; j'ai insisté sur les différences qui séparent ces deux espèces dans la remarque à l'article du *Sarigue dorsal*. Le nom de *Marmose* provient sans doute, comme le remarque M. Cuvier, d'une faute d'impression dans la traduction française de Seba. On donne dans les colonies de la Guiane hollandaise, le nom de *Boschrat* (Rat des bois) indistinctement à toutes les espèces de *Sarigues* qui y sont répandues. Schreber a très-bien indiqué la longueur de la queue de notre *Marmose* dans sa planche; mais dans le texte, il dit qu'elle est plus courte que le corps, ce qui est faux, car la queue est plus longue que le corps et la tête.

Patrie. L'Amérique méridionale, particulièrement la Guiane, où cette espèce est très-multipliée. Elle creuse la terre, et se suspend par la queue aux branches des arbres, chasse les petits oiseaux, et se nourrit aussi de fruit. Dans les trois *Marmoses* femelles adultes que j'ai tirées de l'esprit-de-vin pour les faire monter, nous avons trouvé des traces de leur appétit carnivore dans quelques débris de plumes d'oiseaux, mêlés aux nombreux débris d'insectes, contenus dans leurs viscères.

Muséum des Pays-Bas, trois femelles montées, et le squelette d'un mâle. Musée de Paris, plusieurs individus sous des dénominations différentes; mais tous mal montés et détériorés.

SARIGUE TOUAN. — *DIDELPHIS TRICOLOR*.

Taille du *Sarigue dorsal* (Didelphis dorsigera); queue de moitié moins longue que le corps et la tête, épaisse et large à sa base, déprimée dans presque toute sa longueur, à peu près nue en dessous et à la pointe, mais couverte de poils à sa face supérieure. Les femelles manquent de poche.

Tout le dessus du corps, du cou et de la tête, est couvert d'un poil noirâtre, dont l'extrémité tire un peu au grisâtre. Cette couleur noirâtre est disposée sur tout le dos, jusques aux flancs; elle forme une bande longitudinale sur le sommet de la tête, et vient aboutir aux narines; les joues, la gorge, les côtés du cou, les flancs et la face externe des quatre membres sont d'un roux ardent; la poitrine et toutes les parties inférieures sont d'un blanc pur; la queue, dont la base est large et déprimée, est couverte, sur une grande partie de sa face supérieure, de poils longs, de la couleur des flancs; en dessous, elle est garnie d'un poil serré, et tellement ras, que cette partie, ainsi que la pointe, paraît nue. Les mâles ont un scrotum traînant presque à terre; leur robe ne diffère point de celle des femelles.

Longueur 8 pouces, de 5 à 8 lignes, dont la queue mesure environ 3 pouces; distance du bord antérieur de l'œil à la pointe du nez de 7 à 8 lignes. Mesure prise sur des individus adultes. Les mesures données par les auteurs sont du jeune âge.

Remarque. Cette espèce ou le *Didelphis brachyura* de Pallas est bien caractérisée et facile à distinguer du *Didelphis brachyura* de Linné, non-seulement par les formes mais aussi par les couleurs du pelage.

Synonymie. DIDELPHIS TRICOLOR. Geoff. *Catal. des mamm.* p. 144, *sp.* 7. — DIDELPHIS BRACHYURA. Pall. *Act. petrop. ann.* 1780, t. 2, p. 235, tab. 5. — LE TOUAN. Buff. *Mamm. supp.*, v. 7, p. 252, *pl.* 41 ou *vol.* 7, *pag.* 61, *pl.* 5. — MICOURÉ CINQUIÈME ou MICOURÉ A QUEUE COURTE. D'AZARA. *Voy. au Parag.*, trad. franc., vol. 1. — *Nouv. diction. d'hist. naturelle.*, vol. 9, p. 429. On ne doit point confondre cette espèce avec la suivante, car la *Didelphis brachyura* de Pallas et celui de Linné sous ce même nom forment deux espèces distinctes.

Patrie. La Guiane, plus particulièrement Cayenne. Ce Sarigue vit dans les forêts et chasse aux insectes ; j'ai trouvé les débris de scarabés dans ses viscères. On le trouve aussi au Paraguay.

Dans le Muséum des Pays-Bas, sont deux individus montés et le squelette ; le Musée de Paris possède un sujet en mauvais état.

SARIGUE BRACHYURE. — *DIDELPHIS BRACHYURA.*

Taille du *Lérot* (Myoxus nitela) ; queue moitié longueur du corps et de la tête ; oreilles médiocres, rondes ; museau court, un peu obtus ; queue poilue à sa base seulement, le reste couvert d'un petit poil très-ras. Les femelles n'ont point de poche.

Pelage court, doux, parties supérieures de la tête, du cou et du corps d'un gris-fauve jaunâtre à peu-près de la même teinte que le pelage du *Surmulot* ou du *Mulot;* joues, côtés du cou, flancs, cuisses et base de la queue d'un roux assez vif, ou couleur de rouille ; toutes les parties inférieures sont d'un roux jaunâtre ; les pieds sont blanchâtres ; la queue est épaisse à la base et terminée en pointe.

Longueur totale 6 pouces 6 lignes ; queue 2 pouces 3 lignes.

Synonymie. DIDELPHIS BRACHYURA. Linn. Gmel. *Syst.* 1, *pag.* 108, *sp.* 8. — Schreb. *Saugth. v.* 3, *tab.* 151, enluminé d'après un individu décoloré par la liqueur spiritueuse. — MUS SILVESTRIS AMERICANA. Seb. *Mus. p.* 50, *tab.*, 31, *fig.* 1. — SHORT-TAILED OPOSSUM. Shaw. *Gen. Zool., vol.* 1, *p.* 479. — DIDELPHE BRACHYURE. *Nouv. dict. d'hist. nat., vol.* 9, *p.* 430.

Patrie. La Guiane et quelques autres parties de l'Amérique méridionale; le plus grand nombre nous vient de Surinam où l'espèce doit être très-commune.

Le Musée des Pays-Bas possède des individus montés et le squelette. Celui du Musée de Paris a été trouvé à Monte-Video par l'expédition du capitaine Freycinet; il est en mauvais état. Un second individu en très-bon état et parfaitement adulte fait partie de cette collection. Il a été envoyé du Brésil par M. de Saint-Hilaire.

TROISIÈME MONOGRAPHIE.

SUR LES MAMMIFÈRES DU GENRE DASYURE,

ET SUR DEUX GENRES VOISINS,

LES THYLACYNES ET LES PHASCOGALES.

CONSIDÉRATIONS GÉNÉRALES SUR LE GENRE DASYURE,
ÉTABLI PAR M. GEOFFROY-SAINT-HILAIRE.

CE groupe a été formé par M. Geoffroy-Saint-Hilaire. Il a été composé d'un démembrement du genre *Didelphis* de Shaw, où se trouvent classées pêle-mêle des espèces de différens genres d'animaux pourvus d'os marsupiaux dans les deux sexes, dont les femelles ont une poche, ou des rudimens qui en tiennent lieu, et les mâles organisés de manière que le scrotum est situé en avant de la verge. M. Geoffroy décrit dans les *Ann. du Musée*, vol. 3 et vol. 15, huit espèces d'animaux qu'il réunit dans son genre *Dasyure*. Sur ces huit espèces, cinq ont été bien observées et étaient connues de ce savant; de ces cinq espèces, deux n'appartiennent point à ce genre, vu la forme différente et le nombre de leurs dents. En conservant cette dénomination générique de *Dasyure* aux espèces pourvues des caractères qui permettent de les réunir dans un même groupe, je me vois forcé d'en éloigner une qui n'a point encore été examinée, savoir, *Dasyurus taffa*, et trois autres dont l'une forme mon genre *Thylacine*, et les deux autres le genre *Phascogale*, ce qui réduit le nombre des vrais *Dasyures* aujourd'hui bien connus par les dents et par leur dépouille, à quatre. Nous commencerons par le groupe des *Phascogales*, parce que les deux espèces dont il est composé ont le plus de rapport avec les *Sarigues* du Nouveau-Monde.

GENRE PHASCOGALE. — *PHASCOGALE* (Temm.).

DASYURUS (*Geoff.*, *Cuv.*, *Illig.*, *Desm.*), DIDELPHIS (*Shaw*).

Dents incisives mitoyennes $\frac{2}{2}$, les supérieures un peu saillantes, épaisses, arrondies, pointues au bout, convergentes à la pointe, et séparées des incisives latérales par un espace vide ; les inférieures un peu couchées en avant, du double plus grandes que les dents latérales. Incisives latérales de chaque côté $\frac{3}{2}$, très-petites, égales et bien rangées; nombre total des incisives $\frac{8}{6}$. Dents canines $\frac{1}{1}$ de moyenne grandeur, celles d'en bas les moins fortes. Dents molaires $\frac{7}{7}$, dont $\frac{3}{3}$ fausses molaires coniques, très-pointues et cannelées intérieurement; $\frac{4}{4}$ arrières-molaires à peu près triangulaires, plus hérissées et moins égales entre elles que dans les *Sarigues*. Nombre total des dents, 46.

A juger de la nourriture de ces animaux par l'examen des dents on doit leur attribuer un régime purement insectivore ; les dents molaires ressemblent par leurs tubercules nombreux et leurs pointes aiguës aux dents des *Vespertilions* et du *Tarsier*. Les incisives, au nombre près, ne diffèrent point des incisives des *Sarigues*; même forme et même arrangement de ces dents dans les os intermaxillaires. Cet arrangement des incisives, dont les deux du milieu, plus grandes et plus fortes que les latérales, sont projetées en avant, donne aux *Phascogales* une forme de museau à peu près semblable au museau en boutoir des *Sarigues* ; le nez est nu et divisé au milieu par un sillon; les oreilles sont aussi grandes, et nues comme dans les *Sarigues*, espèces de Marsupiaux toutes originaires des deux Amériques, tandis que les deux espèces de *Phascogales* que nous connaissons peuvent être considérées comme les représentans des *Sarigues* dans les contrées de l'Océanie. Les *Phascogales* diffèrent des *Dasyures*

1°. par le nombre des molaires, les premiers ayant sept partout et les autres seulement six : les *Phascogales* ont une fausse molaire de plus dans les deux mâchoires; 2°. par la forme et l'arrangement des incisives composées de deux sortes de dents, inégales entre elles dans les premiers, et d'une sorte de dents disposées en rangées égales chez les seconds.

Il est facile d'apprécier ces différences en comparant les figures 9, 10, 11 et 12 de notre planche 7. Les vrais *Dasyures* n'ont point le nez en boutoir, et leurs oreilles sont couvertes de poils ; le système dentaire, outre qu'il offre des disparités pour le nombre des molaires et pour l'arrangement des incisives, donne encore lieu de s'assurer que les *Dasyures* sont carnivores et peut-être insectivores, tandis que les *Phascogales*, dont le genre de vie ne nous est pas connu, font préjuger, par la forme des dents, un régime totalement insectivore. On dit que ces animaux restent ordinairement sur les arbres, et qu'on les voit rarement à terre : c'est là tout ce que l'on sait de leurs habitudes. Les arrières-molaires de la mâchoire supérieure sont triangulaires, et toutes celles de la mâchoire inférieure entassées et très-hérissées de pointes aiguës. Nous ne connaissions du squelette de tous ces animaux de l'Océanie, que la forme d'une portion de leur tête et tout le système dentaire. On n'a pu consulter jusqu'ici que des fragmens plus ou moins complets de leur tête qu'on a trouvée dans les peaux préparées que les naturalistes et le commerce ont fournies aux recherches scientifiques.

Nous sommes, je crois, fondés à dire que M. Geoffroy a formé son genre *Dasyure* sur l'examen des incisives seulement, de l'espèce de son *Dasyure à pinceau*, type de mon genre *Phascogale*; car, dans le catalogue des mammifères du Muséum de Paris, il donne pour caractères naturels des *Dasyures* : « Huit incisives, très-petites à la » mâchoire supérieure, *les deux intermédiaires plus longues;* six » inférieures; une canine de chaque côté et à chaque mâchoire. » Les molaires ne sont point indiquées. Cette remarque sur la longueur des deux incisives intermédiaires porte à supposer que la portion du museau examinée par M. Geoffroy, appartenait au *Dasyure* à pinceau ou au *Dasyure nain*; de cet auteur; car tous les autres *vrais Dasyures* ont les incisives d'égale grandeur, toutes rangées de manière à former un demi-cercle, et ne laissant qu'un petit intervalle intermédiaire correspondant dans les deux mâchoires. La forme du crâne et celle des mâchoires sont à peu près les mêmes que dans les vrais *Dasyures*, et tout porte à croire que si ces animaux offrent des disparités par le nombre des dents et par la forme de celles-ci, ils ne diffèrent pas beaucoup par le genre de vie et par les habitudes. Le régime des derniers paraît être entièrement carnivore, et celui des *Phascogales* est sans doute insectivore. Une forme plus marquante du crâne, moins analogue avec celle des *Dasyures* distingue l'espèce unique classée dans mon genre *Thylacine*. Le nombre des dents est le même dans cet animal et chez les *Phascogales*; mais la forme de ces dents et la manière dont elles sont rangées offrent bien plus de rapports avec l'organisation dentaire des vrais *Dasyures*. En résumé, les *Phascogales* ont partout *une fausse molaire* de plus que les *Dasyures*. Ils ont deux sortes d'incisives. Le seul *Thylacine*, avec le nombre égal des dents des *Phascogales*, a une *vraie molaire* de plus que les *Dasyures*. Les incisives sont toutes égales et rangées comme chez ces derniers.

PHASCOGALE A PINCEAU. — *PHASCOGALE PENICILLATA*. (1).

Taille plus forte que les plus grands *Surmulots* (Mus decumanus); queue à peu près de la longueur du corps et du cou, couverte de poils assez courts à la base, très-longs, raides et en pinceau vers la pointe; nez en boutoir; tête un peu ronde; oreilles longues et arrondies; yeux placés au centre des deux autres organes. Dents incisives mitoyennes beaucoup plus grandes que les latérales. *Voyez* les détails d'une partie du crâne et les mâchoires, pl. 7, fig. 9, 10, 11 et 12.

(1) La connaissance de cette espèce est due à Shaw, qui la décrit sous le nom *Didelphis penicillatus*. Shaw commet une erreur grave dans sa description; il dit *que la membrane des flancs est prolongée*, ce qui n'est pas le cas dans aucune espèce de *Phascogale* ni de *Dasyure*. La figure qu'il publie est exacte, et n'indique pas l'existence d'une pareille membrane.

Le pelage est court, laineux et touffu; celui de la queue est dur, long et en soies plus ou moins raides. Les moustaches des lèvres sont placées plus près des yeux que du nez, qui est très-long, en boutoir.

Toutes les parties supérieures du corps, la tête, les flancs, la base de la queue et la face externe des membres, sont d'un gris foncé, un peu plus sombre sur la ligne moyenne du dos qu'aux flancs; le menton et toutes les parties inférieures sont blanchâtres; toutes les longues soies de la queue sont d'un noir parfait. Les oreilles sont longues, entièrement nues, et arrondies par le haut.

Longueur totale, à peu près 15 pouces; la queue seule a 7 pouces environ; distance du bord extérieur des yeux à la pointe du nez un pouce; hauteur moyenne, 3 pouces 6 lig. J'en ai vu de plus grands.

Synonymie. DIDELPHIS PENICILLATUS, Shaw. *Gen. Zool.*, vol. 1, part. 2, p. 502, tab. 113, *fig.* 1. — DASYURUS PENICILLATUS, Geoff. *Ann. du Musée*, vol. 3, p. 361, sp. 5. — Cuvier, *Règ. anim.* — *Nouv. Dict. d'hist. nat.*, vol. 9, p. 139. — Schreb. *Saugth.* supp. tab. 152, B. d. Figure mal dessinée et plus mal enluminée.—*Encyc. Mammal.*, p. 264, esp. 407.

Patrie. La Nouvelle-Hollande. Nous ne savons rien de ses mœurs, sinon qu'il vit sur les arbres.

Les musées des Pays-Bas, de Paris et de Londres, possèdent des individus de cette espèce.

PHASCOGALE NAIN. — *PHASCOGALE MINIMA.*

L'espèce est établie sur l'examen d'un seul individu monté; je n'ai pu voir toutes les dents, et je préviens qu'elle est classée dans ce genre d'après la vue des incisives seulement; pour en donner le signalement complet, il sera nécessaire de voir un plus grand nombre de ces animaux; il faudra examiner les molaires et l'on pourra juger alors si le sujet décrit ici est, comme je le présume, un jeune dont nous ne connaissons point encore l'état adulte.

Taille un peu moins forte que le *Lérot* (Myoxus nitela) d'Europe; queue plus courte que le corps; son extrémité aboutit à l'omoplate; museau conique; oreilles courtes, larges et arrondies; le pouce des pieds postérieurs proportionnellement un peu plus long que dans l'espèce précédente.

Pelage court et cotonneux; celui de la queue également court partout. Le poil est fort épais, doux au toucher; roux à la pointe, et d'un cendré noirâtre à la base; toutes les parties du corps et les membres sont à peu près unicolores.

Longueur totale, 5 pouces 4 ou 5 lignes; la queue seule a 1 pouce 4 lignes.

Synonymie. DASYURUS MINIMUS. Geoff. *Ann. du Musée, vol.* 3, *pag.* 362, *sp.* 6. — *Nouv. dict. d'Hist. nat., vol.* 9, *p.* 140. — *Encycl. Mammal., pag.* 264, *esp.* 408. — Cuv. *Règ. anim.* — Schreb. *Saugth. supp., tab.* 152. B. e. figure exacte. Toutes ces indications reposent sur le même sujet que nous signalons.

Patrie. Le sud de la terre de Diémen. L'individu provient de l'expédition du capitaine Baudin aux terres australes. On ne connaît rien de ses mœurs.

Le musée de Paris possède le seul individu qui nous est connu.

GENRE-THYLACINE. — *THYLACINUS* (Temm.).

DIDELPHIS (*Harris*), DASYURUS (*Geoff., Cuv., Desm.*).

Dents incisives $\frac{8}{6}$ égales, bien rangées en demi-cercle, séparées dans le milieu et aux deux mâchoires par un espace vide; l'incisive extérieure de chaque côté la plus forte. Dents canines $\frac{2}{2}$ grandes, fortes, larges, courbées et pointues comme celles des chats et des chiens (1). Dents molaires $\frac{7}{7}$, dont $\frac{2}{2}$ fausses et $\frac{5}{5}$ arrières-molaires,

(1) Le crâne qui m'a servi pour établir ces caractères provient d'un individu parfaitement adulte; toutes les dents sont usées; mais la détrition se remarque particulièrement aux ca-

très-fortes et grandes ; ces dernières, inégalement triangulaires, hérissées de trois tubercules obtus; la première de ces molaires a deux tubercules seulement. Molaires inférieures, comprimées, hérissées de trois pointes, dont celle du milieu est la plus élevée. Les trois arrières-molaires ressemblent aux carnassières des chiens et des chats. En tout 46 dents.

On compte 5 doigts aux pieds de devant et 4 à ceux de derrière ; la longueur de ces doigts est comparativement la même que dans les *vrais Dasyures*, c'est-à-dire qu'aux pieds antérieurs, le médius dépasse un peu le quatrième doigt, et l'index, le cinquième, qui est plus long que le pouce ; aux pieds postérieurs, le second doigt est à peu près égal en longueur avec le troisième, et le pouce avec le quatrième doigt : tous sont armés d'ongles forts, obtus et à peu près droits.

Harris, qui a le premier vu et décrit cet animal, paraît avoir été bien fondé de le rapprocher de la famille des chiens, en le classant sous le nom de *Cynocéphale*, dans le genre des *Didelphes*, où l'on réunissait presque sans aucun égard à leur denture très-disparate, tous les animaux marsupiaux découverts et décrits à cette époque. On peut conclure, d'après le peu que Harris nous apprend sur les dents de notre animal, qu'il a examiné et compté celles-ci. Toutefois, lui ou bien celui chargé de publier son manuscrit, a commis une faute grave, puisqu'il énumère le nombre des molaires à la mâchoire supérieure à 6 sur chaque rang ou 12 en total, tandis qu'on trouve 7 molaires partout dans les deux mâchoires, et que le nombre total de ces dents est de quatre de plus que dans les vrais *Dasyures*, au lieu de deux molaires supérieures de moins dans la mâchoire supérieure, ainsi que le dit Harris, et après lui tous ceux qui l'ont copié. Il est plus probable que Harris a donné l'indication du système dentaire de son animal, d'après un jeune individu; mais, dans ce cas, il aurait dû en faire mention. En comparant le crâne de cet animal avec ceux

---

nines et aux incisives. Un second crâne, provenant d'un individu plus grand que celui dont la tête est figurée planche 7, est pourvu de dents canines absolument semblables à celles des chiens. *Voyez* le crâne réduit de moitié, pl. 7, fig. 1, 2, 3 et 4.

des chiens, on doit convenir qu'au premier coup d'œil, la ressemblance paraît frappante; mais il est facile de voir qu'au total ils diffèrent complétement et d'une manière très-marquée par la forme et par le nombre des dents. La forme allongée du museau, terminé par une espèce de mufle; les fortes canines, coniques et courbées en dedans, donnent, il est vrai, à la tête de cet animal, une légère ressemblance avec celle des chiens; mais on peut remarquer encore, qu'indépendamment de la disparité des dents, les arcades zygomatiques sont beaucoup plus fortement arquées et plus larges que dans aucune espèce de chiens. Le *Thylacine* diffère aussi des vrais *Dasyures* avec lesquels il a été réuni, non-seulement par le nombre des vraies molaires, la forme de celles de la mâchoire inférieure, la grandeur et la force des canines, la longueur du museau, mais aussi par l'étranglement très-fort vers le milieu des os maxillaires et le renflement vers l'extrémité de ces os, qui est produit par la gaîne où les racines des fortes canines se trouvent logées; l'élévation du frontal, son étendue angulaire vers l'orbite, qui correspond à une forte apophyse de l'arcade zygomatique et par le moyen desquels l'orbite est à peu près encadré, ce qui fait que le *Thylacine* a les yeux placés à peu près de face, tandis que les vrais *Dasyures* ont les yeux de côté. Les organes du mouvement sont formés de la même manière que chez les *Dasyures*; les pieds sont courts comme dans ces animaux; mais la queue du *Thylacine* diffère essentiellement de celle de tous les *Dasyures*, la nudité de la pointe, la forme comprimée et un peu élargie en racine du bout de cette queue, sembleraient indiquer, ainsi que M. Geoffroy en a déjà fait la remarque, qu'il nage avec facilité. L'habitation de cet animal se trouve le long des côtes et parmi les rochers qui forment le littoral de la terre de Diémen. La chasse assidue qu'il fait aux crabes, aux échidnés et aux ornithorhynques, peuvent en effet donner quelques indices pour faire conjecturer des moyens appropriés à la natation.

Cet animal, le plus grand des carnassiers marsupiaux que l'Océan produit, est à peu près de la taille du loup; sa marche paraît digitigrade; mais, à en juger par l'espace étroit et dénué de poils au-dessous du talon, il paraîtrait qu'il a l'habitude d'appuyer souvent toute la plante des pieds postérieurs.

Les organes sexuels sont très-remarquables. La verge est située, comme dans les autres marsupiaux, en arrière du scrotum, près de l'anus : elle est longue de 5 pouces 3 lignes, et son gland est bifurqué comme dans les Sarigues. Le scrotum, au lieu d'être attaché par un pédicule mince, paraît susceptible d'être reçu dans un petit sac dénué de poils et situé entre les deux cuisses; le scrotum est couvert d'un pelage serré, court et rougeâtre, excepté en dessous, où la peau est nue. N'ayant vu que trois mâles adultes et un jeune du même sexe, il ne m'a pas encore été possible de vérifier l'existence de leur poche marsupiale chez les femelles; mais, à juger de la conformation des mâles, on doit conclure que les femelles ont une poche semblable à celle de tous les animaux auxquels le *Thylacine* peut être comparée.

THYLACINE DE HARRIS. — *THYLACINUS HARRISII*.

Taille de l'adulte d'un jeune loup (Canis lupus); museau long, étranglé sur les côtés; tête très-large; bouche fendue jusqu'en dessous de l'angle antérieur des yeux; oreilles larges à la base, et arrondies à la pointe; yeux à peu près de face; queue de moyenne longueur, plus courte que le corps, terminée en lame comprimée, arrondie et obtuse; croupe zébrée.

Tout le pelage est lisse, court, rude et absolument dépourvu de poils laineux; les poils du dessus de la tête et du cou sont les plus longs; ceux du dos les plus serrés, et ceux des parties inférieures plus fin que le reste du pelage.

La couleur dominante sur les parties supérieures est un gris-brun jaunâtre, nuancé d'olivâtre, plus ou moins pointillé de noir, selon que la fine pointe des poils est colorée de noir ou de jaunâtre; le noir domine sur le chanfrein, sur le dessus de la tête et aux épaules, et le jaunâtre sur les joues, sur la partie inférieure des extrémités et sur la croupe dans les intervalles des bandes noires dont cette partie est couverte. Sur le dos et vers la base de la queue, sont seize bandes noires transversales, d'un noir parfait. Elles sont réparties de manière que la première bande naît en arrière des épaules, et les deux dernières couvrent la base de la queue. Les trois ou quatre premières bandes sont étroites et courtes; celles qui suivent ont une plus grande étendue ; elles descendent sur les flancs et sur les cuisses ; la quatrième, à compter depuis la base de la queue, fait sur la cuisse une courbure en avant vers le genou; toutes ces bandes transversales sont plus ou moins réunies sur la ligne moyenne du dos par une bande longitudinale. La mâchoire inférieure est blanchâtre; le dessous du cou, la poitrine, le ventre et la face interne des cuisses, d'un cendré clair, qui prend une teinte plus foncée vers l'anus ; toute la région du scrotum est rougeâtre.

Les doigts des pieds sont cachés sous un poil long et rude d'un blanc jaunâtre; il existe cinq doigts aux pieds de devant, et quatre à ceux de derrière, tous armés d'ongles forts, obtus et presque droits.

L'ensemble des formes de cet animal offre au premier coup d'œil de nombreux rapports avec les *Loups*, mais il tient de plus près à la famille des *Dasyures* et des *Sarigues*, par son corps allongé et surtout par ses extrémités courtes. La forme de la queue est singulière; d'abord arrondie à la base, elle devient plus comprimée vers le milieu, et prend à la pointe une forme aplatie ou en lame comprimée, arrondie et obtuse par le bout; elle est bien fournie de poils à la base, nue au milieu, surtout en dessus, et terminée par un petit pinceau de poils longs et rudes. Les arcades zygomatiques sont très-écartées et le museau très-comprimé, à chanfrein arqué; le mufle est divisé par un sillon longitudinal, et les narines latérales et très-grandes.

Les jeunes ont le pelage coloré de la même manière que les adultes; leur fourrure est un peu plus longue et moins lisse, mais la distribution des bandes noires est absolument la même. Je n'ai pas eu occasion de voir le crâne du jeune, mais j'ai examiné deux peaux très-endommagées de jeunes sujets qui m'ont fourni la preuve des rapports indiqués dans la couleur du pelage.

Les dimensions de l'individu dont la tête osseuse est figurée pl. 7, fig. 1 à 4, sont, longueur totale, 5 pieds 2 pouces 5 lignes; la queue seule a 1 pied 7 pouces 2 lignes; la tête 8 pouces 11 lignes; distance du bord antérieur des yeux à la pointe du nez, 4 pouces 6 lignes; hauteur des oreilles, 3 pouces 6 lignes; hauteur du corps aux épaules, 1 pied 4 pouces 7 lignes; et à la croupe, 1 pied 5 pouces 7 lignes. Un second individu offre en longueur totale à peu près 6 pieds, et toutes les autres dimensions correspondantes en proportion.

Synonymie. Harris a fait mention de cette espèce découverte par lui à la Terre de Diémen; il l'indique sans doute d'après un individu qui n'avait point encore ses arrière-molaires supérieures poussées des alvéoles. C'est DIDELPHIS CYANOCEPHALA, *Transact. Linn. Sociét.*, vol. 9, tab. 19. Une figure exacte, dont le calque a été donné dans l'*Encycl. mammal.*, pl. suppl. 7, fig. 3. — DASYURUS CYNOCEPHALUS, Geoff., *Ann. du Musée*, vol. 15, pag. 304.

Patrie. La première découverte en a été faite à la Terre de Diémen, dans les parties montueuses et peu accessibles de cette terre méridionale. On dit que l'espèce a été trouvée depuis dans différentes parties de la grande terre de l'Océanie. Harris dit que cet animal se tient sur les rochers près des bords de la mer, et qu'il se réfugie dans les antres et dans les cavernes. Il est carnassier et chasse, *dit-on*, les échidnés, les ornithorhynques, le kanguro Dasyure ou brush kanguro des Anglais, et les crabes. Les mœurs de ce carnassier marsupial n'ont point encore été étudiées; ils méritent, sous plusieurs rapports, de fixer l'attention des naturalistes qui visiteront les contrées de l'Océanie.

Deux individus d'une conservation parfaite et de forte taille font partie du musée des Pays-Bas; un troisième, moins grand, est déposé dans le musée de la Société linnéenne à Londres; et un quatrième dans le cabinet de M. Brocks. Les deux crânes du musée des Pays-Bas ont été enlevés des deux sujets ci-dessus mentionnés.

GENRE DASYURE. — *DASYURUS* (Geoff.):

DASYURUS. (*Cuv.*, *Illig.*, *Tiedem.*, *Desmar.*)

Dents incisives $\frac{8}{6}$ égales, bien rangées en demi-cercle, séparées dans le milieu et aux deux mâchoires par un espace vide. Dents canines $\frac{1}{1}$ médiocres, pointues. Dents molaires $\frac{6}{6}$, dont $\frac{2}{2}$ fausses et $\frac{4}{4}$ vraies. Ces dernières tuberculeuses; l'arrière-molaire supérieure à peu près linéaire, et les trois suivantes en triangle. En tout, 42 dents (1).

La tête est conique; le museau pointu; le nez, plus ou moins en boutoir, n'est point divisé par un sillon. Les pieds sont longs, grêles, munis de 5 doigts partout, séparés et armés d'ongles petits et crochus; les pieds postérieurs ont un pouce rudimentaire sans ongle, très-court, fort éloigné des autres doigts et ne formant qu'un simple tubercule. Leur queue est non prenante, longue et couverte de poils. Leurs yeux sont vifs, placés de côté à peu près au centre des deux autres organes. Les oreilles sont de médiocre longueur, le plus souvent velues, en tout ou en partie; leur gueule n'est point fendue jusqu'au bord postérieur des yeux. Les femelles ont une poche qui n'est point distincte et facile à retrouver sur les peaux sèches des individus qui n'ont point eu de portée.

Le mémoire de M. Geoffroy sur les *Dasyures* nous fournit les particularités suivantes de leur organisation. Ils se rapprochent beaucoup des animaux du genre des *Sarigues*; comme ceux-ci, ils vivent de chair et d'insectes, et ont les dents appropriées à ce genre de

---

(1) M. Geoffroy, dans la très-courte indication qu'il donne des *Dasyures*, paraît avoir pris pour type descriptif du genre l'espèce qu'il désigne sous le nom de *Dasyurus penicillatus*. Nous avons fait, de cette même espèce, le type du genre *Phascogale*. (Voyez cet article dans la présente monographie.) M. Illiger s'est contenté de copier le travail de M. Geoffroy. MM. Cuvier et Desmarest ont établi leurs définitions génériques sur l'examen des dents des *Dasyures* de cette monographie. M. F. Cuvier établit le genre d'après l'examen du crâne du *Dasyure à longue queue*, figuré n°. 23 B., page 75. Le type figuré dans cet ouvrage est pris des *Dasyures ursin* et *Maugé*.

nourriture (1); mais les *Sarigues*, munis de véritables mains aux extrémités postérieures, avec des pouces opposables, et pourvus d'une queue prenante qui leur sert à s'accrocher aux branches, se tiennent habituellement sur le sommet des arbres les plus élevés, tandis que les *Dasyures*, au contraire, ayant une queue lâche et les pieds postérieurs pourvus seulement d'un vestige de pouce, ne sont propres qu'à la marche. Les *Dasyures* vivent à la manière des *fouines* et des *renards* (2), se tenant cachés pendant le jour dans le creux des rochers, et se livrant, de nuit, à la chasse des animaux qui leur servent de nourriture. Ils mangent la chair corrompue des *phoques* et des *cétacés* qui viennent échouer et mourir sur le bord de la mer. Ils sont très-voraces, s'introduisent avec audace dans les habitations des hommes, et y sont très-incommodes. M. Geoffroy prétend qu'ils ne dédaignent point les insectes; mais j'ai peine à le croire; leur régime me paraît totalement carnivore, car il est de fait qu'en captivité ils ne mangent que de la chair. Toutes les espèces de ce genre habitent le vaste continent et les îles de l'Océanie.

Nous réunissons comme étant bien assorties quatre espèces seulement des huit qui ont été indiquées sous cette dénomination. L'espèce selon toute apparence purement nominale du *Dasyurus tafa*, figurée dans Encyclopédie d'après celle publiée par White sous le nom de *Tapoa tafa*, tab. 281, n'a point été vue depuis par aucun naturaliste, et nous n'avons pu trouver sa dépouille dans les collections d'animaux. A juger par la figure donnée par White, on est dans le doute si l'espèce doit être rapportée à notre *Phascogale à pinceau*, ou bien à une troisième et nouvelle espèce de ce genre. Nous éloignons provisoirement ce *Tapoa tafa* du catalogue des Marsupiaux, dans l'attente de renseignemens plus positifs à ce sujet. Voici la courte notice sous laquelle on désigne cet animal.

(1) Je suis à peu près certain que les *Dasyures* de cette monographie sont uniquement carnivores; nos *Phascogales*, rangés par M. Geoffroy dans le genre *Dasyure*, présentent un système dentaire qui fait préjuger un appétit plus exclusivement insectivore.

(2) Les *Dasyures* paraissent en effet remplacer, dans l'Océanie, les tribus des *Martes*, des *Putois* et des *Fouines*, réparties dans les quatre autres parties du globe.

Pelage brun, non moucheté; queue de la même couleur et couverte de très-longs poils. On le dit plus petit que notre *Dasyure viverrin* du Port-Jackson. Shaw. *Gén. Zool.*, vol. 1, part. 2, pl. 3, fig. suppl.

DASYURE URSIN. — *DASYURUS URSINUS*.

Taille, par approximation (1), d'un petit *Blaireau* (Meles taxus); queue, moitié longueur du corps et de la tête, à peu près nue en dessous; oreilles couvertes d'un poil rare et court; museau court et obtus; yeux au centre des deux autres organes; des crins ou moustaches très-longues aux deux mâchoires et au-dessus des yeux; pieds à plante nue couverte de rugosités. *Voyez* le crâne de l'adulte réduit de moitié dans tous les détails, pl. 8.

Pelage rude, grossier, les poils soyeux très-gros; tout l'animal revêtu d'un pelage noir ou brun noirâtre. Sur la poitrine, entre les pieds de devant, un demi-collier blanc, très-étroit (2); moustaches noires, celles aux lèvres supérieures longues de 4 pouces; les deux pinceaux qui partent des bords de la mâchoire inférieure, longs de plus de 2 pouces, et ceux placés au-dessus des yeux de 4 pouces 2 lignes.

Harris donne les dimensions suivantes des deux individus qu'il a eus vivans. Longueur totale, mesure anglaise, 2 pieds 2 pouces; la queue seule, 8 pouces; la tête, 6 pouces; et la hauteur aux épaules 9 pouces 6 lignes. Les figures que je donne du crâne de l'adulte réduit de moitié peuvent donner une idée de la taille de ce *Dasyure*.

Synonymie. Didelphis ursina, Harris, *Transact. Linn. Soc.*, vol. 9, p. 176, tab. 19, fig. 2. Contour et formes très-exactes de

---

(1) J'ai vu les dépouilles intactes de jeunes sujets; mais point de l'adulte. Les crânes, la tête et les extrémités d'individus de forte taille m'ont servi d'indices pour juger de la grandeur de cet animal parvenu à l'état adulte. Les jeunes qui n'ont pas les arrière-molaires, et à canines égales avec les incisives, sont, dans ce premier période de la vie, de la taille à peu près du Putois (*Mustela putorius*).

(2) Harris dit que les marques blanches sont répandues irrégulièrement tantôt sur les épaules, tantôt sur le gosier et la croupe.

l'animal. — Shaw, *Gén. Zool.*, vol. 1, p. 504. — DASYURUS URSINUS, Geoff., *Ann. du mus.*, vol. 15, pag. 305. — *Encycl. mammal.*, pag. 263, esp. 402, pl. supp. 7, fig. 6, calquée sur celle de Harris. La note de la pag. 262 de cette encyclopédie contient une erreur ou bien une faute d'impression tirée du *Règne animal* de M. Cuvier, pag. 175; *voyez* la note ci dessous. Harris indique très-exactement le nombre des incisives, savoir, 8 en haut et 6 en bas; et non 8 en haut et 10 en bas, ainsi que le marque M. Cuvier.

Patrie. La grande terre de l'Océanie. Les premières colonies de malfaiteurs qui furent déportées sur cette côte sauvage, dans les environs de *Hobart-Town*, se trouvèrent très-incommodés de la rapacité de ce carnassier destructeur de leurs volailles; leur chair servit aux premiers besoins de ces malheureux, et Harris dit que son goût ne diffère pas beaucoup de la chair de veau. Ces animaux sont carnivores; toute sorte de chair leur convient, principalement celle des morses; ils sont les dévastateurs redoutés des basses-cours, et leur nom anglais, qu'ils paraissent justifier par leur naturel, est *Native devil*. Harris les a vus accroupis, se servant des pieds de devant pour porter les alimens à la gueule. La portée est de quatre ou de cinq petits qui naissent nus, sont reçus dans la poche abdominale, et adhèrent fortement aux mamelles.

J'ai vu les dépouilles de deux jeunes individus probablement dans la première période de l'âge. Deux crânes complets de l'adulte, une tête et les pieds de cet animal font partie du cabinet du collége des chirurgiens à Londres.

DASYURE A LONGUE QUEUE. — *DASYURUS MACROURUS*.

Taille du *Chat* (Felis cattus domesticus) (1). Queue à peu près de la longueur du corps et de la tête, couverte de taches plus ou

(1) Ceux qui parlent de cette espèce ont probablement indiqué la grandeur sur de jeunes individus. Les adultes sont de la taille du *Chat*, et point du *Putois*. Le *Tapoo-tafa* de White, notre *Dasyurus viverrinus*, ne parvient qu'à la taille du *Putois*. Celui-ci est facile à distinguer du *Dasyurus macrourus*, par la queue, qui n'est point couverte de taches, tandis que cette partie, chez le dernier, l'est de taches blanchâtres.

moins nombreuses; museau fin et allongé, oreilles courtes, yeux plus près des oreilles que du nez.

Le pelage de cette espèce est peu doux au toucher, court et très-serré; les poils de la queue ne sont point longs et touffus, et ils diminuent de grandeur en approchant de l'extrémité.

La robe est d'un brun marron, parsemé de taches d'un blanc pur, qui varient de grandeur : elles sont d'abord si petites sur le dos, qu'on les distingue à peine; puis un peu plus grandes et larges; enfin, sur les flancs, elles ont près d'un pouce; celles à la queue varient aussi en grandeur : elles couvrent la plus grande moitié de ce membre qui est unicolore vers l'extrémité. Les plus grandes taches couvrent les flancs et les côtés du cou; on en voit aussi de petites sur la tête. Le ventre est d'un blanc sale; la tête d'un roux marron, plus clair que le dos, et les pieds antérieurs ont une teinte jaunâtre. Les oreilles sont courtes et les ongles ont une teinte blanchâtre.

Longueur totale de l'adulte, 3 pieds 1 ou 2 pouces; la queue a 16 pouces. Distance du bord antérieur des yeux à la pointe du nez, 1 pouce 9 lignes.

Synonymie. VIVERRA MACULATA, Shaw. *Gén. Zool.*, *vol.* 1, *part.* 2, *p.* 433 — DASYURUS MACROURUS, Geoff., *Ann. du mus.*, vol. 3, p. 358, sp. 1. — Pérou, *Voy. aux Terres Australes*, pl. 33. Figure très-exacte et soignée. — Cuv., *Règn. anim.*, p. 175. — *Nouv. dict. d'Hist. nat.*, *vol.* 9, p. 138. — Schreb., *Saügth. supp.*, tab. 152, B. a. figure passable, mais mal dessinée. — *Encycl. maimmal.*, p. 263, esp. 403. — SPOTTED MARTIN, Phill. *Voy. Bot.*, p. 276, avec une figure passable. — White. *Voy.* tab. 285.

Patrie. L'Océanie. On trouve cette espèce à la Nouvelle-Hollande : elle paraît vivre dans les environs de Sidney-cow. Ses mœurs ne sont point encore connues.

On voit deux sujets adultes et d'une conservation parfaite dans les galeries du musée de Paris. Ils ont été rapportés par l'expédition du capitaine Baudin. Le crâne est dans la collection d'anatomie comparée.

DASYURE DE MAUGÉ. — *DASYURUS MAUGEI.*

Taille à peu près du *Putois* (Mustela putorius). Queue de la longueur du corps seulement; celle-ci sans taches, terminée par une mèche blanche; l'extrémité de la queue pointue et grêle; le pouce au doigt intérieur des pieds de derrière extraordinairement éloigné des autres doigts et presque totalement engagé dans la peau. *Voyez la tête*, pl. 7, fig, 5, 6, 7 et 8 *de cette monographie.*

Pelage bien fourni; les parties supérieures nuancées de différentes teintes olivâtres et fauves; les parties inférieures d'un gris cendré clair; toutes les parties du corps et de la tête, les pieds postérieurs et la queue exceptés, marquées de grandes et de petites taches d'un blanc parfait. Les poils olivâtres et cendrés, ainsi que ceux jaunâtres de la queue, sont de deux couleurs, vu que leur base est partout d'un cendré foncé; mais les mèches blanches qui forment les taches de la robe sont de cette même couleur depuis leur origine; la base de la queue à la face supérieure est de la couleur du dos, mais sans taches. Plus loin elle est d'un jaune roussâtre, et l'extrémité de ce poil est noire; la pointe, qui est un peu en alène, est terminée par une mèche blanche; à sa face inférieure, toute la queue est blanchâtre; l'extrémité des quatre membres et la gorge sont d'un blanc pur; le museau est d'un fauve olivâtre, marqué d'une tache noire en avant des yeux.

Longueur totale, 20 pouces, dont la queue mesure 7 pouces 6 lignes; distance du bord antérieur de l'œil à la pointe du nez, 1 pouce 2 lignes; longueur des oreilles, 1 pouce 6 lignes. Mesure prise sur un individu adulte. On a eu des sujets qui ont des dimensions un peu plus fortes.

Synonymie. DASYURUS MAUGEI, Geoff., *Ann. du mus.*, *vol.* 3, *p.* 359.—Schreb., *Saugth., supp. tab.* 152, B. b., figure mal enluminée. —DASYURE DE MAUGÉ, Cuv., *Règn. anim.; vol.* 1, *p.* 176. — *Nouv. dict. d'Hist. natur., vol.* 9, *p.* 138 — *Encyclop. mammal., p.* 363, *esp.* 404.

Patrie. Très-abondant à la Nouvelle-Hollande, où il se nourrit de chair morte, de volaille et de crustacés.

Musée des Pays-Bas, deux individus; musée de Paris, deux individus; et musée de Vienne.

DASYURE VIVERRIN (1). — *DASYURUS VIVERRINUS.*

Taille moindre que le *Putois* (Mustela putorius); museau pointu; queue de la longueur du corps et moitié de la tête, couverte de poils longs, disposés en pinceau vers le bout et sans aucune tache; formes absolument les mêmes que celles du *Dasyure Maugé*, mais constamment moins grand.

Pelage bien fourni; brun noirâtre, ou couleur chocolat, avec des taches blanches très-grandes et irrégulières : ces mèches blanches sont de la même nature que celles qui couvrent le corps du *Dasyure Maugé;* ventre gris; oreilles plus courtes et plus ovales que celles du précédent; queue plus étranglée à son origine et plus touffue à son extrémité.

Longueur de 18 à 19 pouces; la queue seule a 8 pouces; distance du bord antérieur des yeux à la pointe du nez, 1 pouce 4 lignes.

Synonymie. Didelphis viverrina, Shaw, *Gén. Zool.*, vol. 1, part. 2, pag. 491, tab. 111. — Dasyurus viverrinus, Geoff., *Ann. du mus.*, vol. 3, p. 360, esp. 3. — *Encycl. mammal.*, pag. 263, esp. 405. — Cuv., *Règ. anim.* — *Nouv. Dict. d'hist. nat.*, vol. 9, pag. 139. — Dasyurus maculatus, Geoff., *Catal. du mus.*, p. 147. — Spotted Opossum or Tapoo-tafa, Phillip. *Voy. Bot.*, pag. 147, avec une mauvaise figure. — White. *Voy. New-South-Wales*, App., p. 285, avec une très-bonne figure. — Schreb.; *Saugth.*, supp., tab. 152, B. c. Figure passable.

Patrie. Cette espèce vit à la Nouvelle-Hollande, dans les environs du Port-Jackson.

Musées des Pays-Bas, de Paris et de Vienne.

(1) *Tapoo-tafa*, nom de cette espèce parmi les tribus sauvages de la Nouvelle-Hollande.

QUATRIÈME MONOGRAPHIE

SUR LE GENRE

CHAT ou FÉLIS. — *FÉLIS* (Linn., Cuv., Geoff., Illig., Desm.).

Dents incisives $\frac{6}{6}$ contiguës, l'extérieure dans les deux mâchoires plus grosse que les quatre du milieu, et plus forte dans la mâchoire supérieure que dans l'inférieure. Dents canines $\frac{2}{2}$ très-fortes et longues, en cône courbé, séparées des molaires par un espace vide, les supérieures plus fortes que les inférieures. Dents molaires $\frac{4}{3}$ ou $\frac{3}{3}$. Les supérieures composées de deux fausses molaires coniques, plus ou moins épaisses, une dite carnassière, très-grande, à trois lobes, et une petite tuberculeuse plus large que longue (cette dernière manque dans quelques espèces). A la mâchoire inférieure toujours trois molaires, savoir, deux fausses comprimées, et une carnassière à deux pointes. Nombre total des dents : 30 ou 28.

Ce système dentaire, très-simple en apparence, est nonobstant, dans ses fonctions de mastication, le plus fort, le plus puissant et le plus redoutable qui soit connu; l'organisation entière de la tête des chats contribue à la puissance des moyens dont ils sont doués; le peu d'espace qu'occupe les dents, raccourcit le levier, et rend l'action des muscles temporo-maxillaires à peu près perpendiculaire en même temps que les moyens vigoureux des autres muscles de la tête, tous rapprochés de l'axe, augmentent la force, et servent à accélérer la vitesse des mouvemens dont les mâchoires sont douées. Ajoutez à ces moyens, déjà formidables, celui de la force préhensile des pieds munis d'ongles très-crochus, rétractiles, dans l'inaction renfermés dans des gaînes où ils sont garantis contre les atteintes des corps qui pourraient en émousser la pointe acérée (1).

A tous les avantages de la force musculaire dont les *Felis* sont doués, vient se joindre celui de la ruse : leur attaque est toujours imprévue; elle a lieu le plus souvent au crépuscule, mais aussi dans le silence de la nuit. S'ils n'étaient en même temps craintifs, leurs espèces nombreuses pourraient devenir un fléau destructeur pour le genre humain ; heureusement la force irrésistible dont pourrait disposer leur férocité naturelle est laissée inactive par leur timide prudence, portée jusqu'à la lâcheté. Rien n'est moins selon la vérité que cette magnanimité, la noblesse et la supériorité de courage du Lion; le caractère indomptable, cruel et sanguinaire du Tigre royal a été outré : l'un et l'autre, de même que tous les congénères jusqu'aux plus petits, attaquent par surprise, soit qu'ils attendent en embuscade, soit qu'ils se glissent dans l'ombre ou rampent à la clarté du jour, caché par quelque abri, pour tomber à l'improviste sur une victime long-temps épiée. Un mouvement prompt et brusque, secondé par une grande force musculaire, leur livre le plus souvent, du premier saut, la proie qu'ils guettent : si elle a pu se soustraire à cette première tentative, son salut est assuré dans la fuite; car les Félis, par l'extrême flexibilité de leur colonne vertébrale, sont d'ailleurs mal organisés pour la course quoique bien pourvus des moyens d'escalader et de garder l'équilibre sur les surfaces les plus étroites. Leur puissance musculaire se montre dans toute sa force lorsque, pressés par la faim, et ne pouvant l'assouvir sur les lieux où leur rapine vient de s'exercer, ils enlèvent en un instant des corps du double plus lourds qu'eux, et disparaissent, même lorsqu'une rivière paraîtrait devoir leur opposer un obstacle insurmontable; ils franchissent des ravins et sautent par dessus les barrières sans abandonner la proie dont ils ont pu s'emparer.

(1) Voyez les détails plus circonstanciés de leur organisation, Cuv., *Ossem.*, *foss.*, *nouv. édit.* vol. 4., et les articles *Chat* dans le *Dictionnaire classique d'Hist. Nat.*, tom. 3., dans celui de Déterville, tom. 6, et F. Cuvier, *Dents des Mammifères*.

En envisageant cette férocité indomptable des carnassiers sous le point de vue de l'instinct qui les pousse au meurtre, comment, se demande-t-on, a-t-il été possible de dompter ce naturel farouche et cette soif du sang? Ce n'est qu'en venant au-devant de leurs besoins que l'homme a pu parvenir à les donner en spectacle à ses semblables, et fournir une preuve de plus à l'appui de la supériorité des moyens dont il a été doué. Le Tigre royal et le Jaguar, réputés de tous les temps comme les plus farouches des carnassiers, ont dû subir son joug; et ces animaux, qui inspirent la terreur, ont abandonné leur naturel, et se sont pliés à la volonté puissante qui les a dominés. Des tentatives nombreuses nous servent de preuve : le Lion en ayait fourni plus d'un exemple, dont le plus remarquable est celui de cet amiral turc, plus cruel et plus sanguinaire que son gardien fidèle, qui, ayant perdu toute sécurité au milieu de ses semblables, s'abandonnait avec confiance à la garde de son Lion, lorsqu'il voulait goûter les douceurs du repos (1). C'est dans les espèces des carnassiers si nombreux et si redoutables à l'espèce humaine dans l'Inde, que le paisible et pusillanime habitant des ces contrées a choisi un Félis qu'il dressa à la chasse (2). Il est vrai que ce Chat, le *Guépard*, ou *Felis jubata* des naturalistes, présente une modification nouvelle par ses ongles, qui ne sont ni rétractiles ni propres à déchirer. Quoique dépourvu de ces armes, plus dangereuses encore que les dents, il n'en a pas moins toutes les autres facultés organiques des Félis; et l'Hindou, superstitieux, a sans doute été long-temps retenu à s'associer, pour ses besoins, un être

(1) Pline dit qu'Hannon, célèbre Carthaginois, osa le premier manier un Lion et le montrer apprivoisé. Il fut banni pour cette seule cause. On pensa qu'un homme aussi adroit était capable de tout persuader, et que la liberté serait mal confiée à qui maîtrisait à ce point la férocité même.

(2) Il paraît que les Persans emploient le même animal, si toutefois leur *Youze* ou *Dyious*, est de la même espèce que le *Chittah* des Hindous que nous savons être notre *Guépard*; et si ce *Youze* n'est pas plutôt le *Léopard*, vu que les peaux de *Léopards* de Perse font un objet de commerce. Marc-Paul, cité par M. Cuvier, dit que les Tartares de son temps employaient le *Tigre royal* à la chasse; et feu Olivier a assuré à M. Cuvier qu'en certaines provinces de Perse on se sert d'une petite espèce qu'il n'a pu déterminer; enfin Charleton et Buffon disent qu'aux Indes on y emploie le *Caracal*.

dont l'extérieur et l'instinct ont de si nombreux rapports avec les autres carnassiers qui, par leur naturel farouche et sanguinaire, exercent encore tant de ravages parmi les tribus populeuses de ces vastes contrées. L'homme a su mettre à profit l'instinct des espèces les moins grandes en les faisant servir à la destruction des animaux qu'attire autour de ses demeures sa prévoyance à s'assurer une subsistance journalière.

Parlant ici du Chat domestique, qu'on retrouve sur tous les points du globe où l'homme, plus ou moins civilisé, réuni en société, s'est pratiqué des demeures, il est naturel d'agiter la question relativement à l'origine de la domesticité du Chat, et de chercher à connaître l'espèce type à laquelle ces races doivent l'existence. Plusieurs naturalistes très-judicieux ont des doutes sur l'origine qu'on attribue assez généralement à nos Chats. L'opinion reçue et adoptée par le plus grand nombre est, que le Chat sauvage des forêts de l'Europe et de l'Asie doit être considéré comme souche primordiale de toutes les races de Chats domestiques. En réfléchissant sur ce point, on voit naître le doute, qu'une comparaison établie entre nos chats de maisons et ce type sauvage tend à fortifier.

En cherchant à remonter vers l'origine de la domesticité du Chat, on se trouve en quelque sorte guidé par la pensée vers ces contrées qui furent témoins du premier élan de la civilisation, des connaissances et des arts. C'est de l'enceinte des temples consacrés à Isis, et sous le règne des Pharaons, qu'on a vu naître les premiers rayons des sciences, depuis, plus dignement honorées en Grèce, et portées de proche en proche dans les contrées que nous habitons. L'Égypte, témoin de cette civilisation naissante, a sans doute fourni à ses habitans, réunis en société, cet animal utile. Plus encore que tous les autres peuples cultivateurs, les anciens Égyptiens ont dû apprécier les bonnes qualités du Chat. S'ils en ont eu connaissance, ce que tout porte à croire, il est certain qu'une espèce sauvage propre à ces contrées a fourni la première race domestique (1).

(1) Il serait intéressant de comparer le squelette de notre *Félis ganté* avec ceux qu'on trouve dans les mémoires. Voyez *Grand ouvrage d'Égypte*, p. 54, *fig.* 7.

En effet, le Chat égyptien, que nous faisons connaître dans cette monographie, sous le nom de *Félis ganté*, ressemble bien plus exactement à nos Chats de maisons que ceux-ci aux Chats sauvages des forêts : la taille, les formes absolument les mêmes, la même longueur de queue, moins grosse au bout qu'à l'origine. Nos Chats domestiques de très-forte race sont constamment moins grands que ceux de l'espèce sauvage, et la queue diffère d'une manière constante.

Nous savons par expérience que les suites d'une longue domesticité influent sur la taille et sur tout le système physique des animaux ; la surabondance de nourriture, et les soins assidus, contribuent au développement de tous leurs organes, et leur taille devient plus forte. Tous nos animaux, pris de l'état sauvage, et réduits à la domesticité, en fournissent les preuves. Le Chat domestique, en le supposant originaire des Chats de nos forêts, fournirait la preuve d'un dépérissement de la race, indice certain de son entière destruction.

Lorsque nous comparons les formes extérieures du Chat domestique à celles du Chat sauvage, nous trouvons constamment le premier moins grand ; il a la queue plus longue, et cette queue est terminée en pointe, tandis que le Chat sauvage a la queue, proportionnellement à la taille, beaucoup plus courte, de grosseur égale aux deux bouts, et comme tronquée à l'extrémité.

La taille du Chat égyptien, notre *Félis ganté*, est moindre que celle du Chat de maison ; la queue, proportionnellement au corps, a la même longueur, et ressemble, par sa forme, à celle de nos Chats. On voit enfin des rapports dans l'ensemble des formes entre ce Félis égyptien et nos Chats, et ceux-ci diffèrent d'une manière constante de l'espèce sauvage des forêts de l'Europe et de l'Asie.

Il est cependant probable que le croisement de la race égyptienne avec celle de la race franche de nos forêts a pu donner l'existence à une race intermédiaire ; mais ici, comme dans toutes les occasions où l'homme a su plier ou assujettir la nature à ses vues, il devient impossible de suivre le fil des circonstances accessoires et locales qui ont pu influer sur les races domestiques. Nous croyons devoir borner les remarques sur ce point à celle-ci : qu'il paraît probable que la souche primordiale des races domestiques de nos Chats de maison tire son origine d'un type sauvage égyptien. Mais il me semble aussi que les races originaires de la Russie asiatique, connues sous le nom de Chat angora, sont le produit d'un autre type sauvage encore inconnu, et qui probablement vit à l'état sauvage dans les contrées du nord de l'Asie.

On peut dire que ce genre est presque cosmopolite, par la répartition de ses espèces : à l'exception de l'Océanie, tous les pays du globe en sont peuplés. Le Chien et le Chat, ces compagnons presque indispensables à l'homme policé, et dont l'homme à demi sauvage, ou vivant éloigné du rayon lumineux et bienfaisant de la civilisation, a su apprécier les services, ont conservé leur type primitif sous tous les climats et dans toutes les latitudes correspondantes. Il suffirait des exemples que nous trouvons dans ces deux genres (si le plus grand nombre des genres connus ne nous en offraient de semblables) pour détruire l'hypothèse hardie de Buffon sur le système de répartition des animaux dans les deux continens. Les exemples nombreux fournis par des observations exactes semblent venir à l'appui d'une opinion nouvelle sur cette matière, qui tend à poser en principe, que tous les genres d'animaux répartis sur la surface du globe (un très-petit nombre des deux extrémités des pôles seul excepté) habitent immédiatement sous la ligne, ou du moins entre les deux tropiques, et que les rameaux de tous ces genres se sont étendus par des espèces analogues, ou exactement semblables par les caractères génériques, sous une latitude parallèle, et sans égard à la distance immense des lieux; ni aux entraves que les barrières d'un vaste Océan sembleraient opposer aux rapports qui existent dans toute leur organisation.

Des exemples nombreux, empruntés de toutes les classes du règne animal, et choisis dans le plus grand nombre des genres connus, servent à prouver cette marche dans la création animée, en rapport avec la végétation des plantes et l'existence locale des minéraux. La géographie et l'histoire naturelle deviennent, sous ces rapports, de plus en plus étroitement unies; et ces deux sciences, sœurs, sont appelées à se prêter aujourd'hui des secours mutuels, pour asseoir notre jugement, relativement à la création, sur des bases solides qui puissent rendre inutiles désormais tous ces calculs mensongers du génie qui s'étaient des hypothèses les plus brillantes, ou qui empruntent la voie des traditions et des annales des peuples pour expliquer les grands phénomènes des créations et des destructions dont tour à tour notre globe semble avoir été le théâtre.

Les Félis, organisés entre eux d'une manière si parfaitement identique, forment, avec l'Homme et le Chien, les trois genres qui ont le mieux conservé, en passant par l'échelle de la température de toutes les contrées, le type primitif de leurs espèces : aussi les voyageurs rencontrent-ils, partout où la race humaine s'est multipliée sur le globe, des espèces absolument semblables, et organisés de la même manière que nos Chiens et nos Chats (1). Les premiers de ces êtres semblent avoir suivi sur toute la terre les pas de celui qui a su apprécier dans cette race la fidélité et les soins désintéressés dont l'être humain, qui, placé à l'extrême ligne de l'échelle de l'intelligence et de la civilisation, a senti naître le besoin tout aussi bien, et dans le même but, que le fier descendant de la race caucasi-

---

(1) Si le calcul des conjectures pouvait marcher de front avec l'esprit de recherche et la force de l'évidence, j'aimerais, selon ma manière de voir, à établir, comme hypothèse, l'existence du Chat primitif ou d'un Félis quelconque dans les archipels ou sur la grande terre de l'Océanie. On a refusé encore très-récemment, à cette partie du monde, toute espèce de grand carnassier autre que le Chien ou *Dingo*; l'existence du grand *Carnassier marsupial*, que j'ai décrit dans cet ouvrage sous le nom de *Thylacynus harrisii*, prouve bien, ce me semble, contre cette opinion, que l'Océanie ne nourrit point de carnassiers plus grands que les *Dasyures*, si toutefois on peut nommer petit le Dasyure que j'ai décrit sous le nom de *Dasyurus ursinus*.

Il est encore à propos de remarquer que ces Marsupiaux carnassiers, placés vers l'extrémité méridionale de l'ancien monde correspondent par leur organisation, de la manière la plus marquée avec les Didelphes de la partie méridionale du Nouveau-Monde, et que les *Phascogales*, quoique éloignés par la distance énorme, et séparés par l'étendue immense de l'Océan des terres du Nouveau-Monde, présentent une organisation toute conforme à celle des *Didelphes* placés à peu près sous le même parallèle.

que. Si nous voyons le Chien partout compagnon inséparable de l'homme, nous retrouvons aussi partout le Chat attaché à la demeure que l'espèce humaine s'est choisie.

Mais cette conformité dans l'organisation totale de tous les Félis connus, ou du moins du très-grand nombre, a porté dans l'histoire des espèces distinctes une confusion toujours croissante. Buffon avait singulièrement embrouillé leur histoire; il nous fallait un observateur éclairé et non prévenu sur le compte des observations de ses devanciers pour montrer la route à suivre dans la voie d'une récapitulation et d'une réforme dans ce genre. M. Cuvier est venu nous tracer ce chemin : s'il s'est vu, quoique très-rarement, arrêté dans ses recherches, c'est que là où son mémoire sur les Chats vivans (1) offre des lacunes, où présente des erreurs, là aussi se trouveront les limites qu'un naturaliste ne devrait jamais franchir. L'exactitude et la précision des faits, basés sur des observations souvent renouvelées, une critique sévère, et un style noble et élégant, distinguent les travaux de cet anatomiste célèbre. C'est pour l'avoir suivi sans prévention, quoique partageant sa manière de voir, que nous pouvons espérer d'offrir dans ce catalogue, plus récent que celui de M. Cuvier, quelques vues nouvelles qui n'auraient point échappé à son génie, si, comme nous, il eût eu l'occasion d'étendre la sphère de ses observations.

L'emploi du nom de *Félis*, pour désigner collectivement et en un seul groupe *le Lion, les Tigres, les Lynx et les Chats*, m'a été suggéré par l'exemple de M. Cuvier et de plusieurs autres naturalistes, qui tous conservent encore les quatre coupes dont je viens de signaler les types. Généralisant toutes ces coupes en une seule, je ne vois dans le Lion rien qui puisse servir à le distinguer des Tigres, et dans ceux-ci, aucune différence marquée avec les Chats et les Lynx. Les Lionceaux ont la robe tachetée et rayée, en un mot tigrée comme celle des Tigres : le jeune Couguar a ce caractère en partage; les Chats ont la robe tachetée et rayée par des

---

(1) *Ossemens fossiles*, nouv. édit., vol. 4, pag. 407.

dessins analogues à ceux des Tigres. Les petites espèces ont tous les caractères des grandes; les Lynx ne sont pas même à distinguer au moyen des pinceaux de poils des oreilles. Quelques espèces, très-rapprochées d'ailleurs de notre Lynx européen, manquent de ces pinceaux, et leur existence plus ou moins accidentelle, suivant l'âge et l'époque du renouvellement du pelage, rend ce signe de distinction peu propre à être admis comme moyen pour distinguer les espèces. On voit enfin des Félis pourvus de pinceaux aux oreilles, dont la queue est très-courte, d'autres l'ont plus longue. Ces motifs me font supprimer l'échafaudage admis dans l'ordre de succession des espèces.

Je forme deux sections dans le genre Félis. Cette coupe géographique des Félis du Nouveau-Monde, établie dans le seul but de faciliter la recherche des espèces, n'offre rien de caractéristique qui puisse servir de moyen pour distinguer les espèces de l'ancien continent de celles du Nouveau-Monde. Nous en faisons la remarque, afin de ne pas laisser subsister le moindre doute à l'égard de leur parfaite identité dans l'organisation totale.

M. Cuvier, dans son tableau des Félis vivans, énumère les espèces dont nous offrons ici le tableau. J'indique par des lettres capitales les espèces existantes, et en lettres italiques celles qui font double emploi, ou qui n'ont pas subi un examen nouveau. — FÉLIS LION. — COUGUAR. — TIGRE ROYAL. — JAGUAR. — *Panthère* et LÉOPARD, qui forment double emploi d'une même espèce que nous nommons (LÉOPARD ou FÉLIS LEOPARDUS). — GUÉPARD. — SERVAL. — OCELOT. —*Telatco-Ocelotl*,—CHATI. — MARGAY.—(JAVENSIS et SUMATRANA peuvent être réunis au *Bengalensis* de Pennant, forment mon Servalin *ou* Felis minuta.) Le Félis envoyé par M. Diard de Java, mais qui n'est pas de ce pays, serait-il notre *Felis macrocelis?* J'ai lieu de le croire, car j'ai vu au musée de Paris une peau très-incomplète de mon Tigre, provenant des collections de M. Diard. — CHAT. — L'article où il est fait mention du Chat, rapporté par *Delalande*, du *Felis undata*, *obscura*, et du *Chat du Japon* de Vosmaer, est très-vague. Le Chat, par Delalande, est un jeune mâle du

Félis botté. L'Undata repose sur des synonymes réunis sans examen ; *Obscura* paraît une variété noire du *Félis botté*, et le *Chat du Japon* de Vosmaer n'est qu'un Chat de race domestique rapporté du Japon. — Jaguarondi. — Manul. — *Pajeros* ou *Pampa*. — *Eyra*. — Caracal. — Chaus ; mais le seul Chaus de Guldensted Schreb., tab. 110, B, et point celui de Geoffroy, ni le *Chat botté* de Bruce, qu'il faut rapporter à mon *Felis caligata* ou *Grauwe-Kat* des colons du cap de Bonne-Espérance. Sous le nom de *Lynx* ou *Loup-cervier*, se trouvent trois espèces distinctes, que nous désignons dans cette monographie ; enfin Felis rufa. On voit, par cet aperçu, que, des vingt-trois ou vingt-quatre espèces indiquées par M. Cuvier, il s'en trouve seulement dix-sept que nous pouvons admettre dans le catalogue de nos Félis. Passons maintenant en revue le genre Félis tel que M. Desmaret en a donné le dénombrement dans *l'Encyclopédie mammalogie*, page 216. Felis lion. — Tigre. — Jaguar. — *Panthère* et Léopard, d'après M. Cuvier, par conséquent réunis sous le seul nom de Léopard. — Guépard. — *Chibigouazou*, que l'auteur aurait dû nommer Chati, en supprimant une partie des synonymes. — Ocelot auquel il faudrait ajouter une partie des synonymes supprimés dans l'article du *Chati*. — *Melas*, variété noire de mon *Léopard*. — Lynx. — *Félis du Canada*, probablement un double emploi du *Lynx*. — Chat cervier. — *Félis fascié* repose sur une donnée très-superficielle de M. Rafinesque. — *Félis de la Floride* plus superficiel encore. — *Félis doré*, autre indication très-vague. — Caracal. — Serval. — *Chat pard*, double emploi du *Serval*. — *Félis du Cap*, autre emploi du même *Serval*. — *Manoul*, compilé sur les indications très-vagues de Pallas. — Felis de Java, le même que notre *Servalin* (Felis minuta). — *Félis ondé*, sans aucun caractère déterminable, repose sur une erreur de contrée ; on peut en faire la part de notre *Félis botté* et du *Félis servalin* ou (f. minuta) de cette monographie. — *Félis obscur* paraît être une variété noire du *Félis botté* ; mais cette supposition mérite un examen nouveau. — *Félis de la nouvelle Espagne*, synonyme de *Felis mitis*, si toutefois ce n'est pas un jeune de *l'Ocelot* ou *Felis pardalis*, ce qu'il est impossible de déterminer avec précision. — *Pajeros* ou *Pampa* repose sur le texte d'Azara. — *Eyra* n'est pas mieux connu. — Margay. — Chat. De ces vingt-sept articles nous ne pouvons admettre que treize espèces bien déterminées.

Ce n'est pas dans les collections de mammifères, telles qu'on les voit dans nos musées d'histoire naturelle, ni même dans nos ménageries, qu'il est possible d'obtenir une idée exacte des espèces du genre Félis; l'examen des sujets montés et des individus vivans ne m'a point paru suffisant pour atteindre le but que je me proposais. Des recherches ont été faites dans les villes où le commerce des pelleteries forme une branche de l'industrie nationale; les boutiques des fourreurs m'ont mieux mis au fait que ne l'aurait pu faire une étude de bibliothèque. Nous aurions peut-être été à même de compléter ce travail, si l'occasion s'était offerte d'explorer les grands marchés de Saint-Pétersbourg et de Moscou.

La monographie des Félis, telle que nous supposons la connaître aujourd'hui, contient 27 espèces bien déterminées : 8 autres indications d'espèces sur lesquelles nous n'avons pu obtenir des preuves certaines de leur existence. Celles-ci ont été placées provisoirement hors de ligne, et nous supprimons totalement toutes ces courtes phrases, vagues et très-superficielles, d'aucun intérêt pour la science, et que les catalogues méthodiques semblent avoir reproduites dans le seul but d'augmenter la liste nominale des espèces imaginaires.

Il serait inutile de multiplier les figures de la tête osseuse des espèces de Félis; les crânes des grandes ont été publiés par M. Cuvier, ceux des petites espèces n'offrent point de caractère saillant; car sous le rapport de l'ostéologie, il n'existe peut-être point de genre dans la classe des mammifères, plus exactement conforme par les parties correspondantes que les différentes espèces de Félis. Nous donnons, planche 9, réduits de moitié, les crânes du *Léopard* et de la *Panthère*, pour faire apprécier les différences ostéologiques dans ces deux espèces.

PREMIÈRE SECTION.

COMPOSÉE DES FÉLIS DE L'ANCIEN CONTINENT ET DES ARCHIPELS.

FÉLIS LION. — *FELIS LEO.*

Taille différente, selon les climats et les contrées; queue plus courte que moitié la longueur du corps et de la tête, terminée par un gros flocon de poils. La tête et le cou du mâle ornés d'une crinière qui manque chez la femelle. Point de taches ni de raies dans l'adulte. Les jeunes variés de bandes transversales et de taches irrégulières très-marquées. *Voyez* le crâne du Lion et de la Lionne, Cuv., *Ossem. foss., nouv. édit., t.* 4, *pl.* 33, *fig.* 1, 2, 3 *et* 4. L'ostéologie du Lion a été illustrée par une gravure parfaite du squelette publié par MM. Pander et d'Alton.

On trouve trois races ou variétés distinctes dans cette espèce; ces races sont peut-être le produit de climats différens.

a. Lion de Barbarie.

Pelage presque totalement composé de poils soyeux; les laineux courts et fort rares. Le mâle a le dos, les flancs, tout le train de derrière, les jambes antérieures et la face couverts d'un poil court, même ras et serré, d'un fauve brun, résultant de poils fauves dans la plus grande partie de leur longueur, et noirâtres à leur extrémité, et d'autres poils entièrement noirs, épars sur tout le corps. La poitrine, les épaules, le cou, le devant de la tête, une partie du dos, la ligne moyenne du ventre, le coude, la partie antérieure des cuisses et le bout de la queue revêtus de longs poils, mélangés de noir et de fauve; et ceux des côtés, du cou et de la tête, beaucoup plus longs que les autres, et, tombant en épaisses mèches noires et fauves, forment cette belle crinière qui est exclusivement propre au Lion;

parmi les Chats, et qui contribue, plus qu'aucun autre de ses caractères physiques, à lui donner cet air grave et imposant qu'on lui reconnaît.

La Lionne, arrivée à l'âge adulte, diffère du mâle par l'absence de la crinière et de tous les poils en mèches, à l'exception du flocon à la queue. Des proportions plus allongées et une tête plus petite la distinguent.

Les jeunes, même les mâles, n'ont aucune trace de crinière; leur queue n'est point terminée par un flocon; tout leur corps est couvert d'un poil assez touffu, à demi frisé, et non point lisse comme celui des vieux individus; d'un fauve, sali par du noir et du gris, qui provient d'anneaux de ces divers couleurs répartis sur chaque poil. Sur ce fauve, se voit, le long du dos et de la queue, des bandes noires, transversales et parallèles les unes aux autres, qui, réunies à leur partie moyenne, produisent une ligne longitudinale depuis le derrière de la tête jusque vers l'extrémité de la queue. Sur la tête et les membres sont des taches noirâtres de diverses formes, plus ou moins nombreuses, et assez irrégulièrement marquées. Le derrière des oreilles est entièrement noir; les parties inférieures et les côtés du corps sont plus pâles que les supérieures, et des moustaches assez fortes garnissent les lèvres. Les bandes dorsales disparaissent à la première mue; les taches de la tête s'effacent ensuite, et ce sont celles des membres qui disparaissent les dernières; ce n'est même qu'après l'état adulte, ou à la cinquième année, qu'elles disparaissent entièrement.

b. Lion du Sénégal.

On peut le distinguer du Lion de Barbarie au pelage d'une teinte plus jaunâtre et plus brillante, par une crinière moins épaisse et moins longue, par le manque total de longs poils à la ligne moyenne du ventre et aux cuisses. La crinière est le plus souvent courte, toute fauve, sans mèches de poils noirs, et moins étendue sur le garrot et aux épaules. Sa taille est aussi plus petite. Les lionnes, quoique moins grandes que celles de Barbarie, ne diffèrent sous aucun autre rapport.

c. Lion de Perse.

Est remarquable par la couleur très-claire de sa robe, d'un isabelle très-pâle. La crinière touffue est plus mélangée de poils de différentes teintes que dans les deux races précédentes ; on ne voit point de longs poils à la ligne moyenne du ventre, ni aux cuisses ; les grandes mèches de poils noirs et de poils brun-foncé de la crinière paraissent davantage sur le fond pâle et très-ras du reste de la robe. Cette race paraît encore moins grande que celle qui nous vient du Sénégal. La lionne a de même le pelage pâle du mâle. Mais elle ne diffère en rien des femelles de la race de Barbarie et du Sénégal.

Longueur totale du mâle, de 7 à 8 pieds et au delà, dont la queue porte 2 pieds 7 ou 9 pouces ; hauteur, au garrot, 2 pieds 9 pouces.

Synonymie. Le plus grand nombre des figures de Lions publiées par les auteurs manquent de vérité et d'exactitude ; celle de Maréchal, dans l'ouvrage intitulé : *Ménagerie du muséum d'histoire naturelle*, et les belles planches lithographiées de MM. Geoffroy et F. Cuvier, *Histoire des Mammifères*, ne laissent rien à désirer. Felis Leo, Linn., *Gmel.*, *syst.* 1, p. 75. — Schreb., *Saugth*, v. 3, p. 376, tab. 97, *a* et *b*. — Buffon a parlé du Lion avec cette beauté de style qui caractérise ses immortels écrits ; mais ses descriptions sont plus poétiques que vraies.

Patrie. On trouve des Lions dans presque toutes les contrées de l'Afrique ; ils sont plus abondans dans les déserts et vers l'intérieur que le long des côtes et dans les pays à demi civilisés. Ils paraissent aussi répandus dans quelques parties de l'Asie, mais point dans l'Inde ni dans les îles de l'Océan Indien ; car il est bien constaté que les grandes îles des Moluques, les archipels des Philippines, de l'Océanie, ni même la Nouvelle-Hollande, ne nourrissent pas des Lions. On n'en a point trouvé à Java ni à Sumatra, et il est probable qu'ils n'existent point dans la grande île de Bornéo.

Tout porte à croire que le Lion est une espèce isolée dans laquelle on peut énumérer quelques légères variétés, ou races, sous les climats différens : celle décrite sous la lettre *c*, variété de Perse, prouve, ce me semble, que les Lions sans crinière, d'Olivier, qui se trouveraient sur les confins de l'Arabie, pays trop rapproché de la Perse pour le supposer peuplé d'autres grands Chats que ceux connus dans cet empire, n'existent point. Il serait au-dessus de mes moyens d'ajouter quelques données intéressantes au sujet de ce grand carnassier : la matière a été traitée à fond par M. Cuvier; elle ne laisse rien à désirer. C'est à la page 408 et suivantes du tome 4 des *Recherches sur les ossemens fossiles, nouv. édit.*, qu'on est invité de recourir pour les détails ultérieurs.

Le Lion choisit pour demeure le voisinage des fleuves et des fontaines où le gros gibier vient se désaltérer; il saute brusquement et du premier élan sur sa proie, la met à mort et la déchire pour s'en nourrir. Repu, il est rare qu'il attaque les autres animaux ; sa férocité ne s'exerce à la rapine que pour satisfaire à ses besoins.

On voit, dans les musées de Paris, des Pays-Bas et de Vienne, des mâles et des femelles des deux premières races mentionnées, et dans le premier établissement, une série de jeunes individus d'âge et de sexe différens. La variété de Téhéran, en Perse, est vivante à la ménagerie d'Exceter-Change, à Londres. L'un des Lions de Barbarie, du musée des Pays-Bas, a été rapporté de Tunis par M. le major Humbert; ce dernier est d'une taille énorme; il fut tué par un Arabe dont il avait terrassé une vache qu'il emportait sur son dos.

FÉLIS, TIGRE ROYAL (1) — *FELIS TIGRIS.*

Taille à peu près du Lion; pupille diurne; formes à peu près les mêmes; la tête du Tigre est plus arrondie, ses membres sont plus grêles, et il est plus bas sur jambes; queue deux tiers de la longueur du corps et de la tête, son extrémité aboutit au garrot; tout le corps, les membres et la tête rayés de longues bandes transversales; queue annelée, point de taches rondes sur aucune partie. Voyez les crânes du Tigre royal, mâle et femelle. Cuv., *Ossem., fos., nouv. édit., tom.* 4, *pl.* 33, *fig.* 5 et 6, *et pl.* 34, *fig.*, 1 et 2.

Tout le pelage composé de poils soyeux, courts et serrés excepté sur les côtés du cou et des joues où ce même poil est long et forme une sorte de fraise. Tout le corps est barré transversalement de noir sur un fond roux jaunâtre aux parties supérieures du corps, et sur un fond blanc aux parties inférieures. La face interne de l'oreille et l'extrémité de la face externe, le tour de l'œil, surtout à sa partie supérieure, le bout du museau, les joues, la gorge, le cou, la poitrine, le ventre, la face interne des membres et le bout des doigts sont blancs. La queue est couverte de quinze anneaux noirs, sur un fond blanc jaunâtre; le mâle du Tigre royal a des bandes plus larges, plus régulières et moins espacées que dans les femelles, son pelage est aussi un peu plus doré.

Les jeunes ont la robe peinte des mêmes couleurs, mais ils diffèrent des adultes par les nuances. Le blanc est mêlé de gris, le noir de brun, et le jaunâtre d'une teinte plus obscure; le pelage est plus long, plus mêlé et paraît moins régulièrement peint.

Synonymie. FELIS TIGRIS, Gmel., Linn., *Syst.* 1, *pag.* 76, *sp.* 2. — C'est le vrai TIGRE OU TIGRE ROYAL. Buffon., *Quadrup.*, *vol.* 8, *tab.* 9. — Geoff. et F. Cuv., *Ménagerie du Muséum* et la belle lithographie d'une femelle dans *l'Hist. nat. des mamm.* = La figure,

---

(1) Selon M. Reinwardt, *Madjan gedé* en langue javane, et *Arimau besaar* en malais: l'un et l'autre signifient *Grand tigre*.

composée par Schreber, *Saugt*, *vol.* 3, *tab.* 98, donne une fausse idée des couleurs du pelage et de la distribution des bandes. Cette planche est au-dessous de la critique.—*Encycl.*, *mamm.*, pag. 337, *pl.* 91; *fig.* 2 *et* 92, *fig.* 1. Voyez aussi pour les indications des anciens, Cuv. *Ossem. fossil.*, *nouv. édit.*, tom. 4, pag. 414.

Patrie. On commence à trouver cette espèce en Asie, au delà de l'Indus dans les parties méridionales de la Chine, mais l'Indostan paraît être son berceau. Sumatra, Java, et selon *toutes les probabilités*, Bornéo nourrissent ce carnassier; on le dit moins farouche à Java que dans l'Indostan. Il ne vit point en Afrique. Les lieux de sa demeure sont les vastes forêts dans le voisinage des rivières et des eaux, où il exerce ses rapines sur l'homme et sur les gros animaux dont il fait une grande destruction; il grimpe facilement aux arbres, y surprend sa proie et la guette au passage; sa poursuite est plus opiniâtre que celle du Lion; une proie, manquée du premier élan, n'échappe que rarement à ses tentatives réitérées. Aussi susceptible de docilité dans la captivité que le Lion, on le voit obéir de même à la voix de son maître et donner des preuves d'attachement.

Des dépouilles de Tigres de l'Indostan, et leurs squelettes, font partie des musées de Paris et des Pays-Bas, ce dernier possède aussi le squelette, plusieurs têtes et les dépouilles de sujets tués à Java. Un mâle d'Asie fait partie du musée de Vienne.

FÉLIS GUÉPARD (1). — *FELIS JUBATA.*

Taille du *Tigre jaguar* (Felis onca); mais les formes plus élancées et plus grêles; queue plus courte que le corps, son extrémité aboutit à l'omoplate; ongles de tous les pieds, forts, point rétrac-

---

(1) Cette espèce serait connue à Sumatra sous le nom de *Rimau mangin*, si toutefois la description succincte de M. Raffels n'a pas rapport à un autre Chat. *Chittah*, dans l'Inde, selon Pennant, ce serait le *Youse* des Persans, si leur *Youse* n'est pas, comme je le présume, notre *Félis léopard*.

tiles ; la nuque et l'échine pourvus d'une courte crinière ; une large bande d'un noir profond allant de l'angle antérieur des yeux à la moustache ; museau obtus.

Pelage d'un jaune légèrement teint de couleur d'ocre ; la tête d'une teinte plus fauve et le dessous du corps isabelle. Les poils de la nuque et de l'échine longs, droits et durs ; ceux du corps et du dessus de la queue courts et lisses; mais ceux du dessous du corps et du dessous de la queue plus longs.

Le corps, les quatre extrémités et le dessus de la queue, sont d'un jaune couleur d'ocre, marqué partout de taches rondes pleines et d'un noir parfait ; ces taches sont un peu plus grandes et plus rapprochées sur le haut du dos qu'aux flancs et aux membres ; les plus grandes n'ont guère plus de 10 ou de 8 lignes de diamètre ; quelques taches beaucoup plus petites sont réparties dans les intervalles des grandes ; la plus grande partie de la queue en est couverte, et cette partie est terminée par trois ou quatre anneaux irréguliers et noirs. Ces taches, qui couvrent la tête, sont petites et très-rapprochées ; une série de ces petites taches, disposées à la file, forment une bande qui va du bord inférieur des yeux sur les joues, et aboutit à quelque distance en dessous de l'oreille. Une large bande, d'un noir plein, couvre les côtés du museau et s'étend du bord antérieur des yeux aux moustaches. Les oreilles sont courtes, rondes, noires extérieurement et cendrées intérieurement.

Longueur totale prise sur un individu de grande taille, 5 pieds ; la queue a 22 pouces ; hauteur 2 pieds ; distance du bord antérieur des yeux à la pointe du nez, 2 pouces 3 lignes.

Synonymie. FELIS JUBATA, Linn., Exleb.—Schreb., *Saugt*, *tab.* 105, *fig.* rendant très-mal les formes élancées de ce Tigre, mais assez bien enluminée.—Buff., *Hist. nat. supp.*, *pl.* 38, sous le faux nom de *Jaguar* ou de *Léopard.* — *Encycl. mamm.*, *pag.* 221, *esp.* 341, *pl.* 93, *fig.* 3, calquée sur celle de Schreber. — Cuv, *Règ. anim.*, *pag.* 161 : — *Id. Ossem. fossil.*, *nouv. édit.*, *vol.* 4, *pag.* 430. — FELIS GUTTATA. Herm., figuré par Schreb. *Saugt.*, *tab.* 105., *B. supp.* (1), donne une idée assez nette de ce Tigre. Le portrait, publié par M. F. Cuvier, sous le nom de Guépard, mamm., lithog., est pris sur un jeune individu du Sénégal. — Hunting Léopard., Pennant, *p.* 284, *tab.* 56, figure au-dessous de toute critique.

Patrie. Nous savons par des preuves certaines que l'espèce habite les côtes occidentales de l'Afrique, elle est peu commune dans la partie méridionale, ce qui est confirmé par le témoignage de Thunberg, *Mémoires de l'Académie de St.-Pétersb., tom.* 3, *pag.* 299, et par M. le professeur Lichtenstein, qui a vu un chef de horde de Caffres revêtu d'une peau de Guépard. Elle est très-répandue dans l'Indostan, où on la dresse à la chasse. Les forêts de Sumatra en sont peuplés; ses dépouilles ne nous sont point encore parvenues de Java. L'histoire de ce Tigre mérite de fixer l'attention des voyageurs; ses mœurs sont très-probablement différentes de ceux des autres Chats; réduit en domesticité on croirait pouvoir lui attribuer les mœurs du Chien sous les formes extérieures des Chats, et ses pieds à ongles non rétractiles, font préjuger des habitudes qui tiennent le milieu entre celles des Chats et des Chiens.

Le musée des Pays-Bas possède la dépouille montée du plus bel individu connu dans les collections; il a été apporté du Bengale;

---

(1) M. Cuvier cite cette gravure avec une autre du même ouvrage, *Ann. du Mus.*, *vol.* 14, *pag.* 151, où ce savant dit : « Le *Felis chalybeata* et le *Felis guttata*, tirés du cabinet de Hermann y ayant été nouvellement examinés par mon frère, se sont trouvés, l'un un *Serval*, l'autre une jeune *Panthère*, mais tellement défigurés par le dessinateur, qu'on ne les reconnaîtrait jamais à leurs images.

Supposé qu'il en soit ainsi, dans quel but le peintre aurait-il donné à la figure du *Felis guttata* que nous discutons, une ressemblance plus ou moins vraie de notre *Guépard*, s'il avait, en effet, pris un jeune *Léopard* pour modèle? et s'il eut eu un *Serval* sous les yeux, pourquoi donner à la figure du *Felis chalybeata* les formes de notre vraie *Panthère*; et, par l'enluminure, une idée grossière de la couleur du pelage de ce Tigre? J'ai vainement cherché les sujets identiques de ces deux tigres à Strasbourg; ils n'existent plus. La description de feu Hermann, de son *Felis chalybeata*, *Observat. de Zool.*, *pag.* 36, et celle du *Felis guttata*, *ib.*, *pag* 38, ne laissent aucun doute. La première a été faite sur un *Serval*, et la seconde sur un jeune *Léopard*. Mais comment se fait-il que les figures données par Schreber, et communiquées par ce même Hermann, ressemblent, l'une à ma *Panthère*, et l'autre au *Guépard*?

deux autres sujets, l'un du Sénégal et l'autre de l'Inde, font partie du musée de Paris. Celui du cabinet de Vienne est originaire de l'Inde. On voit un Guépard vivant dans la ménagerie du Jardin du Roi, à Paris.

FÉLIS LÉOPARD (1). *FELIS LEOPARDUS.*

Taille des Adultes moindre que *la Lionne*; queue de la longueur du corps seulement, son extrémité aboutit aux épaules ; la couleur du pelage d'un fauve jaunâtre clair ; celle de la partie intérieure, des taches en rose plus foncé ou d'un jaunâtre plus vif que le fond du pelage ; les nombreuses taches assez distantes ; celles en roses de 16 à 18 lignes au plus en diamètre ; 22 vertèbres à la queue. Voyez les crânes. Cuv., *Ossem. fossil., nouv. édit.*, vol. 4, pl. 34, *fig.* 5 et 6, variété noire, mais sur une tête d'un jeune individu, *fig.* 9 et 10. Voyez aussi notre *pl.* 9, *fig.* 1 et 2.

Pelage bien fourni, de médiocre longueur ; la couleur du fond est d'un jaunâtre clair sur le dos, plus pâle aux flancs, et blanc au ventre et à la partie inférieure de la queue. Toutes les taches qui couvrent cette fourrure sont bien prononcées, jamais contiguës, mais exactement séparées des taches voisines par le fond jaune clair du pelage; les taches en roses qui couvrent les flancs, une partie de l'omoplate, la croupe et une portion de la queue, sont composées de trois ou de quatre taches noires, formant un cercle imparfait qui ceint une tache jaune, toujours plus foncée que le fond du pelage ; le haut du dos, la tête, le cou, les quatre extrémités et les parties inférieures du corps, sont couverts de grandes et de petites taches pleines, d'un noir profond et de forme ronde ou ovale; les taches pleines du corps ne sont jamais en bandes, et les taches en roses des flancs n'ont jamais un plus grand diamètre que de 16 à 18 lignes au

(1) C'est le *Felis pardalis* des anciens. Le *Félis pardalis* de Linné, Gmel., est un composé de mon *Felis macroura* et du *Pardalis*. Voyez les synonymes. Les Javanais désignent ce Tigre et le suivant sous le nom de *Madjan toetoel*, ce qui signifie *Tigre tacheté*. C'est le *Faahd* des Arabes.

plus (1). Sur la face interne du haut des jambes sont quelques bandes noires, transversales et vers le bout de la queue deux ou trois cercles imparfaits, divisés par des cercles blancs bien plus étroits; les oreilles sont rondes, noires à leur base et jaunâtres au bout; les rangées des moustaches sont blanches, elles prennent leur origine sur des lignes noires disposées transversalement sur les lèvres.

Longueur totale *des adultes*, 5 pieds 8 pouces, sur laquelle la queue occupe 2 pieds 7 pouces; hauteur sur ses jambes à peu près 2 pieds; distance du bord antérieur des yeux à la pointe du nez, 3 pouces 6 lignes, dimensions prises sur des sujets montés.

Les jeunes de cette espèce ont souvent été pris pour des espèces distinctes. J'en ai vu dans les cabinets, étiquetés sous les noms de *Pardalis*, de *Panthère*, d'*Once*, de *Guépard* et même de *Jaguar*. La fourrure des jeunes est toujours plus longue, d'une nature plus cotonneuse, même un peu crépue, les taches pleines plus ou moins contiguës, et les taches en roses moins distinctement marquées, souvent comme effacées ou plus claires qu'à l'ordinaire; le tout suivant la longueur des poils, constamment en rapport avec l'âge des individus. Toutes les taches de la robe des jeunes sont plus claires et le fond du pelage un peu plus terne que dans les adultes. Il résulte de cette disposition des taches et de la nature du poil que ces jeunes tigres sont difficiles à rapporter à leur type. Au reste, il est toujours plus difficile de distinguer les dépouilles des jeunes animaux comparativement aux dépouilles d'animaux adultes. Cependant le jeune *Léopard* est aisé à reconnaître de la jeune *Panthère*; la longeur de la queue, en proportion du corps, doit servir à lever le doute.

J'ai sous les yeux un jeune *Léopard* dont les dimensions sont, longueur totale, 3 pieds 8 pouces, sur lesquels la queue mesure 17 pouces 7 lignes, distance du bord antérieur de l'œil à la pointe

---

(1) J'insiste sur ces caractères reproduits dans les descriptions de toutes mes espèces, puisqu'ils servent à distinguer au premier coup d'œil non-seulement les différentes dépouilles complètes des grands Chats des deux continens; mais que par ce moyen, on ne peut manquer de reconnaître les peaux mutilées qui circulent dans le commerce des pelleteries.

du nez 1 pouce 10 lignes, et en hauteur sur les jambes, 13 pouces 6 lignes.

Snyonymie. Dans le nombre des descriptions excessivement confuses et embrouillées des grands chats, je n'en citerai qu'un petit nombre. Les noms de *Léopard*, de *Panthère*, de *Jaguar* et d'*Once* ont été donnés indistinctement aux grands chats des deux continents. On a cru reconnaître la *Panthère* dans le *Léopard*; d'autres se sont servis de cette dénomination en parlant du *Jaguar* d'Amérique, et les descriptions de *l'Once des auteurs* ne reposent que sur les dépouilles de jeunes *Léopards* ou de jeunes *Panthères*. Les figures de ces grands chats, quoique défectueuses sous certains points, et, le plus souvent, mal nommées, me serviront mieux que leurs descriptions pour rétablir l'ordre des synonymes entre cette famille des tigres qui habitent les deux continents. L'ordre une fois rétabli, et les caractères bien définis, il sera facile à l'avenir de se reconnaître et de remonter à l'origine des noms employés par les anciens, dont je dois omettre toutes les indications. Celles-ci m'entraîneraient dans de longues discussions, inutiles pour le but que je me suis proposé dans ces monographies. Je cite en premier lieu Felis leopardus, Linnée, où il est expressément dit cauda mediocri, Linn., Gmel., *Syst.* 1, *pag.* 77, *sp.* 10. — La Panthère de M. Cuvier, ménagerie du muséum par Maréchal, sous le faux nom de *Felis pardus*. La figure n'est point enluminée, mais, à en juger d'après la distance des taches en roses, et surtout, en considération du peu de longueur de la queue, comparée au corps et à la tête, il est facile de voir qu'un *Léopard* et non une *Panthère* a servi de modèle au peintre. Prenant pour base les caractères que je viens d'exposer dans cet article et dans le suivant, on doit classer les planches de Buffon ainsi qu'il suit : La Panthère male, pl. 11 ou 27 de la seconde édition, est notre *Léopard*, qui forme le sujet de cet article; la pl. 12 ou 28 de la seconde édition, sous le nom de *Panthère femelle*, est un *Jaguar femelle* (Felis onca); la planche 13 ou 29, sous le nom d'*Once* est encore un *Léopard*, mais une variété, une race, peut-être même une espèce distincte; suivant M. Cuvier, simplement une peau décolorée, un animal enfin, dont nous ne connaissons point encore exactement la fourrure, qui paraît venir de la Chine et se vend en Russie dans le commerce de pelleteries. Nous isolons provisoirement cette race ou espèce figurée par Buffon, dans la planche citée par Schreber., pl. 100, en observant que les descriptions de *l'Once* des auteurs se rapportent à de *jeunes Panthères* ou de *jeunes Léopards*; que le *Fedh* ou *Faadh* de Shaw n'est qu'un jeune *Léopard*; et, en résumé, que l'article du Felis uncia, Linn., Gmel., *Syst.* 1, *pag.* 77, *sp.* 9, doit être rayé de la liste des êtres, ou rapporté comme variété d'âge à l'article du *Léopard* ou de la *Panthère*; la longueur de la queue doit décider entre ces deux espèces. Vient en dernière analyse le Léopard de Buffon, pl. 14 ou 30 de la seconde édition; c'est encore une figure de notre *Léopard* qui forme le sujet de cet article.

Suivent les planches de Schreber, toutes calquées sur celles de Buffon, et enluminées au hasard d'après les descriptions. La pl. 99, sous le nom de *Felis panthera* est une figure du *Jaguar femelle* (Felis onca). Nous avons déjà discuté la planche 100. La planche 101 est *notre Léopard* enluminé avec une teinte rose; et la pl. 101 *b*, où la couleur rougeâtre domine, est au-dessous de toute critique pour les vices de l'enluminure; c'est encore *notre Léopard*.

Vient, en dernière analyse, la belle figure de notre *Léopard*, et sa description exacte publiée par MM. Geoffroy et F. Cuvier dans leur magnifique ouvrage des Mammifères. La figure le représente sous son vrai nom *de Léopard*; mais, dans la description, on renvoie à la figure de Maréchal, comme à celle d'une *Panthère*. Nous avons dit plus haut, en citant cette figure, que M. G. Cuvier a commis une erreur en désignant sous ce nom un *Léopard*. Nous remarquons encore ici que M. G. Cuvier laisse subsister quelques doutes, sous le rapport des différences établies entre son *Léopard* et sa *Panthère*, ou entre le *Felis Leopardus* de Linné et le *Pardus* du même auteur. Voyez *Annales du Muséum*, vol. 14, pag. 148, où ce savant dit au n°. 6, que son *Léopard* est plus petit que sa *Panthère*, ce qui est erroné; car le *Léopard* adulte est environ d'un cinquième plus grand que la *Panthère* dans le même état. Au reste, il n'existe aucun doute que l'indication du *Felis pardus* de Gmelin doit être rapportée à ma *Panthère* de l'article suivant; car, dans la Diagnose, il est dit : Cauda elongata, et à l'article du *Felis leopardus*, il est dit : Cauda mediocri, ce qui convient à notre *Léopard*, mais point à la *Panthère* de l'article suivant. Le caractère emprunté du nombre de taches en rose, par ligne transversale, dont M. Cuvier se sert, presque avec exclusion de tout autre indice, pour distinguer nos deux tigres de l'ancien continent, m'a paru peu satisfaisant dans l'emploi que j'ai voulu en faire; car, indépendamment des différences que l'âge opère sur la forme et le nombre de ces taches, j'ai trouvé que ce caractère n'est pas applicable à toutes les dépouilles des individus du même âge, et que le nombre de ces taches en rose varie du plus au moins; il est encore bien difficile de dire avec précision, si telle tache placée aux extrémités de la ligne doit être énumérée parmi les taches *en rose* ou bien parmi celles *dites pleines*. M. Cuvier observe, en dernier lieu, à l'article des grands Félis vivans, *Recherches sur les ossemens fossiles*, *nouv. édit.*, vol. 4, pag. 426, qu'il a long-temps cru qu'on pourrait reconnaître ces deux Félis à des taches plus ou moins nombreuses; mais j'ai vu, dit ce savant, tant de variétés à cet égard, que je n'ose plus insister sur ce caractère.

Trois causes bien simples servent à expliquer les sources des erreurs qui ont répandu de l'obscurité dans les descriptions auxquelles on doit attribuer le peu d'exactitude des figures publiées sous les noms, tantôt bien, tantôt mal appliqués de *Léopard* et de *Panthère*. La première, c'est que j'ai lieu de douter de l'existence de la *Panthère* en Afrique; la deuxième, c'est que la véritable Panthère ne se trouve point à Paris parmi les animaux montés de la galerie du Jardin du Roi, et qu'il est assez probable que la ménagerie n'a jamais possédé ce Tigre vivant ; la troisième enfin consiste en ce que les naturalistes n'ont pas pris soin d'établir les différences qu'ils signalent d'après des individus d'un âge à peu près égal. Le plus grand nombre des descriptions de Buffon ont été prises sur de jeunes individus. On a voulu rapporter ces descriptions à des dépouilles ou à des animaux vivans, parvenus à l'état parfait, et l'on n'a pu manquer de tomber dans les erreurs les plus graves. L'origine ou la patrie de ces animaux ayant souvent été indiquée comme très-accessoire, une confusion complète a dû nécessairement en devenir la suite.

On a été assez long-temps dans le doute au sujet du prétendu *Tigre noir* (Felis melas) de Péron, considéré par les uns comme simple variété accidentelle du *Léopard*, et que d'autres, à l'exemple de Péron, ont regardé comme une espèce distincte. Nos voyageurs viennent de mettre un terme à ces doutes : M. le professeur Reinwardt dit, et mon défunt ami Kuhl assure, dans sa correspondance, que le *Tigre noir* n'est qu'une variété noirâtre du *Léopard*. Cette circonstance est bien connue à Java, où les indigènes savent, par expérience, qu'on trouve assez fréquemment dans le repaire du *Léopard*, des jeunes individus, l'un tacheté comme la mère, l'autre noirâtre et pareil au prétendu *Mélas* des *Catalogues méthodiques*.

Nous possédons à la ménagerie un Léopard noir pris jeune dans le repaire d'un couple de ces animaux, couvert de la robe jaunâtre.

La robe du *Léopard noirâtre* est teinte de marron, ou couleur-bai très-foncé, distribuée par nuances plus ou moins sombres ou noirâtres ; cette couleur est répandue sur tout le pelage ; le marron pur règne sur les parties inférieures du corps : au museau, aux deux faces des quatre extrémités, et au bout de la queue ; un marron noirâtre, très-intense, est répandu sur toutes les parties supérieures du corps et de la queue, ainsi que sur le sommet de la tête et aux oreilles. Les taches distribuées sur cette fourrure sont d'un marron noirâtre aux parties inférieures et sur les quatre extrémités, et d'un noir profond sur le dessus du corps ; ces taches en rose, et celles dites pleines sont formées et distribuées de la même manière que sur les peaux ordinaires de Léopard. Les taches du dos et de la queue sont peu distinctes; elles paraissent cependant, et sont bien marquées, lorsque les rayons du soleil éclairent cette robe.

Les synonymes de cette variété se réduisent à des indications très-succintes. C'est le dixième des Chats dont parle M. Cuvier, *Ann. du mus.*, *vol.* 14, *p.* 152. — FELIS MELAS. Cuv., *Règn. anim.*, *vol.* 1, *p.* 161. — *Nouv. Dict. d'hist. nat.*, *vol.* 6, *p.* 104, où il est rangé avec les Chats de moyenne taille, apparemment d'après l'individu rapporté par Péron, qui est jeune. — PANTHÈRE NOIRE de Lamétherie, *Journ. de physiq.*, 33, *pag.* 45, avec une figure calquée sur celle de la Panthère de Buffon, et noircie. Le muséum des Pays-Bas possède l'individu conservé à la Tour, à Londres, probablement le même que M. de Lamétherie a vu. — C'est le RIMAU-KUMBANG de Sumatra, indiqué par sir Stamford-Raffles dans les *Transactions linnéennes*, *vol.* 13, *part.* 1, *pag.* 250.

Patrie. Les pays habités par cette espèce sont le nord et le midi de l'Afrique, et probablement toute l'étendue de cette vaste partie du monde. L'Inde et les îles de la Sonde, Java et Sumatra. J'indique les pays mentionnés avec certitude, puisque j'ai reçu les dépouilles du *Léopard* de ces contrées; ces peaux m'ont toutes fourni les mêmes caractères; tandis que les différences observées dans les dépouilles et sur les individus vivans de l'espèce suivante, ou de notre *Panthère*, se sont trouvées constamment les mêmes.

Le musée des Pays-Bas possède des individus d'âges différens, ainsi que le squelette envoyé de Java, accompagné de la peau du même individu, deux Léopards noirs et plusieurs crânes de cette variété. Le muséum de Paris possède plusieurs dépouilles de l'adulte, des squelettes et un Léopard noir, rapportés par feu Péron : cet individu est jeune. Les Léopards du nord et du midi de l'Afrique ne diffèrent point entre eux; ils ressemblent, sous tous les rapports, aux individus de l'Inde et à ceux de Java. Les sujets du musée des Pays-Bas en fournissent la preuve.

On voit, dans les galeries du musée de Paris, cinq individus montés de l'espèce du *Félis léopard*. Le n°. 250, sous le nom de *Panthère*, est un Léopard.

FÉLIS PANTHÈRE — *FELIS PARDUS* (Linn. Gmel.) (1).

Taille des adultes moindre que le Léopard, queue aussi longue que le corps et la tête, son extrémité aboutit à la pointe du museau ; la couleur du pelage d'un fauve jaunâtre foncé, celle de la partie intérieure a des taches en rose de la même teinte que le fond du pelage ; les nombreuses taches très-rapprochées ; celles en rose de 12 ou 14 lignes au plus en diamètre (2); 28 vertèbres à la queue. Voyez le crâne réduit de moitié, pl. 9, figures 3 et 4, servant de moyen comparatoire pour constater la différence avec le *Léopard*, dont le crâne, également réduit de moitié, est figuré sur cette planche. Dans le choix des deux crânes, celui du *Léopard* a été figuré sur un sujet adulte, de taille moyenne, et ayant toutes les sutures bien prononcées. Le crâne de la *Panthère*, fig. 3 et 4, est d'un individu très-vieux, parvenu au maximum du développement et à sutures à peu près oblitérées. Le crâne est au total plus long et plus comprimé dans la *Panthère* que dans le *Léopard*. La ligne de la face est la même ; mais celle du crâne diffère. Les arcades zygomatiques sont beaucoup plus écartées dans le premier que dans le second, et la face est plus obtuse dans le *Léopard* que dans la *Panthère* ; le frontal est plus large et rectangle chez ce dernier, mais ses apophyses post-orbitaires sont moins fortes.

Pelage bien fourni, de médiocre longueur ; la couleur du fond est d'un jaune d'ocre clair, mais tout le dessous du corps et de la queue, ainsi que les côtés du ventre, sont d'un blanc pur. Toutes les taches qui couvrent cette fourrure sont bien prononcées, très-

(1) Il me paraît clair que Gmelin a indiqué ma *Panthère* dans son *Felis pardus*, car il dit expressément *cauda elongata*, caractère qui, parmi les espèces de grands Chats, convient exclusivement à celle décrite dans le présent article. Les Javans lui donnent, ainsi qu'à l'espèce précédente, le nom de *Madjan toetoel*, Tigre tacheté.

(2) On ne peut énumérer, parmi les caractères existans, celui du nombre des rangées de taches, ni celui également variable pris du nombre des taches en roses par ligne transversale.

rapprochées les unes des autres, quoique séparées; les taches en rose qui couvrent les flancs, une partie de l'omoplate et la croupe, sont composées de trois ou quatre taches noires, formant un cercle imparfait qui ceint une tache jaune d'ocre, absolument de la même teinte que le fond du pelage; le haut du dos, la tête, le cou, les quatre extrémités, la queue et les parties inférieures du corps, sont couverts de grandes et de petites taches pleines, d'un noir profond et de forme ronde ou ovale; les taches pleines du corps ne sont jamais en bandes, et les taches en roses des flancs n'ont jamais un plus grand diamètre que de 12 lignes ou de 14 lignes au plus, sur la face interne des jambes et à la partie inférieure du cou sont quelques bandes noires transversales, et, vers le bout de la queue, plusieurs grandes taches noires divisées par des cercles blancs très-étroits; les oreilles sont aussi grandes que celles du *Léopard*, rondes, noires à leur base et d'un cendré blanchâtre au bout; les rangées des moustaches sont blanches, elles prennent leur origine sur des lignes noires, disposées transversalement sur les lèvres.

Longueur totale *des adultes*, 5 pieds, 2 ou 4 pouces, sur laquelle la queue porte 2 pieds 8 pouces; distance du bord antérieur des yeux à la pointe du nez, 2 pouces 5 lignes; hauteur, étant sur les jambes, 16 à 17 pouces. Dimensions prises sur deux individus morts dans la ménagerie et sur des peaux.

Synonymie. Je n'en connais point d'exactes. Les naturalistes qui ont parlé des grands Chats emploient les noms de *Panthère*, *Pardalis*, et *vraie Panthère*, sans indiquer cette vraie *Panthère* de manière à ne pouvoir confondre l'espèce avec celle du *Léopard*. M. G. Cuvier, dans son mémoire, *Recherches sur les grands Chats* (1), n'a point atteint ce but. Dans les nouvelles notices publiées par ce savant, en tête du mémoire qui traite des ossemens fossiles des grands Chats, je ne trouve point notées les réflexions que je communiquai dans le temps à M. Cuvier sur l'identité des deux

(1) *Annales du Muséum*, vol. 14, pag. 148, citées également à l'article du *Léopard*.

Chats indiqués par lui sous les noms de *Léopard* et de *Panthère*. Le crâne d'une de mes *Panthères*, qui avait vécu plusieurs années dans la ménagerie, a été soumis à l'examen de M. Cuvier, qui l'a reconnu pour espèce distincte de celles qu'il indique.

A juger par les planches de Schreber, *Saught* 101, *C*, j'aurais été enclin à voir dans ce Chat ma *vraie Panthère ;* la pose, son peu d'élévation sur jambes, et la longue queue, me font croire que cette figure, toute mauvaise qu'elle est, repose sur le dessin d'une Panthère. Mais ce *Felis chalybeata* de Hermann devrait être retrouvé à Strasbourg, où cependant il n'existe point, ce dont je me suis assuré sur les lieux. Croire, avec M. F. Cuvier (voyez mémoire sur les grands Chats, *Ann. du mus.*, *pag.* 151), que cette figure ait été faite sur un *Serval*, ce serait porter au dessinateur et à la mémoire du professeur Hermann un soupçon de mauvaise foi trop décidé. J'en dis autant du *Felis guttata*, de Hermann, Schreb., *tab.* 105, *B*, que l'on dit avoir été faite sur une *jeune Panthère*, tandis que j'y vois une figure passablement bien rendue du *Guépard* (Felis jubata). *Voyez* cet article.

Patrie. Deux individus vivans nous ont été envoyés de Java ; un assez grand nombre de peaux, plus ou moins mutilées, nous arrivent de cette contrée. J'en ai vu qui avaient été envoyées du Bengale, et on assure que l'espèce vit aussi à Sumatra. Il est certain que je n'en ai jamais vu dans les cargaisons nombreuses de peaux de vrais *Léopards* d'Afrique, et que les peaux de *Léopards* de Java et de l'Inde arrivent par le commerce en bien plus grande quantité que celles de la *Panthère*, qui est toujours plus rare.

Le musée des Pays-bas possède deux beaux individus montés, et deux squelettes d'adulte : l'un de ces squelettes est d'un individu qui a vécu pendant dix ans dans une ménagerie ambulante. Les Tigres étiquetés dans le musée de Paris, sous le nom de *Panthère*, sont tous des *Léopards* ; il n'existe point aujourd'hui de peau montée de la vraie Panthère dans cet établissement, et je n'ai pas vu de squelette de ce carnassier dans le cabinet d'anatomie.

FÉLIS LONGIBANDE (1). — *FELIS MACROCELIS.*

Taille moindre que la Panthère de ce mémoire (Felis pardus) de Java; queue de la longueur du corps et une partie du cou; l'extrémité de cette queue aboutit à la nuque; tête petite, obtuse; plus de noir à la robe que dans les autres espèces. Des taches longitudinales sur toute l'étendue des flancs et du cou.

Six bandes d'un noir profond, dont deux sont très-longues, couvrent toute la partie supérieure et les côtés du cou : ces deux bandes ont leur limite vers les épaules, où elles sont terminées en demi-cercle. De grandes taches pleines, d'un noir parfait, couvrent la région des omoplates; sur la face externe des pieds antérieurs sont trois grandes taches, exactement encadrées par une bande noire; l'intérieur de ces grandes taches est d'une teinte fauve, marquée de zigzags noirs et de petites taches, très-irrégulières; le long de l'épine et à la croupe sont des bandes longitudinales très-rapprochées qui s'étendent de l'omoplate à l'origine de la queue; on voit aux cuisses un petit nombre de taches en rosaces imparfaites, dont le centre est marqué d'une ou, plus rarement, de plusieurs petites taches noires; toutes les autres taches des quatre membres et des parties inférieures sont d'un noir plein; elles se trouvent disposées sur un pelage fauve-jaunâtre, et cette teinte existe aussi entre les grandes taches des épaules et les bandes longitudinales du dos, séparées entre elles par des intervalles très-étroits; la tête est marquée de taches pleines.

La queue est très-irrégulièrement marquée de taches pleines d'un brun noirâtre, séparées par des intervalles très-étroits d'un fauve-jaunâtre; toute cette partie est couverte de taches, et n'a pas les anneaux dont la queue du plus grand nombre des Tigres est terminée. Longueur totale, 5 pieds 6 pouces, dont la queue porte 2 pieds 6 pouces.

(1) Son nom, en langue malaye, à Sumatra, est, selon M. Raffles, *Arimau dahan*; M. Raffles écrit *Riman*, mais c'est une faute d'orthographe.

Patrie. Cette espèce est indiquée très-succinctement par M. Raffles, dans le catalogue des mammifères de Sumatra, *Transact. linn. society*, vol. 13, pag. 250. Il y est dit que ce Tigre porte, chez les Malais, le nom de *Riman dahan*; qu'il est à peu près de la taille du Léopard, mais que la couleur de sa robe est plus foncée, et que les taches sont moins régulières. Il grimpe aux arbres à la poursuite des oiseaux, dont il fait sa nourriture. Les naturels rapportent qu'il dort dans l'enfourchure des grandes branches. On le trouve aussi à Bornéo, où les Daiakkers, peuplade sauvage et sanguinaire de cet île, emploient sa peau pour en faire des jacquettes, dont ils garnissent les bords de plusieurs rangs de coquillages blancs (1). Une peau à laquelle il manque les pieds et tout le crâne a été envoyée de Siam, ce qui prouve l'existence de cette espèce sur le continent de l'Inde.

Serait-ce la même espèce que celle indiquée par M. Cuvier, *Ossem. foss.*, tom. 4, pag. 437, et envoyée par M. Diard ? S'il en est ainsi, on s'est trompé en indiquant l'île de Java pour demeure. Notre *Tigre longibande* ne se trouve pas à Java.

Je n'ai vu jusqu'ici qu'une peau non mutilée ou endommagée. On ne voit point de sujet complet monté dans les musées. Les peaux plus ou moins endommagées font partie des musées des Pays-Bas, de Paris et de la compagnie des Indes, à Londres.

FÉLIS SERVAL (2). — *FELIS SERVAL et CAPENSIS.*

Les adultes de forte taille sont à peu près de la grandeur de la *Panthère* (Felis pardus). On en voit plus souvent de taille moins forte. Queue médiocre, plus de la moitié moins longue que tout l'animal; les oreilles grandes, pointues, rayées de noir et de blanc; quatre bandes sur la nuque et cinq entre les épaules. Toutes les taches pleines et d'un noir profond.

(1) Nous avons reçu plusieurs vêtemens des Daiakkers, et un grand nombre de leurs ustensiles et ornemens. La peau de ce Tigre paraît leur servir de vêtement principal.

(2) C'est le *Tyger-bosch-kat* des colons du cap de Bonne-Espérance; le *Chat-tigre* des fourreurs.

Le pelage est généralement long et touffu; des poils très-longs couvrent les flancs, l'intérieur des quatre extrémités et la base de la queue. La couleur des parties supérieures est d'un jaune d'ocre plus foncé le long de l'épine qu'ailleurs; toutes les parties inférieures et l'intérieur des membres sont d'un blanc pur. Les taches de la nuque et du bas sont longitudinales, et celles du ventre et des jambes plus ou moins arrondies. A la face intérieure des pieds de devant sont deux grandes plaques noires qui forment des bandes transversales. La bande latérale de la nuque forme un croissant, dont les extrémités sont tournées en dehors; mais la bande aux épaules forme le croissant en sens inverse; la queue porte le plus souvent sept anneaux noirs, quelquefois huit, et le bout est également terminé de noir. Les jeunes individus ont le pelage plus long et moins régulièrement marqué que l'adulte. Les taches sont aussi plus écartées.

Longueur totale d'un individu de forte taille environ 4 pieds; queue, 13 pouces 6 lignes; longueur des oreilles, 2 pouces 6 lignes; hauteur au garrot 15 pouces. J'ai vu des individus adultes, dont la longueur totale n'excédait point 3 pieds.

Synonymie. Felis serval et capensis. Linn., Gmel., *Syst.*, pag. 81, sp. 16 et 14. — Felis capensis, Mull., *Cimelia phys.*, tab. 39, figure grossièrement enluminée, la tête de grandeur naturelle très-exacte. — Thunb., *Mém. de Pétersb.*, vol. 3. — C'est bien certainement le Chat-Pard de MM. de l'Académie. Perrault, pag. 82, tab. 14. — Le Serval. F. Cuv., *Ménag. du Mus.*, par Maréchal, figure parfaite. — Buff., *Quadr.*, vol. 3, pag. 405, tab. 38, — Schreb., *Saugth.*, vol. 3, pag. 405, tab. 108, copiée sur celle de Buffon, et enluminée d'après la description. — Géoff., *Catalog.*, mam., pag. 118. — Le Serval. F. Cuv., *Hist. nat. des mamm.*, un portrait fidèle. — Les descriptions du *Félis serval*, *Chat-pard* et *Félis du Cap* de l'*Encyclopédie* reposent sur des notices plus ou moins exactes du Serval d'Afrique; celle du *Felis capensis* est fondée primitivement sur la figure des Cimelia de Muller, pl. 39; celle du Chat-pard des académiciens est très-vague.

Patrie. Le Cap de Bonne-Espérance, et toute la partie méridionale de l'Afrique. Au Cap, on le nomme *Tyger-bosch kat.* L'espèce est très-répandue à la baie d'Algoa. Nous ne pouvons point garantir son existence dans d'autres pays que l'Afrique, toutes les dépouilles qui passent dans le commerce sont de cette contrée, et les individus qui arrivent vivans en Europe, sont tous originaires du Cap de Bonne-Espérance. Il n'est pas certain s'il faut croire à l'existence du *Serval* dans l'Inde, et si celui du père Vincent-Marie, est effectivement la même espèce. Mais il est certain que le *Mabracaya*, indiqué dans les Voyages de d'Azara, *vol.* 2, *pag.* 171, ni le *Chat sauvage de la Nouvelle-Espagne* de Buffon, ne peuvent être comparés, sous aucun rapport, à notre Chat d'Afrique figuré par Buffon, G. Cuvier et F. Cuvier, sous la dénomination de *Serval.* Nous conservons cette dénomination au Chat du présent article, qui est généralement connu sous ce nom dans les collections et même dans le commerce. J'avoue que le nom de Serval donné assez arbitrairement par Buffon à notre Chat, appartiendrait par droit de priorité au carnassier du père Vincent-Marie, présumé originaire de l'Inde, et moindre que la Civette; mais ce carnassier de l'Inde n'existe dans aucune des collections connues, tandis que le Serval de Buffon est bien connu de tous les naturalistes. Au cas que, par la suite, on vînt à retrouver ce Chat du père Vincent-Marie, il sera mieux vu de lui donner son nom Malabar que *l'on dit être* Maraputé.

Le *Caracal d'Alger*, au sujet duquel Bruce a communiqué une note à Buffon, *voyez tom.* 3, *pag.* 231, repose sur une description assez exacte de notre *Serval.*

Le musée des Pays-Bas possède plusieurs individus de cette espèce, dont on conserve aussi des crânes. Deux individus sont à Paris, deux à Vienne, etc.

FÉLIS CERVIER (1). — *FELIS CERVARIA.*

Taille à peu près du Loup (*Canis lupus*); queue plus longue que la tête, plus mince à la pointe qu'à la base, terminée par un grand espace noir; moustaches labiales, d'un blanc pur, depuis la base jusqu'à la pointe; pinceaux des oreilles très-courts ou nuls; des favoris de longueur médiocre aux joues; museau un peu allongé. Je n'ai pas trouvé d'occasion pour établir une comparaison entre le crâne de cette espèce et celui de l'espèce suivante; il est même rare de trouver des peaux qui ont encore une portion des mâchoires. La différence dans la longueur du museau fait préjuger une légère disparité dans la forme totale des crânes.

Pelage très-long, très-touffu, particulièrement aux jambes et à la plante des pieds; fourrure très-fine et soyeuse, couverte, dans le premier âge, de taches brunes et noires, et dans l'adulte, de grandes et de petites taches d'un noir parfait.

Les poils très-fins et soyeux du dos sont à peu près longs de deux pouces; leur base est d'un gris très-clair, le milieu d'un beau roux clair, et la pointe, d'un blanc grisâtre-argentin; les taches noires, dont la robe est couverte, sont tigrées de roussâtre à la base, avec la longue pointe d'un noir parfait. Cette distribution donne à la robe une teinte de gris-roussâtre lustré, marqué de taches rondes et un peu oblongues d'un noir parfait. Les favoris sont blanchâtres, marqués d'une grande tache noire formée par un large pinceau de poils noirs placé au milieu des poils blancs; une bande noire, demi-circulaire, part de l'angle postérieur de l'œil, et se dirige sur les joues; un cercle noir entoure les yeux, et une tache noire couvre la région lacrymale; les taches noires du dos sont un

(1) Cette belle et précieuse fourrure est connue dans le commerce sous le nom de *Loup cervier*, ou *Lynx moscovite*; elle arrive par petites cargaisons des marchés de Moscou, et le commerce de cette ville *les reçoit*, *dit-on*, du fond de l'Asie. Les peaux de l'adulte à taches très-noires, sont du prix de 100 à 120 et 130 francs; le plus bas taux des peaux de qualité moyenne est de 80 francs.

peu oblongues, et séparées par de grands intervalles; elles sont rapprochées sur les flancs, et plus encore à la face externe des membres, où leur forme est arrondie. La région du tibia et la face interne des membres n'ont point de taches; la base de la queue a quelques taches transversales, et la petite moitié vers le bout est totalement d'un noir parfait; le devant du cou, la poitrine et le ventre sont couverts d'un poil très-long et blanc. L'oreille est peinte à sa face externe par une bande noire formant un angle, à l'extrémité duquel naît le petit pinceau très-grêle du bout de l'oreille.

Tel est le signalement de la robe des individus à l'état adulte. *Les jeunes, de taille environ moitié moindre que l'adulte*, ont un pelage blanc-jaunâtre sale, marqué de petites bandes plus longues que larges, d'un jaunâtre un peu plus foncé que le fond du pelage; ces bandes, plus ou moins distinctes, sont encadrées par du brun noirâtre. La face externe des membres est marquée de taches brunes, de forme arrondie. Toutes les autres parties sont colorées comme chez l'adulte; mais la robe est toujours plus jaunâtre et plus irrégulièrement variée. Les peaux d'individus, dans le passage d'une livrée à l'autre, sont marquées d'un plus grand nombre de taches d'un brun-noirâtre; ces taches sont quelquefois irrégulièrement dessinées, et plus ou moins réunies; les bandes transversales de la queue sont brunes.

La robe des vieux individus est à peu près peinte de la même manière que celle du *Félis serval* du Cap, avec cette différence, que les taches noires, chez ce dernier, sont placées sur un fond jaune-roussâtre, et chez notre *Félis cervier* sur un fond gris-argentin. La fourrure de l'adulte est de toute beauté.

L'adulte porte, en longueur totale, 3 pieds 4 ou 8 pouces; la queue seule prend 7 ou 9 pouces; hauteur au garrot, 2 pieds 6 ou 7 pouces; distance du bord antérieur des yeux à la pointe du nez, un peu plus de 2 pouces. J'ai vu des peaux dont les dimensions sont un peu plus fortes, et un grand nombre à dimensions moins grandes; ces dernières n'ont point les taches d'un noir plein, et leur pelage est plus varié. Les jeunes, au terme moyen de l'âge, n'ont guère plus de 2 pieds 4 ou 6 pouces en longueur totale.

Synonymie. Je n'en connais point qu'on puisse en toute assurance citer à cet article. Le *Kattlo* (1) des Suédois pourrait bien être notre espèce, et il serait possible qu'elle ait été vue et tuée en Suède; mais il est certain que l'espèce n'y est pas très-nombreuse, puisqu'on ne voit point les peaux de ce Félis dans les cargaisons que le commerce reçoit des ports de la Baltique. La fourrure du Loup-cervier exportée de Suède consiste en peaux de *Lynx ordinaire* et en peaux de *Lynx polaire*. Les descriptions fournies du *Lynx du Canada* des auteurs n'ont rien de bien caractéristique; les diagnoses sont vagues; on n'a pas été soigneux à déterminer, d'une manière précise, l'origine des individus, et le nom de *Lynx du Canada* peut avoir été donné à un sujet venant de Suède, ou fourni par le commerce avec la Russie. Le *Lynx du Canada*, figuré par Buffon, me semble, *d'après la planche en noir*, un individu, âge moyen, de mon *Félis polaire*. Je n'ai pas retrouvé dans les galeries du Jardin du Roi, à Paris, le sujet qui a servi à cette planche des œuvres de Buffon, ce qui me met dans l'impossibilité de décider la question. Les descriptions laissent matière au doute; on n'a pas eu égard à la nature du pelage, à la couleur du feutre, à la forme de la tête, aux proportions relatives de la queue, enfin, à la manière dont l'extrême pointe est terminée et colorée. Les moyens de vérifier les différences, ou de constater l'identité, n'existant plus, nous restons dans le doute s'il faut réunir le *Lynx du Canada* des auteurs à l'espèce suivante ou bien à celle-ci. J'opinerais pour la réunion avec mon *Félis polaire*, si l'expérience ne m'avait prouvé trop souvent le peu de confiance qu'il faut ajouter aux indications de patrie chez les auteurs du siècle passé.

Il serait possible que Pontoppidan indiquât cette espèce dans le Lynx qu'il décrit, *d'un blanc gris, clair-semé de taches foncées*. L'espèce, suivant Buffon, serait répandue, non-seulement en Europe, mais dans toutes les provinces du nord de l'Asie. Ce pourait être, suivant l'*Histoire générale des Voyages*, le Félis ap-

---

(1) Corpore albido, maculis nigris. Linn., *Faun. suec.*, Retz., *Faun. suec.*; pag. 18.

pelé *Chulon* ou *Chelason*, en Tartarie. Les peaux en sont fort estimées, et quoiqu'elles soient assez communes, dit Buffon, elles se vendent également cher en Norwége, en Russie et jusqu'à la Chine, où l'on en fait un grand usage pour des manchons et d'autres fourrures.

Patrie. Toutes les dépouilles que le commerce reçoit viennent des marchés de Moscou ; les Russes reçoivent cette pelleterie des provinces asiatiques ; je n'en ai point vu dans les pacotilles envoyées de Suède, ni dans celles faites aux États-Unis, ou que le commerce d'Angleterre tire du Canada et de la baie de Hudson. On voit à peine une centaine de cette fourrure sur plusieurs milliers de peaux du *Félis polaire*. Les peaux sont le plus souvent écorchées avec soin, parfaitement préparées, le plus souvent intactes et propres à être montées pour les collections; le crâne manque toujours, et il est rare de trouver des peaux pourvues de mâchoires ou d'une partie de celles-ci.

Le musée des Pays-Bas possède trois individus d'une beauté parfaite; ils ont été choisis dans les sujets d'âge différent. On voit un individu adulte dans le musée de Paris, et un autre dans le cabinet de la ville de Bruxelles.

FÉLIS POLAIRE (1). *FELIS BOREALIS.*

Moins grand que le précédent; taille moyenne, entre le *Renard* et le *Loup;* queue plus courte que la tête, obtuse et comme tronquée au bout; seulement l'extrême pointe noire; moustaches labiales noires et blanches ; ces dernières à base noire ; pinceaux des oreilles longs; des favoris très-longs aux joues; museau très-obtus.

Pelage serré, mais pas aussi long que dans le *Félis cervier;* jambes et plante des pieds extraordinairement garnies de poils ; four-

(1) Les fourreurs désignent cette sorte de pelleterie par le nom de *Loup cervier du Canada*, ou de *Lynx de Suède*. Le prix courant des peaux est de 30 à 40 francs, ou de 50 au maximum.

rure moins fine et plus rude que dans l'espèce précédente ; tout le pelage ondé sans aucune tache distincte.

Les poils du dos à peu près longs d'un pouce et demi ; ils sont d'un brun foncé depuis la base jusqu'aux trois quarts de leur longueur, et leur pointe est annelée de gris et de brun ; la fourrure des flancs est grise à la base, rousse au milieu, et blanchâtre à la pointe. Cette distribution donne à la robe une teinte grise, ondée de brun sur le dos et de blanc-roussâtre au ventre. On ne voit aucune tache distincte sur la robe des jeunes ni sur celle des vieux ; la réunion des bouts noirs des poils du dos forme, sur cette partie, une bande plus ou moins interrompue et ondée qui suit la ligne moyenne de l'épine dorsale. Les pieds, et particulièrement la plante, sont abondamment garnis d'un pelage très-touffu. La queue est d'un roux blanchâtre ondé, sans taches ni bandes ; elle est comme tronquée au bout, et l'extrême pointe obtuse est couverte d'une rosace noire ; les oreilles sont bordées de noir et terminées par des pinceaux d'un pouce et demi en longueur ; les favoris aux joues sont longs et marqués d'une grande tache noire ; les poils de ces favoris ont trois pouces ; ils pendent de chaque côté de la mâchoire inférieure. La poitrine, le ventre et la face interne des membres sont d'un blanc terne. On voit des individus nuancés par ondes cendrées et fauves, blanchâtres et rousses, ou blanchâtres ondés de brun, le tout suivant la longueur des poils annelés vers leur pointe de ces couleurs, et suivant que leur base, brune ou rousse, est plus ou moins à découvert.

Longueur totale de l'adulte, 2 pieds 7, 8 ou 9 pouces ; la queue seule porte 5 pouces ; distance du bord antérieur des yeux à la pointe du nez, 1 pouce 6 lignes. Je n'ai jamais vu des individus de 3 pieds.

Synonymie. Il me paraît que c'est en premier lieu le CHAT DU CANADA, indiqué par M. Geoffroy, *Catal. des Mamm.*, pag. 120, esp. 8, *sur des sujets du musée de Paris*, n°. 258 et 259. — Il est probable que l'article additionnel de Buffon a rapport à ce Félis. Nous avons discuté, à l'article du *Félis cervier*, la figure, *tab.* 44, qui accompagne cette description : c'est bien certainement le Lynx du Canada de M. Cuvier, *Ossem. foss.*, *nouv. édit.*, *vol.*, 4, *pag.* 443; mais je ne partage pas son opinion au sujet du *Lynx du Mississipi*, *Suppl.*, *vol.* 7, *pl.* 53, que nous réunissons avec le *Felis rufa*. Les diagnoses placées en tête de nos descriptions peuvent servir de moyen pour reconnaître, au premier coup d'œil, les dépouilles des espèces dont le signalement a été fourni d'après l'examen de plusieurs centaines de peaux.

Patrie. Les contrées polaires des deux mondes. Le commerce reçoit des cargaisons très-fortes des ports des États-Unis. L'Angleterre tire cette pelleterie des factoreries de la baie de Hudson. La Suède en expédie un grand nombre dans les marchés des contrées méridionales de l'Europe; elles passent par chargemens en Chine. Cette fourrure est bien moins estimée que celle du *Félis cervier*. Les peaux les plus estimées du *Félis polaire* ont une teinte cendrée, légèrement bleuâtre, et sans aucune tache distincte sur la robe; celles d'un prix très-élevé de l'espèce du *Félis cervier* sont d'un gris blanc faiblement teint de rose, couvert d'un lustre brillant, et parsemé de grandes et de petites taches d'un noir parfait.

On voit des sujets du Félis polaire dans les musées des Pays-Bas, de Paris et de Vienne.

FÉLIS LYNX (1). — *FELIS LYNX.*

Corps gros, assez élevé sur les jambes, qui sont très-fortes; tête grosse, arrondie; oreilles pointues, terminées par un pinceau de longs poils. Queue de la longueur de la tête, sa petite moitié, vers le bout, entièrement noire; quatre ou cinq petites bandes ondées

(1) J'ai dit, à l'article du *Félis bai* des États-Unis de l'Amérique, que les peaux de Lynx, de quelque espèce qu'ils puissent être, portent, en terme de pelleterie, le nom de fourrure de *Loup-cervier*, du nom latin *Lupus cervarius*, donné par Pline à l'espèce vulgaire ou à notre *Lynx*, répandu autrefois dans toute l'Europe, aujourd'hui refoulé, par suite de la ci-

sur les joues; moustaches labiales blanches, placées sur quatre ou cinq raies noires. Point de petite molaire antérieure ou fausse molaire à la mâchoire.

Pelage court en été, un peu plus long en hiver, également fourré sur toutes les parties du corps; la plante des pieds dégarnie, et les doigts pourvus d'une fourrure courte; des pinceaux noirs aux oreilles.

Robe généralement d'un roussâtre foncé, marquée sur les flancs de petites mèches ou taches oblongues d'un roux brun, et sur les membres de petites taches rondes de cette couleur; toutes les parties inférieures et la face interne des membres blanches : toutes ces parties marquées de petites mèches noirâtres, peu distinctes. Oreilles extérieurement noires, mais couvertes d'un espace angulaire coloré de cendré lustré; yeux entourés d'un cercle blanchâtre, avec une tache blanche, longitudinale au-dessus des yeux, et se dirigeant de chaque côté sur le chanfrein. Jamais de bande noire sur la ligne moyenne du dos.

Pelage d'été court; les poils bruns à la base, et d'un roux vif à la pointe; le pelage d'hiver est plus long; tous les poils ont leur pointe extrême colorée de blanchâtre; les poils soyeux, plus nombreux et plus longs dans cette saison, font que la fourrure hivernale est colorée d'un roux cendré ou blanchâtre qui fait place en été à un roux plus décidé et mieux marqué de taches brunes. Ce changement dans la couleur de la robe du Lynx et de tous les Félis des contrées tempérées et boréales du globe, est produit par la chute d'une partie des poils soyeux, et par l'action de l'air et du jour joint à l'usure que le frottement opère sur le bout des poils.

Les variétés sont rares; on en remarque cependant quelques-unes parmi les grandes cargaisons de peaux en circulation dans le commerce; la plus remarquable est celle que je dois attribuer à la ma-

vilisation, dans les parties encore boisées et montueuses des contrées les moins peuplées de notre Europe.

Quoique toutes les fourrures de soi-disant *Loup cervier* se trouvent réunies sous une même dénomination, on fait cependant dans le commerce une distinction très-marquée entre ces fourrures, et le prix courant de cette denrée varie suivant les espèces et selon la localité dont elles sont originaires. Les peaux de Lynx ordinaire valent de 5 à 15 et 20 francs.

ladie albinos. On trouve, quoique très-rarement, des peaux d'un roux blanchâtre très-clair, marqué de taches rousses; le bout de la queue, la face externe des oreilles et les pinceaux d'une teinte brune roussâtre, et toutes les parties inférieures d'un blanc jaunâtre; les peaux à fourrure sombre, et tirant au brun très-foncé, ou couleur *mélas* des *Félis léopard, once*, et *panthère*, sont moins communes. Les jeunes ont un pelage plus long et moins lisse que les vieux; leur robe est un peu plus ondée et moins rousse, et les moustaches labiales sont le plus souvent mi-partie noir et blanc. Les peaux de Lynx que le commerce reçoit de la Russie sont plus estimées que celles provenant des contrées orientales de l'Europe; la fourrure des premiers est plus fine, plus longue, et le feutre plus serré et plus abondant; la teinte de la robe d'hiver est d'un roux blanchâtre très-lustré.

Les dimensions de l'adulte sont, longueur totale, 3 pieds 2 ou 3 pouces; queue, 7 pouces 4 ou 6 lignes; hauteur au garrot, 1 pied 4 pouces 6 lignes; distance du bord antérieur des yeux à la pointe du nez, 1 pouce 9 lignes. Les individus de la plus grande taille ont jusqu'à 3 pieds 6 pouces, et la queue, de 9 pouces. On en voit aussi de 2 pieds 6 pouces.

Synonymie. FÉLIS LYNX, Linn. (1), Gmel., Retz., *Faun. suec.*, *pag.* 17, *sp.* 12. — Schreb., *Saugth.*, *vol.* 3, *pag.* 408, *tab.* 109; figure calquée sur celle des œuvres de Buffon, et enluminée de la manière la plus incorrecte, peut-être d'après un individu du *Félis polaire*, dont la figure citée fournit quelques indices par sa teinte généralement cendrée. — Le LYNX, Buff., *Hist. nat.*, *tom.* 9, *pl.* 21. — *Encyclop. mamm.*, *pag.* 223, *tab.* 97, *fig.* 3, autre calque de la figure des œuvres de Buffon. — Cuv., *Ossem. foss.*, *vol.* 4, *pag.* 441, *les deux derniers paragraphes.* — DER GEMEINE LUCHS. Bechstein, *Naturg-Deutschl.*, *pag.* 678; mais sous le faux nom de *Rothluchs*, dénomination sous laquelle on connaît en Allemagne la fourrure

(1) Mais point le *Félis Lynx* des anciens; car leur Chat, sous ce nom, est notre *Caracal*, *Félis caracal* des modernes.

du *Félis bay* des États-Unis d'Amérique, espèce américaine que Bechstein a pu croire d'origine européenne, mais qu'on n'a jamais vue dans nos contrées. Les noms de *Katzenluchs* ou *Kalberluchs*, sont des termes de fourreurs par lesquels ils désignent les assortimens des peaux de Lynx ordinaire dans les états différens de l'âge. C'est d'après Retz, *Faun. suec*, le *Warglo* des Suédois (1). Nilson distingue deux espèces, l'une sous le nom de *Warglokalten* qu'il rapporte au Lynx, l'autre sous le nom de *Kattlo-ganse*; mais les indications sont trop vagues pour servir de moyen comparatoire; il paraît aussi que ces courtes diagnoses de Nilson ont été établies sur des sujets d'âge très-différent : le premier est bien certainement un sujet très-vieux; le second paraît avoir été basé sur l'inspection d'un jeune sujet. Nous remarquons que, pour émettre un jugement critique sur les espèces vivantes des genres *Félis* et *Canis*, il faut préalablement établir des recherches dans les magasins de pelleteries, avoir vu des milliers de dépouilles de toutes les parties du globe et de différentes contrées d'un pays, et vérifier le résultat de toutes ces recherches sur les sujets déposés dans les collections d'histoire naturelle. Sur ce plan a été basé le mémoire que j'offre aujourd'hui au public; et j'ai quelque espoir d'avoir réussi à fixer la détermination si difficile à établir dans les espèces de Lynx ou Loups cerviers. La comparaison du crâne des quatre espèces que je reconnais dans l'ancien continent, manque encore comme moyen propre à donner à ces recherches un degré de précision plus satisfaisant.

Mes quatre espèces déterminées par des diagnoses soumises à des observations souvent répétées, ont été confondues jusqu'ici sous le nom de Lynx ou de Loup cervier. Les deux premières peuvent avoir été rangées sous l'article confus et embrouillé du Lynx du Canada. Ces quatre espèces de l'ancien continent sont désignées, dans cette monographie, sous les noms de *Felis cervaria*, *borealis*, *lynx* et *pardina*. Les deux premières espèces sont confinées dans les limites

---

(1) Mais point leur Kattlo, *corpore albido maculis nigris*, que je crois être mon *Félis cervier*, dénomination qui peut faire soupçonner l'existence de notre *Félis cervier* en Suède, ce dont je n'ai pu obtenir une preuve certaine.

du cercle arctique; la seconde vit dans les deux continens (1). La première est provisoirement, pour moi, une espèce du nord de l'Asie; la troisième est répandue dans les contrées septentrionales et tempérées de l'Europe et de l'Asie; la quatrième se trouve seulement dans les pays chauds de l'Europe, et *peut-être* dans quelques parties de l'Asie. Le *Félis bay*, confondu quelquefois sous la rubrique de Loup cervier, est une cinquième espèce confinée dans les limites des régions tempérées de l'Amérique septentrionale; elle paraît vivre en deçà du cercle polaire arctique.

Patrie. Le Lynx ordinaire était autrefois plus répandu sur une grande partie de l'Europe; on le voit encore dans les pays boisés et montagneux de l'Allemagne, en Prusse, en Hongrie, en Pologne, dans le nord, en Italie, en Suisse, dans le royaume de Naples, et très-accidentellement en France. La population toujours croissante, et le défrichement des terres en Europe, ont fait reculer ce carnassier vers les confins de l'Asie et dans le nord, où on le dit très-nombreux. Il se trouverait aussi en Afrique, si toutefois il est permis d'ajouter foi à l'origine indiquée sur un sujet monté du musée de Paris; le même, n°. 257; qui a servi à la description donnée par M. Geoffroy, *Cat. de mamm.*, pag. 120, esp. 7. Le Lynx poursuit son gibier jusqu'à la cime des arbres. Sa proie ordinaire consiste en petits quadrupèdes et en oiseaux; il attaque les faons de Cerfs et les Chevreuils; il chasse aux Lièvres et aux Perdrix; on dit qu'il suce le sang de ses victimes et leur ouvre la tête pour manger la cervelle, après quoi il l'abandonne pour en chercher une autre. Les pays boisés et montueux sont sa demeure habituelle.

On voit des sujets dans plusieurs collections : les individus mâle et femelle, et deux jeunes, du musée de Vienne, ont été tués en Autriche. Un individu adulte, attaqué de maladie albinos, est conservé dans les galeries du musée des Pays-Bas. J'en ai reçu de Suisse, d'Italie et de l'Allemagne.

(1) Peut-être que la première espèce, ou *Felis cervaria*, se trouve aussi en Amérique; mais aucune preuve certaine ne m'en est connue.

FÉLIS PARDE (1). — *FELIS PARDINA.*

Taille du *Blaireau* d'Europe (Meles taxus), mais plus haut sur jambes; grandeur et forme de notre *Félis bay;* queue courte, mais proportionnellement à la taille, plus longue que dans le *Félis lynx* d'Europe. Des pinceaux bien distincts aux oreilles de grands favoris aux joues, la robe et toute la queue couvertes de mèches noires.

Pelage court; les poils laineux et les poils soyeux de la même longueur. Toutes les parties du corps, la face externe des membres et la base de la queue d'un roux vif et lustré, à peu près de la même teinte que dans le *Caracal.* Tout le pelage est parsemé de mèches ou taches longitudinales d'un noir parfait; ces taches sont un peu plus longues au dos qu'aux flancs et sur les membres; elles sont petites, et rondes à la base de la queue; la nuque est rayée de fines bandes d'un noir parfait; ces lignes noires, disposées sur un fond fauve, couvrent aussi la face; les favoris des joues, formant crinière, ont leur moitié supérieure composée de longs poils fauves et noirs, et leur partie inférieure de poils d'un blanc pur; les pinceaux à la pointe des oreilles sont noirs; les lèvres, le devant du cou, la ligne moyenne du ventre et la face interne des pieds de derrière sont d'un blanc pur.

Dimensions des individus de forte taille, en longueur totale, 2 pieds 7 pouces; de la queue, 5 pouces 3 lignes; distance du bord antérieur des yeux à la pointe du nez, 1 pouce 9 lignes.

Synonymie. Il est probable que M. Oken indique cette espèce

---

(1) Les peaux de ce petit Félis sont bien connues dans le commerce sous le nom de *Lynx de Portugal;* on en voit rarement de grandes cargaisons. La fourrure est peu estimée, à cause du peu de longueur des poils, et probablement aussi, vu le peu de grandeur des peaux et la qualité du pelage. Des négocians m'ont assuré que cette pelleterie leur parvient aussi par le commerce du Levant. On voit très-rarement, sur des milliers de peaux, une seule intacte et propre à être montée pour les collections : la tête et les quatre membres manquent assez ordinairement. Le prix de ces peaux est de 6 à 10 ou 15 francs.

sous le nom de *Lynx pardina*, pag. 1051. — M. Cuvier en fait mention dans l'article du *Lynx* ordinaire, ou *Loup cervier* des fourreurs (1), *Ossem. foss.*, *vol.* 4, *pag.* 441. On le distingue très-facilement à sa petite taille, à ses grands favoris, à son pelage régulièrement tacheté de mèches noires, à la teinte rousse très-uniforme de sa robe, et à sa queue couverte de petites mouchetures noires sans anneaux ni extrême pointe noirs. C'est bien assurément le même animal dont Perrault fait mention sous le nom de LOUP CERVIER, *part.* 1, *pag.* 94, *tab.* 18 et 19, et que MM. de l'académie ont disséqué.

Patrie. Les renseignemens qui m'ont été fournis par les négocians en pelleteries m'ont servi à établir la demeure du *Félis parde* dans les contrées les plus chaudes de l'Europe. Mes *conjectures* sur ce point sont, que cette espèce ou peut-être le Lynx ordinaire des contrées tempérées de l'Europe, peut avoir été exposé dans Rome, aux jeux du grand Pompée. L'espèce se trouve dans les montagnes du Portugal, puisque le commerce reçoit des peaux préparées de Lisbonne, et que M. le baron de Vioménil tua, en 1818, sur les bords du Tage, à dix lieues de Lisbonne, un bel individu adulte, déposé aujourd'hui dans les galeries du musée de Paris. Je soupçonne l'existence de ce Félis en Sardaigne et en Sicile : les Lynx du royaume de Naples et ceux de toute l'Italie, appartiennent à l'espèce du *Félis Lynx* répandue dans les contrées tempérées. Nous devons *conjecturer* encore, d'après les données fournies par le commerce, que le *Félis parde* se trouve aussi en Turquie et dans une grande partie du Levant. Nous manquons de renseignemens suffisans pour admettre son existence sur les côtes de Barbarie.

J'ai vu des pacotilles de ces peaux de Lynx chez les fourreurs de Londres et de Paris; on en voit de montés dans les musées des Pays-Bas et de Paris.

(1) Nous avons dit que ce nom de *Loup cervier* est un terme usité dans le commerce pour désigner collectivement les fourrures de toutes les espèces de Félis à oreilles panachées et à queue courte.

FÉLIS CARACAL (1). — *FELIS CARACAL.*

Moindre que le *Serval;* taille à peu près du *Renard;* queue moitié de la longueur du corps et du cou, terminée en pointe; oreilles longues, terminées par un pinceau de poils aussi long que la conque (2). Pelage sans taches distinctes, mais tacheté dans le jeune âge.

Les poils sont courts et lisses dans les adultes, mais plus longs et un peu cotonneux dans les jeunes; la plus grande partie du corps est d'un fauve isabelle, sans aucun indice de taches chez les adultes, mais marqué le long des flancs de taches un peu plus sombres que le fond du pelage.

La tête est d'une couleur isabelle cendré noirâtre, provenant du mélange de poils noirs et fauves clairs; la partie supérieure et inférieure du cercle des yeux, et le bout de la lèvre supérieure sont blancs; les moustaches naissent dans une tache noire; le reste du bord des lèvres, ainsi que toute la mâchoire inférieure et la gorge, sont d'un blanc pur; le devant du cou est isabelle; toute la nuque, le dos, les flancs, la queue, ainsi que la face externe et antérieure des membres, sont d'un isabelle rougeâtre, plus foncé sur le dos qu'aux flancs et aux membres, mais sans aucune tache distincte; toute la ligne moyenne du ventre et la partie interne du haut des jambes sont d'un blanc pur; la queue est terminée en pointe et elle est parfaitement unicolore. La conque externe de l'oreille naît dans un grand espace noir; sa partie externe est couverte de poils noirâ-

---

(1) C'est le *Lynx des anciens* au sujet duquel on a débité des choses extraordinaires. Pline en a fait un animal fabuleux. Il est connu, dans le Levant, sous le nom de *Gat-el-Khallah*, selon Shaw, voyag. Ces mots, suivant Bruce, signifient, *Chat du désert.* C'est le *Siagoush* des Persans. *Caracal* est un abrégé de *Karakalach*, ou *Noire-oreille* des Turcs. C'est le *Roye-kat* (Chat rouge) des colons du Cap.

(2) Les pinceaux de poils aux oreilles très-longs, souvent en panache courbé, dans l'adulte, ne sont point un caractère propre à servir de moyen de distinction spécifique : les jeunes en sont privés, et c'est dans l'état parfait du pelage que ces pinceaux atteignent une grande longueur.

tres mêlés de quelques poils cendrés, et les pinceaux, très-longs et arqués qui forment l'extrême pointe, sont noirs dans les adultes, mais noirâtres et plus courts chez les jeunes. L'iris des yeux est jaune. Les ongles sont d'un blanc jaunâtre.

Longueur totale de l'adulte, 2 pieds 10 pouces, dont la queue prend environ 10 pouces; hauteur moyenne, 14 pouces; hauteur des oreilles, 2 pouces 5 lignes.

Synonymie. FÉLIS CARACAL, Linn., Gmel., *Syst.* 1, *pag.* 82, *sp.* 18. — Guldenst., *Nov. comm. acad. Petrop.*, *vol.* 20, *pag.* 500. — Thunberg, *Actes de Pétersbourg*, *vol.* 3. — LE CARACAL, Buff., *Quad.*, *vol.* 9, *tab.* 24, d'après un sujet à queue mutilée. — Geoff., *Catal. de mamm.*, *pag.* 118. — *Hist. nat. des mamm.*, avec une figure très-exacte, mais les oreilles et le pinceau mal colorés. — *Encycl. mammal.*, *pag.* 226, *esp.* 352. — Cuv., *Ossem. foss.*, *vol.* 4, *pag.* 439. — *Pl.* 97, *fig.* 2 de *l'Encyclopédie.* — Shaw., *Zool.*, *vol.* 1, *pag.* 374, *tab.* 91. — Schreb., *Saugth.*, *vol.* 3, *pag.* 413, *tab.* 110. — *Le Caracal de Nubie* de Bruce, et de Buff., *Supp.*, *tom.* 3, *pag.* 232, paraît être un jeune Caracal, ou bien un individu tué à l'époque de la mue. *Le Caracal d'Alger,* du même voyageur, et celui de Buffon, *tom.* 3, *pag.* 231, me paraissent être un *Serval* des mieux caractérisés. — *Persian cat.*, Penn., *vol.* 1, *pag.* 305. — Le LYNX DES ANCIENS, *Nouv. Dict. d'hist. nat.*, *vol.* 6, *pag.* 105.

Patrie. Nous savons positivement que cette espèce habite tout le Levant, la Barbarie, une grande partie des côtes occidentales d'Afrique, et la pointe méridionale de cette partie du monde; mais il est encore incertain si le Caracal du Bengale et de toute l'Inde est la même espèce (1). Les individus envoyés du cap de Bonne-Espérance, ceux du Sénégal et ceux de Barbarie n'offrent aucune différence entre eux. Cette espèce chasse en bande de plusieurs individus

(1) Le *Caracal du Bengale*, figuré par Buffon, *Supp.*, *tab.* 45, a la queue beaucoup plus longue que celui du nôtre. Nous n'avons point encore examiné une dépouille de ce Caracal originaire de l'Inde, que nous considérons provisoirement comme une espèce douteuse sur

réunis, poursuit et attaque le gibier à la manière des chiens sauvages ; elle est plus diurne que les autres espèces de Chats, mais elle dérobe aussi sa marche comme ceux-ci, et attaque pendant la nuit les oiseaux et le menu gibier.

Deux individus, l'un du Sénégal et l'autre du cap de Bonne-Espérance, font partie du Musée des Pays-Bas; deux individus provenant de Perse font partie du musée de Vienne; ils ne diffèrent point de ceux d'Afrique. Les sujets du musée de Paris sont du Sénégal.

FÉLIS DORÉ. — *FELIS AURATA.*

Un peu moins grand que le *Caracal* ; queue moitié longueur du corps seulement, une bande brune tout le long de la ligne moyenne de cette queue, dont l'extrême pointe est noire. Oreilles courtes, arrondies, sans pinceaux de poils ; pelage très-court et lustré.

Tout le pelage des parties supérieures, les flancs, la tête et la queue d'un roux-bai très-vif, et sans aucune tache sur les parties supérieures, mais parsemé, tout le long des flancs, de petites taches peu distinctes, et d'une légère teinte plus foncée que le reste du pelage ; parties inférieures d'un blanc roussâtre marqué de grandes et de petites taches d'un brun marron ; la gorge blanche ; les oreilles d'un noir parfait à l'intérieur, et roussâtre en dedans ; les quatre extrémités d'un roux doré ; la partie supérieure de la queue est marquée d'une bande roussâtre, plus foncée que la couleur dominante du pelage ; la fine pointe de cette queue est terminée de noir.

Longueur totale, 3 pieds 4 pouces, dont la queue prend 12 pouces 4 lignes ; hauteur au garrot.

Synonymie. L'espèce n'a point encore été indiquée.

laquelle on attend des renseignemens nouveaux. Un dessin envoyé de l'Inde à M. Cuvier, par M. Duvaucel, semble confirmer l'identité de ce carnassier du Bengale avec notre *Caracal.* Et ce qui rendrait cette réunion encore plus probable, c'est que M. Cuvier dit que le premier Caracal de Buffon avait la queue tronquée.

Patrie. Nous ne savons pas au juste dans quelle partie du globe a été trouvé le seul individu que nous ayons vu. J'en fis l'acquisition à Londres, chez un marchand d'histoire naturelle.

Musée des Pays-Bas.

FÉLIS CHAUS (1). — *FELIS CHAUS.*

Taille du *Felis rufa;* les jambes longues, museau très-obtus, queue un tiers de la longueur du corps et de la tête, oreilles terminées par des pinceaux très-courts ; une bande noire tracée du bord antérieur des yeux au museau.

Pelage long et bien fourni ; le poil laineux très-abondant, et le poil soyeux plus rare mais long et rude.

Le pelage laineux est d'un gris jaunâtre clair, et le poil soyeux brun à bout jaunâtre, ce qui produit une bigarrure grise et jaunâtre. La réunion plus nombreuse des poils soyeux sur la ligne moyenne du dos fait que cette partie a une teinte d'ocre claire ; et que la bande qu'elle forme s'étend des épaules à l'origine de la queue ; la queue est d'une teinte plus grise que les autres parties du pelage, parce que le bout des poils est terminé de cendré clair. L'extrême pointe de la queue est noire, et deux anneaux de cette couleur, mais imparfaitement tracés sur le cendré clair, sont placés à peu de distance du bout. Quatre bandes parfaitement tracées, et d'un brun noirâtre, couvrent la face externe des quatre membres ; une bande plus large occupe la face interne des pieds de devant ; du brun noirâtre colore le fond interne des doigts et la partie postérieure du talon (2). Le bord des lèvres et le menton sont d'un blanc pur ; le reste de la face est jaunâtre, excepté l'espace entre

---

(1) Le nom de *Chaus* a été employé par Pline pour désigner un *Loup cervier*. Guldenstedt applique ce nom à l'espèce du présent article, et M. Geoffroy le transporte, par erreur, à notre *Félis botté* ou *Caligata*. Le vrai *Chaus* porte, suivant Guldenstedt, chez les Tartares, le nom de *Kir-myschak*, *Moesgedu* en Circassie, et *Koschka* en Russie.

(2) C'est le seul caractère qui rapproche la teinte de la robe de ce *Félis chaus* du *Chat botté* de M. Bruce, qui est le *Chaus* de M. Geoffroy.

les yeux et le museau qui est cendré, marqué d'une raie noire; le bout des oreilles, et les petits pinceaux dont leur pointe est terminée, sont d'un noir parfait; la poitrine, le ventre et la face interne des membres sont d'un jaune d'ocre très-clair.

Longueur totale, 2 pieds 8 ou 9 pouces, sur laquelle 8 pouces pour la queue; hauteur moyenne, 14 pouces 6 lignes. Distance du bord antérieur des yeux à la pointe du nez, 1 pouce 9 lignes. On trouve des individus de 3 pieds en longueur totale, et il paraît, par l'examen des peaux, que ce Félis a des dimensions encore plus fortes.

Synonymie. Nous citons seulement ici FÉLIS CHAUS, Guldenst., *Comm. acad. Petrop.*, tom. 20, pag. 483, tab. 14, et le portrait très-fidèle publié par Schreb., *Saught.*, tom. 3, pag. 414, tab. 110, B. Toutes les autres descriptions sous ce nom de *Chaus* doivent être rapportées à notre *Felis caligata*, ou le *Chat botté de Bruce*.

Patrie. Le Chaus, ou Kirmyschak, habite les bords du Nil jusqu'en Nubie. Guldensted dit qu'on le trouve dans les marais et dans les landes boisées près de la mer Caspienne et sur les bords des fleuves qui s'y jettent; on ne le voit point près du Volga, mais il est commun en Perse. Il chasse de nuit, pour surprendre les oiseaux, les petits rongeurs et les poissons; il monte rarement aux arbres, et supporte difficilement la contrainte et la captivité.

J'ai vu, dans le commerce, des peaux plus ou moins mutilées de ce Félis. Le seul individu parfait et bien monté qui existe dans les collections fait partie du musée de Francfort; c'est aux soins de M. Ruppel que cet établissement en doit la possession.

FÉLIS BOTTÉ (1). — *FELIS CALIGATA.*

L'adulte plus fort de taille que notre *Chat sauvage* ; queue beaucoup plus longue et plus grêle ; oreilles longues, pointues, extérieurement d'un roux vif, à pinceaux bruns très-courts ; plante et partie postérieure des pieds d'un noir parfait ; le milieu du ventre et la ligne moyenne du cou et de la poitrine d'un roussâtre clair. Les sexes diffèrent, par les couleurs du pelage, à peu près de la même manière que dans notre Chat sauvage.

Le mâle adulte a une teinte grise bleuâtre mêlée de poils cendrés, et le pelage plus ou moins zébré de noirâtre. La femelle, plus pâle, ou d'un fauve jaunâtre, marqué de raies ondées d'un roussâtre clair. Les jeunes plus distinctement zébrés ou marqués de bandes noires, qui se perdent en raies ondées peu distinctes dans un âge plus avancé. La robe du mâle constamment d'une teinte plus foncée que celle de la femelle.

Pelage des parties supérieures d'un fauve nuancé de grisâtre et parsemé de quelques poils noirs qui sont en plus grand nombre à la nuque et sur la ligne moyenne du dos ; toutes les parties inférieures d'un roussâtre clair. Les cuisses marquées de bandes peu distinctes d'un brun clair ; les oreilles d'un roux vif en dehors, blanches en dedans, et terminées par un très-petit pinceau de poils d'un brun-noirâtre (2). Museau blanchâtre ou fauve, marqué, sur les joues, de deux bandes d'un roux clair ; quelques taches cendrées et rousses au-dessus des yeux. Quelquefois les poils de la barbe et la gorge d'un blanc pur ; le devant des quatre membres d'un fauve ou d'un gris cendré clair ; leur partie postérieure d'un brun noirâtre, ou d'un noir parfait ; la base et la partie supérieure de la queue à peu près de la même couleur du dos ; le dessous blanchâtre, depuis moitié

(1) Connu au cap de Bonne-Espérance sous les noms de *Wilde-kat* (Chat sauvage), ou *Grauwe-kat* (Chat cendré).

(2) Ces pinceaux, dans quelques individus, paraissent à peine au-dessus de l'extrémité des oreilles.

de la longueur jusqu'à l'extrême pointe, qui est noire. Trois ou quatre demi-anneaux vers le bout, séparés par des intervalles d'un blanc plus ou moins pur. Les bandes circulaires aux pieds plus ou moins distinctement marquées ; et les dernières, s'oblitérant dans l'adulte, sont au nombre de deux ou de trois anneaux aux pieds de devant, et de quatre ou de cinq aux cuisses. Des bandes roussâtres ou noirâtres, plus ou moins ondées, plus ou moins distinctes, selon l'âge, servent à donner des nuances différentes à la robe de ce Félis. J'en ai vu à pelage gris roussâtre, gris cendré, brun roussâtre, et même à fond du pelage noir ou brun noirâtre. Mais, quelque puisse être la couleur de la robe, on distinguera facilement l'espèce au roux vif des oreilles, à la forme et à la couleur de la queue, et aux raies noires sur le derrière et au bas des jambes : ce dernier caractère existe aussi dans le *Felis chaus*.

Longueur totale, 3 pieds, dont la queue prend 13 pouces 5 ou 6 lignes. Ceux de taille moyenne ont 2 pieds 6 pouces, dont 11 pouces 8 lignes pour la queue. Les plus forts que j'ai vus ont 3 pieds 3 pouces en longueur totale.

Synonymie. C'est en premier lieu le Lynx botté de Bruce, *Voy.* vol. 5, *pag.* 173; *pl.* 30, figure très-exacte; mais les pinceaux des oreilles un peu trop longs. —Geoffroy, *Catal. de mam.*, *pag.* 119, où cette espèce a été réunie avec le *Felis chaus* de Guldensted. — Felis lybicus, Oliv., *Voy. en Égypte*, *pl.* 41.—Caracal de Lybie, Buff., *Supp.*, vol. 3, *pag.* 232, indication très-exacte. C'est encore ici, et non avec le véritable *Felis chaus* de Guldensted, qu'il faut réunir les indications de MM. Geoffroy, Cuvier et Desmarest de leur Chat appelé par erreur *Felis chaus* : toutes ces descriptions reposent sur l'examen des individus du *Lynx botté* dont Bruce a le premier fait mention, et que les naturalistes mentionnés ont cru devoir réunir au *Chaus* de Guldensted. Nous laissons à ce Félis de Guldensted, très-bien figuré dans Schreber, le nom de *Chaus;* et nous proposons, pour celui de cet article, le nom de *Felis caligata*. Il convient encore de réunir sous ce nom les dépouilles du Chat rapporté du Cap par de Lalande, dont parle M. G. Cuvier, page 437 (1), et, avec quelque doute, ce Chat noir, *Felis undata*, rapporté par Péron, qui mérite un examen plus exact avant de l'admettre, soit comme espèce distincte, ou bien comme simple variété noire de celle-ci. Nous possédons des peaux du *Félis botté*, dont le fond du pelage est noir ou noirâtre, et la face externe de l'oreille d'un roux brun très-foncé.

Patrie. Le nord et le midi de l'Afrique, et les parties méridionales de l'Inde. Très-abondant aux environs du cap de Bonne-Espérance et le long de toute la côte. On le dit très-commun sur toute la côte barbaresque, où il est réputé très-farouche, même plus ou moins à craindre pour le voyageur. Bruce a tué son Lynx botté en Abyssinie; il paraît que l'individu était jeune. M. Geoffroy a rapporté un individu adulte tué dans une des îles du Nil. On dit que ce Félis dévore les charognes et les proies abandonnées par les grands carnassiers. Il chasse aussi au gibier : sa principale nourriture est les pintades; sa manière de vivre, au Cap, est absolument la même que celle de notre Chat sauvage. Il se cache dans les buissons et dans les cavernes, et monte aux arbres. Toutes ses formes tiennent plus du Chat que du Lynx.

Le musée des Pays-Bas possède une série d'individus; le plus grand vient de la baie d'Algoa; un jeune mâle provient du voyage de M. de Lalande. On voit aussi une belle série de ce Chat dans les galeries du musée de Paris; le plus grand est d'Égypte. Trois ou quatre individus ont été envoyés de l'Inde par MM. Diard et Duvaucel; les autres sont du Cap : ceux-ci paraissent plus jeunes que les premiers. Ceux de Pondichéry ont 2 pieds 9 pouces; celui d'Égypte a 3 pieds, et le plus grand de nos individus du Cap a 3 pieds 3 pouces. Les dépouilles arrivent rarement par cargaison; on en voit peu dans les magasins de fourreurs.

(1) Les dépouilles rapportées par feu M. de Lalande sont de jeunes individus; parmi le nombre se trouve un mâle adulte.

FÉLIS CHAT. — *FELIS CATUS.*

Varie plus ou moins par la grandeur, suivant les contrées qu'il habite : ceux du Midi ne sont guère plus forts que le Chat domestique; ceux d'Asie et des vastes forêts du milieu de l'Europe ont une taille beaucoup plus forte; queue grosse; la base et la pointe égales en circonférence, de longueur médiocre, son extrémité aboutit à un pouce de l'omoplate; face externe des oreilles d'un cendré fauve; le poil soyeux très-long; la plante des pieds seulement noire.

Pelage doux, très-long; les poils soyeux rares, mais très-longs; d'un blanc parfait; ceux du corps peints, dans le milieu, d'un anneau noir. Les individus de race franche ont la face d'un roux jaunâtre; autour du museau une bande noirâtre; les moustaches labiales jaunâtres ou blanches; chanfrein brun; la tête grise, marquée de deux raies noires, passant devant et derrière les oreilles; dos, flancs et membres d'un gris foncé, plus ou moins pur, marqué de bandes plus ou moins distinctes, suivant l'âge des individus, toujours plus pâles sur les flancs et presque nulles vers les parties inférieures. Les bandes noires sont réunies ou très-rapprochées sur la nuque et sur le dos, où elles forment une raie longitudinale qui suit la ligne moyenne de cette partie. Une grande tache blanchâtre dessine la poitrine; la ligne moyenne du ventre est aussi de cette teinte; sa grosse queue, de forme obtuse à la pointe, est de la couleur du corps; trois bandes noires, demi-circulaires, couvrent sa moitié postérieure; et l'extrême pointe est noire. L'extrémité des quatre membres est d'un gris jaunâtre; la plante des pieds toujours noire. Ce signalement sert à distinguer le *mâle*.

La femelle est moins forte dans toutes ses dimensions. Tout le pelage est nuancé de cendré, légèrement teint de jaunâtre et quelquefois de roussâtre très-clair; les bandes sont moins distinctes, ce qui fait que les femelles ont en général un pelage gris-blond, et les mâles gris-cendré, plus ou moins varié de bandes et de taches noirâtres. Les jeunes ont les bandes mieux dessinées et plus foncées que dans les vieux; le noir bien marqué de leur pelage disparaît successivement dans la teinte grise du fond de leur robe. Les races croisées avec les Chats domestiques fuyards produisent des individus peints et variés de différentes manières.

Les dimensions de la race franche sont : longueur totale, 2 pieds 8 ou 10 pouces. On voit rarement des mâles de 3 pieds en longueur totale, sur laquelle on compte 1 pied pour la queue.

Synonymie. FELIS CATUS, FERUS, Linn., — Erxleb., — Schreb., *Saught.*, *vol.* 3, *tab.* 107, *A*, le Chat sauvage, et 107 *B*, Chat domestique. — CHAT et CHAT SAUVAGE, Buff., *Quadrup.*, *vol.* 6, *pl.* 1 *et suiv.* COMMON CAT, Penn., *Quad.*, *vol.* 1, *pag.* 295. — WILDE KATZE, Bechst., *Naturges. deutschl.*, *vol.* 1, *pag.* 670.

C'est à notre Chat domestique qu'il faut rapporter l'article descriptif du *Chat du Japon*, de Vosmaer, *Monog.*, *tab.* 13. On a voulu en faire une espèce distincte, sous le nom de *Felis undata*. M. Cuvier le rapporte par erreur à l'espèce du Chat sauvage d'Afrique, dont les caractères essentiels sont : *la face externe des oreilles d'un roux ardent, des pinceaux très-courts à leur bout, la partie postérieure de tous les pieds noire ou noirâtre*. Nous désignons cette espèce sous le nom de *Felis caligata*. M. Cuvier dit que ce Félis est *au moins de la taille du Lynx ordinaire*, ce qu'il faut entendre sans doute, *moitié grandeur du Lynx*; car les dépouilles des Chats rapportées du Cap par de Lalande, les mêmes dont M. Cuvier fait mention, nous sont parfaitement connues. Ce Chat porte, au cap de Bonne-Espérance, le nom de *Wilde-kat* (Chat sauvage), ou *Grauwe-kat* (Chat cendré). L'espèce est un peu plus grande que notre Chat sauvage, et la queue est plus longue. Nous possédons une de ces peaux que M. de Lalande a rapportées, et nous en faisons mention à l'article du *Félis botté* (Felis caligata). De plus amples détails sur ce Chat et sur la synonymie font partie de l'article mentionné.

Il serait superflu d'énumérer toutes les races différentes du Chat domestique. La plupart de ces races diffèrent par la taille, par la longueur ainsi que par la forme de la queue de l'espèce sauvage. Nous avons cru reconnaître une autre origine dans ces animaux réduits à la domesticité : les idées sur lesquelles cette opinion est basée font partie des généralités sur le genre Félis. La race du Chat de Chypre, ou Chat zèbre, à pelage brun-grisâtre, ou bleuâtre-cendré, marqué de nombreuses bandes transversales, et dont les femelles ont un pelage fauve, est celle qui paraît s'éloigner le moins du type sauvage. La race des Chats à poils longs et soyeux, dite d'Angora, est sans doute originaire d'une espèce sauvage qui nous est encore inconnue. A l'exception de ces deux races, et peut-être d'une troisième, ou race tricolore, toutes les autres se ressemblent par la queue longue, un peu grêle et mince vers le bout. L'Amérique ne produit pas de race domestique différente de celle de nos Chats ; le midi de l'Afrique, dont les forêts sont peuplées d'une espèce particulière de Chat sauvage, notre *Félis botté*, voit pulluler nos races européennes de Chats domestiques. Les archipels du midi de l'Asie n'en ont point d'autres, et le Chat domestique, rapporté très-récemment du Japon, ressemble, sous tous les rapports, à ceux que nous nourrissons dans les maisons.

Patrie. Notre Chat sauvage habite en Europe partout où se trouvent de grandes forêts : celles d'Allemagne, et toutes les contrées boisées du milieu de l'Europe, en sont peuplées. Ceux de Hongrie, de Russie et des contrées asiatiques, sont d'une taille plus forte que les nôtres ; leur fourrure est plus fine et plus estimée dans le commerce. On se sert assez généralement des peaux de Chat comme doublure de pelisses, et pour divers autres usages.

FÉLIS GANTÉ. — *FELIS MANICULATA.*

Taille d'un tiers moins forte que notre *Chat sauvage* ; les proportions à peu près les mêmes, quoique sur une échelle moins grande, et à l'exception de la queue qui est plus grêle et plus longue que celle du Chat sauvage. Oreilles sans pinceaux ; la plante des pieds et la partie postérieure du métacarpe et du métatarse d'un noir parfait.

La nature du pelage et la distribution des couleurs, offrent certains rapports avec la robe de nos Chats sauvages femelles, mais la couleur dominante de notre *Chat ganté* a cette teinte grise fauve ou cendrée-jaunâtre, répandue sur la robe du plus grand nombre des mammifères de l'Afrique septentrionale (1). Les poils soyeux sont courts et le poil laineux assez rare.

L'occiput, la nuque, le dos, la face externe des membres et la queue sont d'un cendré jaunâtre nuancé de fauve et de noir, chaque poil étant annelé de ces différentes teintes. C'est par la réunion des poils à pointe noire, que sont produites sur l'occiput et sur la nuque sept ou huit fines bandes noires, arquées; la même cause fait que la ligne moyenne du dos et le dessus de la queue ont une teinte noire, tandis que les flancs, la face externe des quatre extrémités et le dessous de la queue ont une teinte pâle, d'un jaunâtre cendré; deux anneaux noirs sont placés vers la pointe extrême et noire de cette queue; les moustaches labiales et supercilaires sont blanches, mais les plus courtes ont une teinte brune; au-dessus des yeux une tache blanche séparée par une ligne moyenne fauve; le museau, le devant du cou, la poitrine et les autres parties inférieures sont d'un blanc pur, mais la poitrine est faiblement nuancée de fauve; une bande étroite couleur d'ocre va de l'angle postérieur des yeux s'aboutir au-dessous des oreilles; celles-ci sont blanches en dedans et grises à l'extérieur; la plante des pieds et la partie postérieure du métacarpe et du métatarse ont une teinte noire, lustrée; la face externe des pieds de devant porte quatre ou cinq petites bandes

(1) Il est, en effet, remarquable que tous les animaux de l'Égypte, sans en excepter les oiseaux et les reptiles, ont, si je puis m'exprimer ainsi, *une teinte locale.* Les *Chiens*, si nombreux dans ces contrées; les *Antilopes*, les *Gerboises*, les *Mérions*, et plusieurs autres espèces de rongeurs ont un pelage couleur d'ocre fauve, grisâtre ou blanchâtre très-prononcée. Le *Félis bouté* de Bruce, et notre *Félis ganté*, ont une robe peinte de ces couleurs; elles semblent tenir en quelque sorte à la couleur de la terre et surtout du sable des vastes déserts de ces contrées.

T. I.

transversales d'un brun noirâtre, et la face interne, deux grandes taches noires; cinq ou six petites bandes d'une teinte noirâtre sont disposées en anneaux sur les cuisses.

Longueur totale d'une femelle adulte, 2 pieds 5 pouces, dont la queue prend 9 pouces 2 lignes; distance du bord antérieur des yeux à la pointe du nez, 1 pouce 2 lignes; hauteur au garrot, 9 pouces 6 lignes; à la croupe, 10 pouces 9 lignes.

Synonymie. Cette espèce est inédite; elle fait partie des découvertes intéressantes en histoire naturelle de M. Ruppel, qui en a fait l'envoi sous ce nom de *Felis maniculata.*

Nous considérons ce Félis comme l'espèce primordiale ou le type des races de nos Chats domestiques. *Voyez*, sur cette matière, pag. 76 de cette Monographie.

Patrie. L'Afrique septentrionale; trouvé par M. Ruppel, près d'Ambukol en Nubie. Nous n'avons aucune notice sur les mœurs de ce petit Félis. Il est probable qu'on trouvera cette espèce dans quelque contrée du Levant. J'ai vu dans les magasins de pelleteries des peaux de Chats provenant d'une espèce plus petite que la nôtre et différant un peu par les couleurs du pelage. Ces peaux viennent du Levant, et je les juge de la même espèce que notre Félis ganté.

Le musée de Francfort possède une femelle dont j'ai examiné la dépouille; le crâne et les os des quatre membres, m'ont fourni la preuve que cet individu est adulte, même très-vieux.

FÉLIS SERVALIN (1). — *FELIS MINUTA.*

Taille à peu près du *Chat domestique*, queue beaucoup plus courte, moitié de la longueur du corps; oreilles rondes; tour des

---

(1) C'est l'espèce connue à Java sous le nom de *kuwuk*. Elle porte à Sumatra, selon M. Raffles, le nom de *Rimau-bulu;* mais son nom malais, à Java, est *Arimau-kuwuk.*

yeux et le museau blancs ; des raies longitudinales au cou et au dos, de nombreuses taches sur le reste du corps et des membres.

Ce Félis, le plus petit d'entre les espèces dont la robe est tigrée, a le port et les formes de nos Chats domestiques, mais avec une queue plus courte et plus grêle, et des oreilles plus petites, placées à une plus grande distance des yeux ; la fourrure est douce et le poil assez long. Le pelage des parties supérieures, la tête, le cou, la face externe des membres et la partie supérieure de la queue sont d'un fauve brun-clair, moins foncé sur les flancs, où le fauve prend un ton cendré ; toutes les parties inférieures, la face interne des membres et le dessous de la queue sont blancs ; sur la fourrure des parties supérieures se dessinent des bandes et des taches d'un noir plus ou moins teintes de brun, le noir formant quatre lignes étroites et parallèles qui s'étendent du front aux épaules ; le long de l'épine se trouvent aussi quatre bandes parallèles, très-étroites, souvent entrecoupées et formant alors une série de taches longitudinales, qui sont toujours noires ; à quelque distance de la ligne moyenne du dos se trouvent quatre ou cinq rangées de petites taches d'un brun noirâtre, disposées assez symétriquement et à peu près à égale distance les unes des autres : ces taches sont plus rondes et moins grandes aux cuisses que vers les épaules ; elles sont surtout très-petites à la partie supérieure de la queue, qui en porte jusqu'à son extrémité ; les régions du métacarpe et du métatarse n'ont point de taches ; aux parties inférieures on remarque un croissant noirâtre qui entoure la gorge, et trois autres moins distincts sur le cou ; le ventre est marqué de trois rangées de grandes taches noirâtres, mais l'abdomen et le dessous de la queue en sont dépourvus ; à la face interne des quatre extrémités se trouvent deux ou trois bandes transversales noires sur le fond blanc du pelage ; les lèvres, les côtés du nez, le coin de l'œil et la partie externe de l'oreille sont marqués d'une tache blanche.

Les jeunes ont le pelage un tant soit peu plus roussâtre que les vieux, les taches sont moins bien marquées et ne sont point si régulières ; la fourrure de la femelle est toujours d'une légère teinte plus claire que celle des mâles; elle a la queue un peu plus courte.

Longueur totale, 2 pieds, dont la queue mesure 8 pouces 4 ou 6 lignes; hauteur, entre les 8 et 9 pouces; distance du bord antérieur des yeux à la pointe du nez, 1 pouce 1 ligne.

Remarque. J'ai eu vivans pendant environ deux ans, une paire de ces jolis petits Chats; les procédés les plus doux n'ont pu leur faire abandonner leur naturel farouche; toujours blottis et cachés dans le coin le plus obscur de leur cage, la faim seule était capable de les attirer; ils se précipitaient alors sur la viande et déchiraient promptement les petits quadrupèdes et les oiseaux; ils tâchaient aussi de s'élancer à la figure des personnes qui se présentaient à leur cage, mais ils se retiraient incontinent dans leur coin en soufflant continuellement à la manière des Chats; leur pupille, très-mobile et capable de se dilater beaucoup, est ronde. Ce que j'ai pu observer de ces deux Chats, s'accorde avec le témoignage de M. Horsfield (1), qui dit que ces animaux, vivant dans les grandes forêts de l'île de Java, se cachent dans les creux des arbres pendant le jour, et ne sortent de leurs retraites qu'à la nuit, lorsqu'ils se mettent en quête de la volaille dans les habitations voisines des forêts. — Si j'ai donné un autre nom à ce Chat que celui de *Felis javanensis* (2), sous lequel M. Horsfield en a publié la description, c'est que, de nos jours, il ne convient plus de suivre cette manière excessivement vicieuse que les naturalistes anciens nous ont transmise, d'emprunter pour dénomination des animaux, les noms de pays, d'îles ou de contrées, puisqu'il est rare qu'une espèce se trouve confinée dans les limites de nos divisions géographiques (3). J'aurais désiré pouvoir changer également tous les anciens noms d'animaux formés

(1) *Zoological researches in Java*, number 1.

(2) On trouve à Java, outre ce très-petit Chat, encore trois et peut-être quatre espèces différentes de Tigres, auxquels les noms de *Felis javanensis* ou *javanicus* conviendraient également.

(3) L'espèce de cet article sert de preuve nouvelle pour constater ce que nous avançons; elle ne se trouve point exclusivement à l'île de Java, mais aussi dans celle de Sumatra.

ainsi, mais la crainte de donner matière au malentendu et d'embrouiller la classification par la multiplicité des noms, m'a fait adopter ces indications de pays pour toutes les espèces inscrites dans les systèmes. Le nom de *Chat servalin* dont j'ai fait choix pour cette espèce, lui a été donné vu sa ressemblance, quoique en diminutif, avec le *Serval* d'Afrique.

Synonymie. Celle-ci se borne au nom de FELIS JAVANENSIS, Horsf., *Zool. Researc. in Java*, numb. 1, avec une figure qui donne une fausse idée de la pose de l'animal; l'enluminure en est peu exacte. Le même auteur en fait un double emploi dans l'ouvrage cité, *numb.* 2, sous le nom de *Felis sumatrana*, figure parfaite de l'adulte, bien dessinée et exactement enluminée. J'ai vu à Londres les deux sujets sur lesquels reposent ces figures; douze dépouilles reçues de nos voyageurs, deux individus vivans, et les sujets du musée de Paris servent à prouver l'identité de ces deux espèces nominales. *Felis javanicus*, Cuv., *Annal. du Musée*, vol. 14, pag. 159, n°. 26, avec une notice très-succincte.

Peut-on rapporter provisoirement à cette espèce les indications du BENGAL-CAT de Penn., *Quad.*, tom. 1, pag. 292, et Shaw, *Gen. Zool.*, vol. 1, part. 2, pag. 361 ? — *Felis undata*, *Encycl. mamal.*, repose sur une donnée vague de ce Chat, rapporté de Java par M. Leschenault. Ce n'est point le Chat sauvage du Japon de Vosmaer, *tab.* 13.

Patrie. Les îles de Java et de Sumatra. Dans celle de Java on connaît l'espèce sous le nom de *Kuwuk*. Elle se nourrit principalement d'oiseaux; mais, dans la disette, elle se jette aussi sur les charognes. En suivant les indications de Pennant et Shaw, on peut en induire que l'espèce vit aussi au Bengale; je n'en saurais donner la garantie : du temps de Pennant on s'embarrassait peu de connaître au plus juste la patrie des animaux, et l'ouvrage de Shaw est la plus servile compilation qu'on connaisse. L'existence de cette espèce dans l'Inde n'est pas constatée : la patrie a pu être mal indiquée.

Le musée des Pays-Bas possède une belle série de ce Félis, en individus montés et en squelettes. Les sujets du musée de Paris ont été rapportés de Java par MM. Leschenault, Milbert et Diard. Musée de la Compagnie des Indes à Londres et musée de Vienne.

DEUXIÈME SECTION.

COMPOSÉE DES FÉLIS DU NOUVEAU MONDE.

FÉLIS COUGUAR ou PUMA (1). — *FELIS CONCOLOR et DISCOLOR.*

Taille environ d'un tiers moindre que le Lion, ou de celle d'une petite Lionne; membres plus grêles; tête ronde, museau un peu obtus et large; queue moitié longueur du corps et de la tête, sans flocon à son extrémité; point de crinière; pelage marqué de grandes taches pleines, peu distinctes, et qui se voient sous certains jours; ils disparaissent avec l'âge.

Pelage doux très-serré sur le corps et aux membres, roussâtre ou mélangé de roux et de noirâtre, avec des taches pleines d'un roussâtre un peu plus foncé, qui se distinguent difficilement. Toutes les parties supérieures d'un roux sombre, qui résulte de poils roux à bout noir, et qui est plus foncé sur le dos, la tête et le dessus de la queue, que sur les côtés; le ventre est d'un roux pâle; la poitrine, la face interne des cuisses et des jambes sont d'un blanc roussâtre; la mâchoire inférieure et la gorge entièrement blanches. L'intérieur de l'oreille est blanchâtre et l'extérieur noir; excepté le petit lobule externe, qui est gris roussâtre; il y a beaucoup de gris dans les poils de la tête; les moustaches sont blanches, et elles naissent d'un espace noirâtre; le bout de la queue est noirâtre. Les taches rondes, plus ou moins grandes et plus ou moins distinctes, selon l'âge des individus, existent en plus grand nombre aux cuisses que sur les autres parties du corps, où elles

---

(1) C'est le *Cuguacuarana* des Brasiliens, selon Marcgrave, et le *Gouazouara* du Paraguay, selon d'Azara. Aussi *Yagouapita* ou *Yagouati*.

sont moins rapprochées. Les sexes ne se distinguent point par leur robe.

Longueur totale des adultes, 5 pieds 2 ou 5 pouces, rarement 5 pieds; la queue a le plus souvent 1 pied 8 ou 10 pouces, rarement 3 pieds.

Synonymie. Felis concolor et discolor, Linn., Gmel., *Syst.* 1, *pag.* 79, *sp.* 9 *et* 12. — Le Couguar, Buff., *Quadrup.*, vol. 9, *tab.* 59, figure exacte, mal rendue dans l'enluminure, par Schreber, *Saugth.* vol. 3, *tab.* 104, qui l'a recouverte d'une couleur beaucoup trop sombre. Le Felis discolor du même compilateur, *tab.* 101, *b.*, a été calqué sur la figure publiée par Pennant, sous le nom de *Black-tiger*, *vol.* 1, *tab.* 58 : cette figure de Schreber, enluminée d'après la description, ressemble un peu plus au Couguar que la précédente. Ce Chat est parfaitement peint dans les Mammifères publiés par MM. Geoffroy et F. Cuvier, sous ce même nom de *Couguar* femelle. — Couguar de Pensylvanie et Couguar noir. Buff., *supp.* 3, *pl.* 41 *et pl.* 42. Gouazouara d'Azara. *Quadrup. du Paraguay*, vol. 1, *pag.* 133. Voyez encore aux articles *Couguar*, Cuv., *Annal. du Mus.*, *vol.* 14, *pag.* 142.—Id., *Regn. Anim.*, *vol.* 1, *pag.* 161, et *Nouv. Dict. d'Hist. Nat.*, *vol.* 6, *pag.* 90.

Patrie. L'espèce paraît répandue dans toutes les contrées des deux Amériques, elle est plus commune dans les parties méridionales. On est parvenu à faire disparaître ce Chat des pays civilisés, sa présence dans les contrées peuplées devient de plus en plus rare. Il se cache dans les broussailles sans fréquenter les cavernes, comme le *Jaguar*. Il grimpe aux arbres et n'attaque point l'homme ; son naturel est timide ; mais on le dit féroce et cruel dans ses rapines contre le menu bétail et les jeunes animaux, sur lesquels sa férocité sanguinaire exerce le plus de ravages ; il tue sans besoin pressant de la faim, et dans le seul but de lécher et de s'abreuver du sang des victimes. C'est, selon d'Azara, un carnacier des champs, tandis que le Jaguar habite les forêts.

M. G. Cuvier analyse de la manière la plus lumineuse, les emplois multipliés du *Couguar* ou *Puma*; nous renvoyons à son texte, *Ossemens fossiles*, nouv. édit., tom. 4, pag. 411 et suivantes.

Le musée de Paris possède une belle série de Couguars montés et en squelettés; nous possédons une femelle adulte dans celui des Pays-Bas, et le musée de Vienne un mâle.

FÉLIS JAGUAR (1). — *FELIS ONCA.*

Taille d'une petite lionne, mais plus bas sur jambes; proportions épaisses et lourdes; queue moitié longueur du corps et de la tête; formes trapues; museau obtus; couleur du pelage jaunâtre clair; les taches bordées ou en œil très-grandes, distantes dans le mâle, plus rapprochées chez la femelle; toutes, ou bien le plus grand nombre, marquées à leur centre d'une petite tache noire; le bout de la queue noir. *Voyez* le crâne, Cuv., *Ossem. fos.*, nouv. édit., tom. 4, pl. 34, fig. 3, 4, les figures, 7 et 8 sont d'un Jaguar noir, probablement plus jeune.

Pelage court, serré, un peu plus long aux parties inférieures. Tout le fond du pelage est jaunâtre, teint de fauve clair; des taches noires, pleines et de formes variées couvrent la tête, les membres, la queue et les parties inférieures; de grandes taches fauves, bordées de noir, ou en roses, occupent la partie supérieure du cou, le dos et les côtés du corps; celles-ci sont plus grandes que dans aucune autre espèce connue, mais peu nombreuses; elles ont une forme plus ou moins arrondie, et quelques-unes ont un ou deux points noirs dans leur milieu; on voit aussi de ces taches en roses sur les épaules, mais leur forme est toujours régulière. Au milieu du dos, et dans le sens de la colonne épinière, les taches sont étroites, longues et pleines ordinairement; les plus petites taches sont sur la tête et sur les bras; celles des cuisses, du ventre et de la queue sont plus grandes, et

---

(1) De *Yagoua-été*, *Yagouar été* ou *Yagoua-para*. Noms sous lesquels ce Tigre est connu dans l'Amérique méridionale. *Onca pintada* des colons Brasiliens, selon le prince de Neuwied,

l'on en voit d'allongées à la face interne et supérieure des jambes de devant et de celles de derrière. Toutes les parties inférieures du corps, le ventre, le bord antérieur des cuisses, la face interne des membres antérieurs, la poitrine, le cou, la gorge, le dessous des mâchoires, la conque de l'oreille intérieurement et le bout du museau sont blancs; les taches sont généralement moins nombreuses sur ces parties que sur celles qui sont jaunes. Le derrière des oreilles est noir avec une tache blanche; la commissure des lèvres l'est également, ainsi que le bout de la queue et trois anneaux qui entourent cet organe à son extrémité.

On trouve des individus dont le pelage varie plus ou moins par le nombre des taches pleines et par celles en rose, qui se trouvent plus serrées. J'ai lieu de croire que ce sont les femelles. Nous en avons vu à cinq anneaux à la queue et avec des taches en rose sur la partie supérieure de ce membre. Les jeunes ont le pelage moins serré et plus long sur tout le corps; les grandes taches en rose sont moins prononcées, mais elles sont toujours beaucoup plus grandes dans les jeunes *Jaguars* que chez les *Léopards* très-vieux.

Var. A. Jaguar noir ou le *Jaguarète* de Marcgrave. *Brasil. pag.* 235. — Pison, *Ind.*, *pag.* 103; et Felis nigra d'Exleb. *Voyez* aussi d'Azara., *Parag.*, *vol.* 1, *pag.* 116. Il est d'un noir à nuance châtain très-foncé; les taches œillées sont plus noires encore et paraissent bien distinctement par certains effets du jour; les parties inférieures sont d'un châtain cendré. Cette variété, quoique aussi rare que les variétés noires du Léopard et de la Panthère, se trouve accidentellement dans les contrées où habitent les Jaguars à couleur ordinaire. *On dit* avoir trouvé des peaux de Jaguar provenant d'individus albinos.

Longueur totale, 6 pieds 10 pouces et jusqu'à 7 pieds, dont la queue porte 2 pieds 2 ou 4 pouces; hauteur moyenne, 2 pieds 6 pouces.

Synonymie. Felis Onca, Linn., Gmel., mais point le *Felis Onca*, figuré sous ce nom dans Schreb., *Saugth.*, *tab.* 102, très-mauvaise figure du *Chati* (Felis mitis) de M. F. Cuvier. —Felis Panthera, Buff., *tom.* 9, *pl.* 12, avec une figure exacte de la femelle du Jaguar sous le faux nom de *Panthère femelle.* Cette planche calquée par Schreb., *Saugth.*, *tab.* 99, est assez bien enluminée. —Le Jaguar, Geoff., *Ann. du mus.*, *vol.* 4, *pag.* 94. — *Encyclop. mamm.*, *pag.* 219, *et pl.* 92, *fig.* 2, sous le faux nom de Panthère. Ce n'est point le *Jaguar* de Buffon, *tom.* 3, *pl.* 18, ni celui sous le nom de *Jaguar de la Nouvelle-Espagne*, id., *pl.* 39, qui sont l'un et l'autre des portraits du *Felis pardalis* ou de l'*Ocelot*; deux indications que M. Desmarest, *Encyclop. mamm.*, *pag.* 221, rapporte mal à propos à son *Felis mitis* qui est le *Chati* de M. F. Cuvier, et point le *Chibigouazou* de d'Azara, autre erreur commise dans ce même article ; car le *Chibigouazou* doit être rapporté à notre *Ocelot* (Felis pardalis). —Les seules bonnes figures de ce tigre ont été publiées par MM. Geoffroy et F. Cuvier, *Mammalogie lithogr.*; les portraits du mâle et de la femelle ne laissent rien à désirer. —C'est le Jaguarète ou Yagouareté de d'Azara, *Paraguay*, *vol.* 1, *pag.* 114, mais les synonymes faux. —Brasilian Tiger, Pennant, *Quad.*, *édit. in-*4°, *pag.* 286, *tab.* 57, figure au-dessous de la critique. *Voyez* aussi l'article *Jaguar*, Cuv., *Ossem. fossil.*, *nouv. édit.*, *vol.* 4, *pag.* 417; dans le commerce on le nomme improprement, *Grande Panthère des fourreurs.*

Patrie. L'Amérique méridionale, car il n'existe point de données positives de son existence dans le Nord. Habite les forêts marécageuses, traverse à la nage et portant ou traînant sa proie, avec laquelle il traverse les plus grands fleuves. Il monte aux arbres pour y guetter sa proie ; il craint l'homme et l'attaque rarement ; sa rapine s'exerce sur le bétail et sur les animaux domestiques. Il s'avance rarement dans les champs découverts. Ses mouvemens n'ont pas la souplesse et la légèreté de ceux du Lion et du Tigre royal ; il est moins docile en captivité, et ne montre point d'attachement à ceux qui lui donnent des soins.

Le musée de Paris possède une belle série de Jaguars montés, et les squelettes. Des individus du Brésil font partie des musées des Pays-Bas et de Vienne. Une variété à pelage noir ou châtain très-foncé se trouve dans le musée de Paris, et le prince de Neuwied en conserve une rapportée de ses voyages au Brésil.

FÉLIS JAGUARONDI (1). — *FELIS JAGUARONDI.*

Forme svelte et allongée ; tête très-petite ; chanfrein bombé et proéminent ; oreilles courtes et arrondies ; queue de la longueur du corps, son extrémité aboutit vers le milieu du cou.

Pelage court, ras, le plus habituellement noir et annelé de noir et de gris clair à la pointe ; ou bien d'un noir légèrement roussâtre et annelé de la même manière, toujours plus noir dans l'adulte, et le pelage d'une légère teinte roussâtre dans le jeune âge.

Dans un individu des galeries du musée de Paris, la tête, le dessous du corps et le devant des jambes ont plus de blanc, et paraissent plus cendrés que le reste; la croupe et la queue sont au contraire entièrement brun-noir et sans blanc. Les individus de forte taille ont en longueur totale 4 pieds 4 pouces ; la queue seule prend 1 pied 10 pouces ; hauteur au garrot, 12 pouces 6 lignes ; à la croupe, 14 pouces ; distance du bord antérieur des yeux à la pointe du nez, 1 pouce 3 lignes.

Synonymie. FELIS JAGUARONDI, Lacépède, *OEuv. de d'Azara, atlas, pl.* 10. —Ejusd., *Hist. des quad. du Parag.*, vol. 1, pag. 171, figure parfaite. —Geoff., *Catal. mamm.*, pag. 124, esp. 18. —LE JAGUARONDI, Cuv., *Ossem. fossil.*, nouv. édit., pag. 438. —*Encycl. mammal.*, pag. 230, esp. 361.

(1) C'est l'*Yagouarondi* des habitans du Paraguay; le *Gato murisco* ou *Hyrara*, selon le prince de Neuwied. Le *Félis unicolor* dont il est fait mention, *Mem. of the Wernerian soc.*, vol. 3, pag. 170 (voyez *Bullet. des Sciences*, janvier 1825, pag. 99), paraît basé sur un genre de cette espèce.

Patrie. Il habite seul ou avec sa compagne les bords des forêts, les buissons, les ronces et les fossés, sans s'exposer dans les endroits découverts. Il grimpe aux arbres avec facilité, vit d'oiseaux, de sarigues, de rats et autres petits animaux. Il s'apprivoise facilement. On le trouve au Paraguay, et c'est l'espèce la plus commune de Chat dans les contrées de la Guyane; les peaux arrivent des colonies de Surinam et d'Essequebo, mais ne servent à aucun usage régulier en pelleterie. Les sujets de Surinam sont les plus grands que j'aie vus.

Le musée des Pays-Bas possède un jeune, âge moyen, du Paraguay, provenant du musée de Paris; les autres sont de Surinam. On voit un bel individu dans le musée de Paris, un autre à Francfort; à Vienne, une femelle rapportée du Brésil.

FÉLIS A VENTRE TACHETÉ. — *FELIS CELIDOGASTER.*

Taille du *Renard* d'Europe; face large obtuse; queue un peu plus courte que la moitié de la longueur du corps et de la tête; oreilles médiocres; moustaches labiales noires, à pointe blanche; toutes les parties inférieures marquées de grandes taches rondes.

Le pelage est court, lisse et très-doux; tout le fond de la robe est d'un gris uniforme couleur de souris, marqué de taches pleines d'un brun couleur chocolat; les taches pleines, disposées le long de l'épine dorsale, ont une forme un peu oblongue, les autres sont rondes; de petites taches brunes sont disposées sur les joues et sur les lèvres dont le fond est blanchâtre; six ou sept rangées de bandes brunes, demi-circulaires, couvrent le fond grisâtre de la poitrine; toutes les parties inférieures du corps et la face interne des quatre membres sont d'un blanc pur, symétriquement tacheté de grandes plaques rondes d'un brun chocolat; deux bandes de cette couleur couvrent la face interne des pieds de devant et forment quatre bandes semblables sur celle des pieds postérieurs; la queue est d'un brun foncé, irrégulièrement tachetée de brun plus clair; la face externe des oreilles est noire; les ongles sont blancs.

Largeur totale prise *sur un sujet unique,* 3 pieds 3 pouces; la queue seule prend 13 pouces; distance du bord antérieur des yeux à la pointe du nez, 1 pouce 6 lignes; hauteur au garrot, 12 pouces 6 lignes.

Synonymie. L'espèce paraît être inédite. Il sera facile de la reconnaître au pelage gris de souris marqué de taches pleines, couleur chocolat, et surtout aux taches très-foncées des parties inférieures, d'un brun chocolat, très-rapprochées et placées sur un fond blanc pur.

Patrie. Cette espèce a été rapportée, *dit-on*, des côtes du Chili ou du Pérou; elle a vécu à la ménagerie d'Exeter-Change à Londres; sa dépouille a été placée dans le cabinet de M. Bullock à Londres; j'en fis l'acquisition à la vente de cette collection. L'individu mentionné fait aujourd'hui partie du musée des Pays-Bas.

FÉLIS BAI (1). — *FELIS RUFA.*

Taille du *Renard* d'Europe; à peu près de la même grandeur que notre *Félis parde*; queue courte, grêle; des favoris très-courts aux joues; pelage ondé et rayé dans toutes les saisons; roussâtre en été et brun cendré en hiver; de petits pinceaux aux oreilles, difficiles à distinguer dans l'époque des mues; queue très-grêle.

Pelage d'hiver. D'un fauve cendré légèrement roussâtre; le feutre ou poil laineux, dans toutes les saisons d'un roux clair; le poil soyeux plus long en hiver qu'en été; en hiver, annelé de gris et

(1) *Bay-cat* est le nom que porte ce Félis dans tous les États-Unis; il me paraît plus caractéristique que celui de *Loup cervier*, terme de pelleterie, que l'on donne assez généralement à toutes les fourrures de *Lynx*, sans distinction d'espèce ou d'origine. Notre *Félis lynx*, d'Europe, est à la vérité plus roux que la petite espèce des États-Unis à laquelle on a donné le nom de *Félis rufa;* mais il aurait été mal vu de changer le nom sous lequel il est aujourd'hui généralement connu. Nous laissons le nom de *Félis cervier* à la grande espèce marquée de taches d'un noir plein, dont les peaux nous arrivent de Russie, et qui sont très-estimées dans le commerce. Les peaux du *Félis bay* de l'Amérique septentrionale arrivent par grandes pacotilles, et sont peu estimées; quoique plus petites, elles passent dans le commerce à peu près au même taux que les peaux du *Félis lynx* d'Europe.

de noirâtre, et terminé de blanchâtre; des favoris très-courts aux joues, ces favoris marqués de lignes brunes; du blanc aux lèvres et à l'entour des yeux. Pelage supérieur et face externe des membres d'un cendré roussâtre, marqué de points très-petits et de stries très-fines et peu distinctes, d'un brun noirâtre; gorge blanche; les autres parties inférieures et la face interne des membres d'un blanc marqué de taches noires. Queue grêle, terminée par deux ou trois anneaux imparfaits, et d'un noir plein : blanche en dessous et à l'extrême pointe. Oreilles noires à l'extérieur, avec une tache blanche très-marquée au milieu, et qui est souvent un peu lustrée.

Pelage d'été tirant au roux bai; les poils soyeux étant moins longs dans cette saison, et ne se trouvant point terminés de gris blanchâtre, il s'ensuit que la pointe rousse des poils laineux, qui ne sont plus cachés par les soyeux, fait que toute la robe présente une teinte roussâtre plus générale et plus prononcée qu'en hiver; les taches brunes noirâtres sont plus marquées dans cette saison, et la ligne noire du milieu du dos est mieux tracée; les favoris et les pinceaux des oreilles sont un peu plus courts et on les distingue à peine dans cette saison. — On peut signaler la couleur générale du pelage, d'un brun cendré foncé ou d'un roux grisâtre, toujours assez bien marqué le long de l'épine dorsale par une bande noire unique, ou bien par deux ou trois bandes contiguës; de fines bandes ondées et en zigzags couvrent les flancs et les jambes; la queue grêle, à anneaux imparfaits, terminée de noir, mais à pointe extrême blanche; le dessous de la queue et la ligne moyenne de toutes les parties inférieures d'un blanc pur.

Ce Félis varie encore suivant les contrées plus ou moins froides où il est répandu. Les peaux qui arrivent du nord des États-Unis sont plus fournies par l'abondance et la longueur du feutre; mais aussi remarque-t-on moins distinctement sur ces peaux les petites taches, les ondes et les stries. Ce pelage varie encore par le fauve cendré plus ou moins décidé, ou par des nuances de fauve roussâtre parsemé de petites taches noires et de petites stries brunes, plus ou moins grandes, plus ou moins distinctes. Il est certain que les individus très-fourrés ont les taches moins distinctement prononcées que ceux à pelage plus court et plus lisse. —Des milliers de peaux d'une même cargaison diffèrent souvent par des nuances et par des qualités qui servent à former les assortimens usités dans le commerce, et font varier les prix de cette fourrure. Un *Felis rufa* qui a vécu pendant plusieurs années dans notre ménagerie m'a fourni les observations sous le rapport des différentes teintes du pelage. Je n'ai pu trouver de différence bien tranchée entre les crânes du *Felis rufa* des États-Unis, et ceux du *Felis lynx* d'Europe; les couleurs du pelage, l'habitation éloignée des espèces, mais surtout la différence très-marquée de taille servent à distinguer ces deux Félis.

Les dimensions des individus de forte taille sont, en longueur totale, 2 pieds 10 pouces, dont la queue porte 5 pouces : hauteur au garrot, 14 pouces ; à la croupe, 15 pouces 6 lignes ; distance du bord antérieur des yeux à la pointe du nez, 1 pouce 8 lignes. Les individus de taille moyenne ont de 2 pieds jusqu'à 2 pieds 4 pouces.

Synonymie. FELIS RUFA, Guldensted, *Act. Petr.*, *vol.* 20, *pag.* 499.— Schreb., *Saugth.*, *vol.* 3, *pag.* 412, *tab.* 109, *B.*, figure calquée sur celle de Pennant, et très-mal enluminée. Les raies aux joues sont ridicules ; la seule queue est caractéristique. — Cuv., *Ossem. fossil.*, *nouv. édit.*, *vol.* 4, *pag.* 443.—FÉLIS CHAT CERVIER; *Encycl. mammal.*, *pag.* 225, *esp.* 347, *et tab.* 96, *fig.* 3, sous le nom de *Chat brun*; calque de la figure de Pennant. —Il faut probablement classer ici la figure, citée, à ce que je crois, nulle part, du *Lynx du Mississipi*. Encyclop., *pl.* 98, *fig.* 2. — CHAT A VENTRE TACHETÉ, Geoff., *Catal. des mamm.*, *pag.* 121, *esp.* 9. — BAY-CAT, Penn., *Quad.*, *vol.* 1, *pag.* 303, *tab.* 60.

J'ai vu à Londres, dans la collection rapportée du Mexique par M. Bullock, un Félis que je crois devoir classer avec le *Félis bai*; mais, n'ayant pu établir de comparaison (1), il me paraît plus pru-

(1) Ceux qui veulent décrire les Chats sur des individus isolés, seront sans cesse exposés à multiplier les espèces. Il faut avoir vu un très-grand nombre de dépouilles, et s'être adonné à des recherches et à des comparaisons souvent renouvelées, pour émettre une opinion sur la

dent de le signaler aux naturalistes sans l'admettre comme espèce.

Taille et formes du *Félis rufa*, des pinceaux très-courts aux oreilles ; pelage touffu et long, d'un roux jaunâtre à la base, gris dans le milieu et brun au bout ; ces différentes couleurs donnent à la robe une teinte cendré roussâtre ; une large bande unique et noirâtre sur la ligne moyenne du dos, depuis les épaules jusqu'à l'origine de la queue ; point de taches ni aucune raie sur le reste du pelage ; un cercle noir, très-peu large, entoure la queue dont l'extrême pointe est noire ; l'espace très-étroit entre ce cercle et le bout noir d'un roussâtre clair ; la face interne des membres et le dessous du corps blanchâtres ; les sourcils, les lèvres et les moustaches d'un blanc pur.

Patrie. Notre *Félis bai* habite les États-Unis, mais ne se trouve point au Canada. Ses mœurs ne sont point connues ; ses dépouilles forment une branche très-lucrative du commerce de pelleteries.

Le musée de Paris possède sept individus qui diffèrent plus ou moins par les nuances du pelage. On voit dans le musée des Pays-Bas le squelette et des dépouilles montées de cette espèce. On conserve un bel individu dans le musée de Francfort.

FÉLIS OCELOT (1). — *FELIS PARDALIS*.

Taille à peu près du Lynx d'Europe, mais moins haut sur les jambes ; queue moitié longueur du corps et de la tête ; aux flancs, de longues bandes encadrées partant du garrot et aboutissant sans interruption aux cuisses.

Pelage court, ras, lisse, dans l'adulte ; plus frisé et touffu chez les jeunes. Le fond en dessus d'un jaune un peu doré toujours plus

---

différence spécifique de ces animaux, si difficiles à distinguer les uns des autres. Je sollicite les compilateurs, toujours si empressés d'ajouter une espèce de plus à leur catalogue, de ne point admettre celle-ci avant que des observations nouvelles en aient pu fixer les caractères.

(1) C'est le *Flacoozlotl*, *Flatlauhqui-ocelotl* d'Hernandez, *Hatco-ocelotl* des Mexicains, le *Chibi-gouazou* (grand Chat) du Paraguay, selon d'Azara, ou bien *Mbaracaya-gouazou*. Quelques Espagnols le nomment *Onoe*.

foncé que le pelage des deux espèces suivantes. Une ligne noire s'étend de chaque côté depuis les narines jusqu'à l'angle antérieur des yeux, et continue sur la tête jusque vers l'occiput à côté de l'oreille; de petites taches noires, disposées symétriquement entre ces deux bandes, sur le front et sur la tête; d'autres petites taches noires et rondes à l'endroit où naissent les moustaches; deux raies le long des côtés de la mâchoire inférieure, l'une au-dessus de l'autre; la supérieure aboutissant à l'angle postérieur de l'œil, l'inférieure ayant en avant deux branches, dont celle de dessous est dirigée vers la gorge; quatre bandes longitudinales sur le dessus du cou, ayant du fauve jaunâtre dans leur milieu, et les deux externes courbées en en bas; une petite raie noire entre les deux bandes du milieu; une raie noire pleine, le long du dos, s'étendant jusqu'à l'origine de la queue, et de chaque côté de laquelle est une file parallèle de taches noires, pleines et ovales d'environ un pouce de longueur; deux autres bandes aussi parallèles, composées de figures ovales, d'un fauve jaunâtre et bordées de noir; une ou deux bandes continues de plus d'un pouce de largeur sur les flancs, s'étendant depuis la partie antérieure de l'omoplate jusqu'aux cuisses, étant bordées sans interruption d'un encadrement noir; de petites taches ovales et pleines sont distribuées sur la partie antérieure des épaules et des cuisses, ainsi que sur la face externe des quatre membres; partie inférieure du cou, marquée de bandes en croissans; les autres parties inférieures tachetées de noir sur un fond blanc; queue de la couleur du corps, marquée de taches noirâtres, beaucoup plus grandes vers son extrémité qu'à son origine.

Longueur totale 4 pieds, quelquefois 2 ou 3 pouces de plus, la queue seule 14 ou 15 pouces. J'en ai vu à dimensions moindres, mais rarement plus grandes. Nous avons des jeunes d'un pied en longueur totale, et de 2 pieds 10 pouces.

Synonymie. Le FELIS PARDALIS de Linné est un composé de notre *Chibigouazou* ou *Ocelot*, et de l'*Oceloïde* (Felis macroura). Nous savons de reste que le nom de *Pardalis* a été donné par les anciens à notre *Léopard* (Felis Leopardus). C'est le Chat Ocelot, Geoff., *Catal. des mamm.*, *pag.* 122, *esp.* 10. — *Encycl. mammal.*, *pag.* 222, *esp.* 343, *tab.* 93, *fig.* 2, calquée de même que celle de Schreber sur la figure des OEuvres de Buffon, *vol.* 13, *pl.* 35 et 36. — Cuv., *Ossem. fossil.*, *nouv. édit.*, *tom.* 4, *pag.* 434, qui distingue deux espèces, mais sans que nous sachions sur quels individus ils ont été basés ; tous ceux que j'ai examinés avec le plus grand soin dans le musée de Paris, sont de l'espèce Ocelot ou *Chibigouazou*. — La figure du Felis pardalis, Schreb., *Saugth.*, *pag.* 390, *tab.* 103, est assez exacte et donne une juste idée de l'animal. — Le *Jaguar de la Nouvelle-Espagne* des OEuvres de Buffon, *supp.* 3, *pl.* 39, a été classé par M. F. Cuvier dans les synonymes du *Chati* (Felis mitis). — Le Mexican Tiger de Pennant, *Quad.*, *pag.* 288, *tab.* 57, *A.*, paraît appartenir plutôt à l'espèce suivante qu'à celle-ci, vu la grande longueur de la queue en proportion du corps. Toutes ces figures sont si mal faites, les proportions et la forme des taches si mal rendues, qu'il est de toute impossibilité de porter un jugement décisif. Il serait à désirer que M. F. Cuvier pût trouver le moyen de faire peindre sur le vivant le Chat *Ocelot* et notre *Oceloïde;* les portraits de ces deux Félis pourraient servir, avec la figure parfaite du *Chati* de ce naturaliste, à reconnaître du premier coup d'œil ces trois espèces difficiles à distinguer les unes des autres par des mots. — Nous pouvons dire en résumé que le *Felis ocelot* a le fond du pelage toujours plus foncé que l'*Oceloïde;* sa queue est remarquablement plus courte et plus mince vers la pointe ; la taille dans l'état parfait est toujours beaucoup plus forte, et les raies des flancs sont plus étendues sans intervalle marqué. Le *Chati* est facile à distinguer à son pelage plus fauve ou grisâtre, et aux taches oblongues, interrompues, dont le plus grand nombre est en forme de rose.

Patrie. Cette espèce est bien connue dans la colonie de Surinam, mais elle vit dans l'intérieur, et c'est le plus grand Chat qui existe dans cette contrée. D'Azara dit que le Chibigouazou se cache et passe les journées dans l'épaisseur des forêts ; il sort de nuit pour chasser aux petits mammifères et aux oiseaux ; il s'introduit dans les enclos et dans les cours ; et poursuit le gibier sur les arbres où il grimpe facilement. Il plume les oiseaux avant de les dévorer. On le trouve très-certainement au Brésil et à la Guyane, mais il n'est pas prouvé qu'il habite le Mexique : les individus de Rio-Janeiro ne diffèrent en rien de ceux de Surinam.

Le musée des Pays-Bas possède deux individus de forte taille, l'un du Brésil et l'autre de Surinam, un jeune de cette dernière colonie et les crânes. Le mâle et la femelle du musée de Berlin sont originaires du Brésil. J'ignore l'origine certaine des individus du musée de Paris.

FÉLIS OCÉLOIDE (1). — *FELIS MACROURA*.

Taille moindre que l'*Ocelot* (Felis pardalis), plus bas sur les jambes, et le corps plus allongé que dans cette espèce ; queue de la longueur du corps et du cou ; son extrémité atteint l'occiput ; aux flancs, de longues bandes encadrées, mais plus ou moins entrecoupées.

Pelage à peu près semblable à celui de l'*Ocelot*, mais beaucoup plus clair, et les taches des flancs plus interompues et mieux dessinées par des cadres noirs.

Le fond du pelage est d'un jaune clair légèrement teinté de couleur terre d'ocre ; plus clair sur les flancs ; le blanc règne sur les parties inférieures. Au front se dessinent cinq bandes noires, plus ou moins distinctes, dont la latérale de chaque côté est la plus large et aboutit aux yeux ; les joues sont marquées de deux bandes transversales, la supérieure part du coin de l'œil, et l'inférieure des moustaches ; au cou se dessinent quatre bandes en demi-cercle plus ou moins parfaites ; à la nuque on compte six bandes longitudinales, les deux du milieu vont sur le dos, et les deux latérales de chaque côté sont

---

(1) J'ai donné ce nom en français afin d'indiquer les rapports entre notre espèce et l'*Ocelot* (Felis pardalis). Ce tigre est connu au Brésil sous le nom de *Gatto pintado-domato* (Chat sauvage moucheté). Les Botócoudes le nomment *Couparack-countiack*, selon les indications fournies par le prince de Neuwied.

recourbées vers les jambes ; de la croupe au milieu du dos court une bande noire ; de chaque côté de celle-ci se dirige une bande parallèle mais qui est divisée par grandes taches ; sur les flancs et aux jambes de devant sont deux rangées de longues taches assez irrégulièrement disposées ; ces taches étendues en longueur sont d'un fauve jaunâtre clair au centre, et parfaitement entourées d'une large bordure noire ; les quatre extrémités ont des taches noires sur les deux faces des membres, et ces taches diminuent graduellement jusqu'à l'origine des doigts, où se trouvent les plus petites ; depuis la base de la queue jusqu'au bout on compte onze anneaux, parfaits et bien marqués en dessus, mais indistincts à la partie inférieure de la queue ; le ventre est marqué de quatre rangées de taches noires sur un fond blanc ; derrière les oreilles se remarque une grande tache noire ; la face postérieure de cet organe, qui est également noire, porte une bande blanche vers le milieu de sa longueur ; les moustaches sont brunes à leur base, et blanches à la pointe.

Longueur d'un mâle adulte qui a vécu à la ménagerie, en totalité 3 pieds 8 pouces, dont la queue porte 1 pied 7 pouces ; hauteur aux jambes de devant 10 pouces 8 lignes ; distance du bord antérieur des yeux à la pointe du nez 1 pouce 5 lignes. Mesure d'un jeune mâle ; longueur totale 2 pieds 4 pouces.

Synonymie. Cette espèce, pour ne point avoir été indiquée dans les catalogues de nomenclature, n'est cependant rien moins que nouvelle dans les cabinets d'histoire naturelle, plusieurs individus se trouvant dans les collections depuis nombre d'années ; mais tous sont désignés sous le nom d'*Ocelot* ou *Felis pardalis ;* aucun naturaliste, à ce que je crois, n'a remarqué les différences de notre Tigre avec le véritable *Pardalis* ou le *Chibigouazou* de d'Azara, et avec le Chat également confondu sous ce dernier nom, que M. F. Cuvier a le premier distingué sous la dénomination de *Chati.* Le prince de Neuwied, dont le zèle pour l'histoire naturelle mérite toutes sortes d'éloges, est le premier voyageur qui ait reconnu dans le Chat brasilien de cet article une espèce différente de l'*Ocelot* également propre aux terres du Brésil ; c'est de lui que nous tenons les détails qui ont rapport aux mœurs, ainsi qu'un individu jeune mâle.

Il suffit de comparer le *Felis macroura*, avec les indications données par Linné de son *Pardalis*, pour être convaincu que les méthodistes de ce temps ont déjà eu connaissance de l'espèce qui nous occupe, puisque Linné, Gmel., dit de son *Pardalis*, *Cauda elongata*, ce qui ne peut se dire de l'*Ocelot* ou du *Pardalis* que nous continuerons à désigner par ce nom ; la description des taches se rapporte autant et plus à notre *Felis macroura*, qu'avec celles de notre *Felis pardalis*, mais les figures citées par Linné se rapportent toutes au véritable *Pardalis*, notre *Ocelot* ou le *Chibigouazou* de d'Azara.

Patrie. Le Brésil, où il habite les bois et grimpe aux arbres. Le prince de Neuwied vient de publier une bonne figure du FELIS MACROURUS dans les fascicules *Abbild. naturgesch. Brasil.*, 1re livraison. C'est à ses voyages au Brésil que nous devons les premiers renseignemens donnés sur cette espèce inédite, confondue probablement avec les indications du *Pardalis*. — C'est l'espèce notée dans la traduction allemande du règne animal, elle y porte le nom de *Felis Wiedii*.

Le musée des Pays-Bas possède deux individus de différentes époques d'âge. Le prince de Neuwied en a rapporté du Brésil ; et je crois avoir vu ce Tigre dans le musée de Vienne. L'individu adulte du musée des Pays-Bas a vécu dans la ménagerie ; on n'en voit point dans le musée de Paris.

FÉLIS CHATI (1). *FELIS MITIS*.

Taille moins grande, quoique plus svelte et élancée que dans l'*Ocelot* et dans l'*Oceloïde* (Felis pardalis et macroura) de cette monographie ; queue à peu près moitié de la longueur du corps et de la tête ; taches en roses, petites et irrégulières, plus ou moins arron-

(1) Ce n'est point le *Chibigouazou* de d'Azara, ainsi que les synonymes donnés par M. Desmarest portent à le faire croire.

dies, peu nombreuses, et plus foncées que le fond du pelage, dont la teinte est généralement blonde ou d'un fauve très-clair.

Le fond du pelage, aux parties supérieures du corps, est d'un blond très-clair, et blanc aux parties inférieures, et tout le corps est couvert de taches généralement plus larges en avant qu'en arrière, principalement sur le dos et sur les flancs; celles du dos sont entièrement noires ou pleines, et disposées longitudinalement en quatre rangs; celles des flancs sont en roses imparfaitement bordées de noir, avec leur milieu d'un fauve roussâtre (1). Des taches bordées, mais qui s'arrondissent, couvrent les parties supérieures et intérieures des oreilles et les épaules; des taches pleines, également arrondies, couvrent les membres postérieurs jusqu'au talon; sur les jambes de devant elles s'allongent et forment des lignes transversales; sur les quatre pieds elles sont très-petites et pleines. Les taches des parties inférieures du corps, où le fond du pelage est blanc, et qui sont toujours pleines, présentent, sous le ventre, deux rangées longitudinales de chaque côté de la ligne moyenne, composées de six à sept taches; la partie antérieure de la jambe a des taches rondes, et la partie interne de la cuisse, des taches allongées transversalement; vers le haut de la jambe de devant se voient deux bandes transverses, qui existent sur cette partie chez le plus grand nombre des espèces de Chats connus. Au bas de la gorge est un demi-collier, et sous la mâchoire inférieure deux taches en forme de croissant. Du coin postérieur de l'œil part une bande de deux pouces de long, qui se termine vis-à-vis de l'oreille; et une autre bande, tout-à-fait semblable et qui se dirige parallèlement à la première, part du dessous de l'arcade zygomatique, et se termine aussi vis-à-vis de l'oreille. Le front est bordé, dans le sens de sa longueur, par deux lignes qui sont séparées par des points plus ou moins nombreux d'où naissent les moustaches; deux autres lignes semblables s'allongent sur le cou, et on en voit deux autres de chaque côté; la base de la queue est

---

(1) Dans le texte de M. F. Cuvier, il est dit que le milieu de ces taches est d'un fauve clair, mais il y a erreur dans cette indication de la couleur.

garnie de taches petites et isolées ; ensuite viennent quatre demi-anneaux, et cette partie se termine par trois anneaux complets, le dernier beaucoup plus étroit que les autres. Les joues, le dessus et le dessous de l'œil ont le fond blanc, ainsi que le dessous de la queue. La face externe de l'oreille est noire, avec une tache blanche du côté du petit lobe, caractère qui se voit chez le plus grand nombre des Chats connus.

Longueur totale 2 pieds 8 pouces, dont la queue prend 11 pouces (1); sa hauteur à la partie moyenne du dos, est de 1 pied 2 pouces. Nous avons des individus moins grands.

Synonymie. FELIS MITIS, F. Cuv., *Mamm. Lithogr.*, figure parfaite. Le *Mitis* de l'*Encyc.*, pag. 221, esp. 342, est exactement décrit, mais parmi les synonymes sont plusieurs citations du *Felis pardalis* ou *Chibigouazou* de d'Azara. Je partage l'opinion de M. F. Cuvier quant aux figures et aux descriptions qui indiquent cet animal. C'est le *Jaguar* de Buffon, *des supplémens*, pl. 39, et PEUT-ÊTRE *vol.* 9, *pag.* 201, *pl.* 18. — FELIS ONCA; Linn., *Syst.*, pag. 61, et Gmelin, pag. 77, ont parlé sous ce nom de notre *Mitis* et du grand Tigre du Brésil, le véritable *Jaguar* (Felis onca) des naturalistes de Marcgrave et de Perrault. — La planche très-peu exacte de Schreber, n°. 102, sous le nom de *Felis onca*, est une mauvaise figure de notre Chat. Mais je ne crois point qu'on doive rapporter ici le *Brasilien Tiger* de Pennant, pag. 286, *tab.* 57, qu'il faut rapporter au vrai Jaguar; ce dont on ne peut douter un instant à la lecture du texte de Pennant. Au reste toutes les figures citées sont à tel point au-dessous de la critique, et les descriptions sont si incomplètes et la plupart si peu exactes, qu'il est impossible de s'y retrouver. On agirait plus convenablement en vouant à l'oubli de pareilles citations embrouillées, et en ne citant point des figures qui donnent une fausse idée de cette espèce. La figure lithographiée que M. F. Cuvier vient de publier, ainsi que la description et l'addition

---

(1) La longueur totale donnée par M. Cuvier est de 3 pieds, ce qui fait 4 pouces de plus.

qui ont rapport au Tigre du présent article, ne laissent rien à désirer. *Voyez* aussi Cuv., *Ossem. fossil.*, *nouv. édit.*, *vol.* 4, *pag.* 435, article dans lequel le *Chati* (Felis mitis), est bien caractérisé par sa taille d'un quart moindre que le *Chibigouazou* (Felis pardalis); M. Cuvier est dans l'erreur lorsqu'il rapporte au *Chati* la notice publiée par M. Schintz du *Felis Wiedii*, traduction allemande du règne animal; ce Felis Wiedii est le même animal décrit par le prince de Neuwied, sous le nom de *Felis macroura*.

Patrie. Ce Chat du Brésil habite, dit-on, les forêts de l'intérieur des terres. Ses mœurs n'ont pas été observées.

Le musée des Pays-Bas a obtenu une belle peau sans crâne dans un envoi fait de Rio-Janeiro au Brésil; les deux sujets du musée de Paris ont vécu à la ménagerie du Jardin des Plantes.

FÉLIS MARGAY (1). — *FELIS TIGRINA.*

Taille et forme du *Chat domestique* (Felis catus), le museau plus court et le nez moins proéminent que dans nos Chats; le reste de la tête plus long et plus comprimé, les oreilles moins longues et plus pointues; la queue exactement de moitié plus courte que la longueur du corps et de la tête; d'égale grosseur dans toute son étendue jusqu'à la pointe, qui paraît tronquée. Pelage tacheté comme celui du *Jaguar* (Felis onca).

Un fauve nuancé de jaune d'ocre, forme la teinte principale du pelage; sur ce fond la tête et le cou sont peints de bandes noires longitudinales, étroites et peu distinctes sur le crâne, mais au nombre de six assez larges sur le cou; trois bandes passent sur les joues, la supérieure est la plus longue, et les autres vont en

---

(1) Ce n'est point le *Chibigouazou*, comme le veut M. d'Azara, *Quad. Paraguay*, vol. 1, pag. 16; mais c'est le *Baracaya* indiqué par ce même d'Azara, *Voyag. au Parag.*, vol. 1, pag. 271. Marcgrave lui donne le nom de *Marguao*, dont Buffon a formé celui de *Margay*. C'est le *Mantlaton* de Fernandez.

décroissant; des bandes noires forment le dessin d'un fer à cheval sur la gorge; plus bas sur le devant du cou sont des bandes transversales assez nombreuses; sur le dos et aux flancs sont des taches en roses dont le centre est garni de poils plus fauves et plus roussâtres que le fond du pelage; ces taches en roses sont entourées par une bande noire qui donne des formes différentes à ces taches en roses, dont le plus grand diamètre est de 8 à 9 lignes; la croupe, la partie externe des cuisses et la queue sont annelées de bandes noires et de bandes fauves, la partie interne des cuisses porte des bandes blanches et noires; les anneaux de la queue sont du double plus larges vers l'extrémité de cette partie qu'à sa base, et ils le sont plus en dessus qu'en dessous, où les anneaux fauves passent au blanchâtre; la circonférence de l'extrémité de la queue est la même qu'à la base, elle n'est point terminée en pointe et paraît tronquée; un feutre brun garnit cette pointe de la queue. Les pieds de devant ont des taches assez grandes, mais celles-ci deviennent sensiblement plus petites vers l'origine des doigts; le tibia aux pieds postérieurs est aussi marqué de petites taches; la gorge est blanche; la poitrine ainsi que la face interne des membres et le ventre le sont aussi, mais ces parties ont de grandes taches d'un noir parfait; les oreilles prennent naissance dans une grande tache noire, elles le sont sur leur face externe, dont le milieu a une tache blanche.

Longueur totale 2 pieds 2 ou trois pouces; de la queue seule, 8 pouces 6 lignes; distance du bord antérieur des yeux à la pointe du nez, 10 lignes; mesure prise sur des adultes de forte taille.

Synonymie. Felis tigrina, Linn., Gmel., Erxleb. — Schreb., *Saugt.*, *vol.* 3, *tab.* 106, une figure passable, mais les taches mal rendues et plus mal enluminées. — Le Margay, Buff., *Quadr.*, *vol.* 12, *pl.* 57. — Geoff., *Cat. des mamm.*, pag. 122, esp. 11. — Cuv., *Ossem. fossil.*, *vol.* 4, nouv. édit., pag. 435. — *Encyclop. mamm.*, pag. 232, esp. 365, *pl.* 94, *fig.* 3. Celle-ci et celle de Schreber sont des calques de la planche de Buffon. — Le *Cayenne-*

Cat de Pennant, paraît avoir plus de rapport avec notre *Felis macroura* de cette monographie.

Il est probable que les auteurs et même les naturalistes, ont confondu jusqu'ici le *Margay* avec notre *Oceloïde* (Felis macroura), ou bien avec le *Chati* (Felis mitis), tous trois originaires des contrées de l'Amérique méridionale. Il est facile de reconnaître le *Margay* à sa petite taille; c'est le plus petit des Chats du Nouveau-Monde, de la taille de notre *Servalin* (Felis minuta) des îles de la Sonde. Le Margay a la queue de longueur moyenne, de grosseur à peu près égale dans toute son étendue et comme tronquée par le bout; il est facile à reconnaître à ce caractère. La teinte sombre du pelage, et les taches dont la livrée est peinte, le distinguent du *Chati* (Felis mitis), qui est d'un tiers plus grand que le *Margay*.

Le crâne du *Margay* est moins large, et proportionellement à sa largeur plus long que celui du *Chat*; la plus grande largeur aux arcades sygomatiques du premier est de 1 pouce 11 lignes, celle du Chat est de $2\frac{1}{2}$ pouces; la longueur totale du crâne, chez l'un, est de 3 pouces; chez l'autre, seulement de 3 lignes de plus; toute la tête est plus allongée dans le *Margay*, et l'occiput plus comprimé; les dents sont absolument les mêmes dans les deux espèces, mais les canines de notre *Margay* sont plus longues et plus grêles que celles du *Chat*.

Patrie. Il habite au Brésil; c'est de ce pays que M. Natterer, voyageur naturaliste de Vienne, a envoyé plusieurs dépouilles au cabinet impérial; nous en avons reçu plusieurs de ce pays, et de Surinam, où l'espèce paraît très-répandue. J'ai vu un jeune de cette espèce dans les galeries du musée de Paris; cet individu y porte le nom de *Margay*, et c'est le même dont il est fait mention dans le catalogue de M. Geoffroy, à l'article du *Chat margay*, pag. 123, au n°. 266, comme d'un individu envoyé au cabinet par M. Brocheton; ce jeune porte en effet sur l'étiquette les chiffres 266, correspondant au catalogue mentionné; les individus n°. 265 et 267, dont il est fait mention dans le catalogue de M. Geoffroy, ne s'y trouvent plus; le premier aura probablement servi de modèle à la figure de Buffon, depuis il paraît avoir été réformé.

Des individus adultes sont au musée impérial de Vienne et dans celui des Pays-Bas, où se trouvent aussi des crânes de ce Félis.

NOTICE COMPILÉE

SUR QUELQUES ESPÈCES DE FÉLIS INDIQUÉES D'UNE MANIÈRE PLUS OU MOINS EXACTE PAR LES AUTEURS, MAIS SUR LESQUELLES ON ATTEND DES RENSEIGNEMENS PLUS DÉTAILLÉS AVANT DE POUVOIR LES ADMETTRE COMME ESPÈCES DISTINCTES.

Après les Félis que nous décrivons d'après nature, la plupart sur l'examen d'une multitude d'individus montés ou de peaux, il en reste encore quelques-uns que je n'ai pu voir en nature. Ceux de l'ancien continent sont :

Le *Rimau mangin* et le *Rimau chigau* ou *Jigau* (1), de M. Raffles, deux espèces distinctes de Félis de grande taille. Si le premier de ces Chats n'est pas notre *Guépard* (Felis jubata), que nous avons reçu de Sumatra, ce serait alors une espèce nouvelle, de la taille du Tigre royal, plus à craindre et faisant ses attaques d'une manière différente. On dit qu'il porte une longue crinière autour de la tête et sur la nuque, et une large touffe de poils à l'extrémité de la queue; sa tête serait plus large et plus longue que celle du Tigre, et son pelage d'une teinte foncée et uniforme.

Le *Felis manul*, indiqué par Pallas, *Voyag.*, vol. 3, pag. 692. La queue atteignant jusqu'à terre, marquée de six anneaux noirs; pelage d'un fauve roussâtre uniforme; deux points noirs sur le sommet de la tête, et deux bandes noires parallèles sur les joues. Il serait de la taille du Renard. Pallas ne dit pas qu'il ait des pinceaux aux oreilles (2). Il fait sa proie principale d'une espèce de Lièvre,

(1) En langage malais on désigne, par le nom *Arimau*, et pas *Rimau*, comme l'écrit M. Raffles, un *Tigre* ou *Chat*.

(2) Nous remarquons que ce caractère ne peut être admis comme signe de reconnaissance, puisque les pinceaux de poils n'existent pas dans tous les sujets appartenant à des espèces qui

Lepus Tolai. Sa demeure est dans les déserts de la Tartarie Mongole, et particulièrement les contrées arrosées par les fleuves Selenga et Dsechida. Serait-ce notre *Felis chaus ?* J'en doute.

Les Félis du Nouveau-Monde sont :

Le *Chat pampa* de d'Azara, *vol.* 1, *pag.* 179, ou le *Pajeros* des méthodes. *Voyez* ces articles dans l'ouvrage indiqué, dans le *Voyage au Paraguay*, et dans l'*Encyclopédie*, *mammalogie*, *pag.* 231, *esp.* 363, où on trouve une description détaillée de cette espèce.

L'*Eyra* du même Azara, *pag.* 177, et *Encycl.*, *mamm.*, *esp.* 364, est plus voisin de notre Chat sauvage, et paraît être une espèce distincte.

Nous ne dirons rien des espèces que M. Rafinecque veut avoir trouvées dans l'Amérique septentrionale, et qui sont indiquées par de courtes phrases. M. Desmarest cite trois de ces espèces sous les noms de *Félis fascié*, *montagnard* et *de la Floride*, *Encycl. mamm.*, *pag.* 225, *esp.* 348, 349 et 350. Les deux chats de Molina méritent encore moins d'entrer dans le catalogue même des espèces dont l'existence est douteuse, puisque M. Cuvier nous apprend que ce Molina a écrit de mémoire en Italie son Histoire naturelle du Chili.

L'expérience acquise par la vue des nombreuses dépouilles dans les magasins de pelleterie, nous rend très-défiant lorsqu'il s'agit d'admettre une espèce.

en sont pourvues à une certaine époque de l'âge. Ces pinceaux varient aussi en longueur suivant les époques de l'année.

CINQUIÈME MONOGRAPHIE.

VUES GÉNÉRALES
SUR L'ORDRE DES CHEIROPTÈRES.

Linnée place son genre *Vespertilio*, sous-divisé en neuf sections, dans le premier ordre de son système de la nature, où ce genre occupe le quatrième rang après l'*Homme*, les *Singes*, les *Lémuriens*. Illiger, par une combinaison moins ingénieuse, éloigne les mammifères ailés des quadrumanes, et les classe après les *édentés*. Ils forment, dans le règne animal de M. Cuvier et dans tous nos catalogues modernes, la première famille des *carnassiers*, et suivent immédiatement après les derniers genres des *quadrumanes*; c'est en effet l'arrangement méthodique le moins incohérent. Il me paraît cependant que la réunion des *Cheiroptères* à l'ordre des *carnassiers*, offre certains inconvéniens sous le rapport des moyens très-différens de locomotion, et du régime frugivore de quelques genres de cette grande famille des mammifères volatiles. Il serait préférable, suivant ma manière de voir, de les répartir en un ordre distinct (1), classé entre ceux des *quadrumanes* et des *carnassiers*, et bien caractérisé par des organes aux moyens desquels ils ont la faculté de se soutenir dans le fluide de l'air.

Le plus grand nombre des détails qui ont rapport à l'organisation de ces mammifères, a été discuté de la manière la plus lumineuse par des anatomistes et des zoologistes du premier rang (2); mais la partie qui traite du système dentaire laisse encore des lacunes, et

(1) Voyez aussi Kuhl, Deutschen Fledermause.
(2) MM. Geoffroy, Cuvier, Blainville et Desmarest. Voyez aussi le *Nouveau Dictionnaire d'Histoire naturelle*, vol. 6.

paraît avoir donné matière à plusieurs erreurs; elles ont provoqué de ma part des recherches plus approfondies, au moyen desquelles je crois pouvoir établir des observations nouvelles sur la dentition des *Cheiroptères*, qui serviront à expliquer quelques erreurs dans les divisions des genres, basés uniquement ou principalement sur le nombre et sur la forme des dents, si variables dans les différens périodes de l'âge.

Il ne convient point d'admettre dans l'ordre de *mammifère volatile*, les *Galéopithèques* (1) qui ont bien de même que les *Polatouches* (Pteromys) et les *Pétauristes* (Petaurus), la peau des flancs étendue entre les extrémités antérieures et les postérieures, même quelquefois la queue engagée, ou des rudimens de membrane aux côtés du cou et aux extrémités antérieures, mais qui sont dépourvus de ces membranes diaphanes, prolongées entre les doigts, unies aux flancs, et imitant les ailes des oiseaux. Aussi la faculté de voler, ainsi que M. de Blainville en a fait la remarque, appartient seulement aux *Cheiroptères* proprement dits. Les *Galéopithèques*, *Polatouches*, et *Pétauristes*, ne peuvent se servir des peaux épaisses, peu tendues et velues en dessus comme en dessous, que comme d'une sorte de parachute. Ils n'ont pas la faculté de s'élever au-dessus du point d'où ils sont partis, et ne peuvent même conserver la ligne horizontale : ils sont obligés de céder à la loi de la gravitation. Les vrais *Cheiroptères*, dont le vaste sternum donne attache à de puissans muscles pectoraux, dont l'épaule est consolidée par de larges omoplates et des clavicules robustes, et dont les ailes ont autant de surface que de légèreté, sont doués des organes qui servent à les soutenir en l'air pendant un temps considérable, de se porter avec rapidité dans tous les sens imaginables, pour saisir les petits insectes dont ils font leur nourriture, ou pour se rendre d'un vol soutenu dans les lieux éloignés de leur demeure habituelle, afin de se repaître des fruits succulens qui servent d'aliment à quelques-unes.

(1) Les *Galéopithèques* doivent prendre rang dans la famille des *Quadrumanes*, après les *Makis*. Ils sont à ceux-ci à peu près ce que les *Pétauristes* sont aux *Marsupiaux*, et les *Polatouches* aux *Rongeurs*. M. de Blainville a fait cette remarque avant moi.

Le corps des Cheiroptères est plus ou moins couvert de poils assez longs, lisses ou frisés ; la tête est grosse, le cou court, les oreilles nues, le plus souvent longues et pourvues d'un appareil externe très-compliqué. Le tragus manque dans les Cheiroptères frugivores ; il est susceptible de prendre diverses formes dans les Cheiroptères insectivores ; il est aigu ou arrondi ; tantôt il est si développé qu'on le prendrait pour une seconde conque auriculaire. Cet appareil de l'ouïe, souvent énorme dans quelques groupes, semble disproportionné par son développement, ou bien ombrage tellement la face que l'organe, très-petit, de la vue est à peine visible. Les ouvertures des narines sont ou simples ou composées dans un nombre à peu près égal d'espèces ; dans le dernier cas elles sont entourées de productions membraneuses plus ou moins compliquées. La bouche fort grande est garnie d'un appareil dentaire, le plus souvent beaucoup plus compliqué dans les premières périodes de l'âge que dans l'état parfait ; on voit des espèces pourvues des trois sortes de dents dans les jeunes, qui n'offrent plus dans l'adulte que deux sortes ; celles des incisives permanentes ressemblent alors par leur forme à de petites canines. On peut dire que le système dentaire des Cheiroptères sort des règles habituelles et générales ; il se refuse à être employé comme premier moyen de classification méthodique, et son extrême anomalie dans les différens périodes de l'âge est sans doute un des phénomènes les plus nouveaux en zoologie. Dans l'impossibilité d'établir pour le moment un indice général sur le développement de cette singulière dentition, nous renvoyons aux articles descriptifs des genres où se trouvent signalées toutes les observations que j'ai été à même d'établir sur l'appareil dentaire des Cheiroptères.

Les ailes sont au moins quatre fois aussi longues que le corps ; les membranes qui les forment sont nues, plus ou moins diaphanes, elles présentent plus ou moins de rides qui figurent une espèce de réseau à mailles polygones ; leur attache aux extrémités postérieures se fait à l'aide d'un osselet en forme de stylet, et qui n'est autre chose que le calcaneus ou l'os du talon, muni d'une prolongation tendineuse. Le plus grand nombre des genres n'offrent dans la charpente osseuse des pieds postérieurs que le seul tibia. Le fibula est grêle et seulement rudimentaire dans quelques-uns; les seuls *Molosses* (Dysopes) ont les deux os parfaits, servant à donner attache aux muscles moteurs des pieds, pourvus d'un doigt plus ou moins versatile, quelquefois opposable comme dans les quadrumanes.

Tous les Cheiroptères cherchent à se cacher, le plus grand nombre fuit la lumière; leur demeure habituelle est le plus souvent en des lieux ténébreux; les cavernes, les fentes des rochers et des édifices isolés, les creux des arbres leur servent de retraite; les espèces frugivores redoutent moins la lumière que les espèces insectivores; quelques-unes sont diurnes; leur demeure habituelle est dans les bois, où ils se rassemblent en troupes à la cime des arbres ou dans l'entrée des cavernes. Quelques espèces, particulièrement celles du genre *Molosse* (Dysopes) ne s'éloignent pas à de grandes distances des lieux de leur demeure habituelle; plus solitaires et vivant le plus souvent cachées, elles se servent plus de leurs moyens puissans de préhension et d'ascension que de ceux du vol; d'autres espèces, ce sont celles du genre *Vespertilion*, parcourent au crépuscule et aux premières lueurs de l'aurore une grande étendue de pays; les lieux où elles vont pourvoir à leur nourriture sont le plus souvent très-éloignés du lieu de leur demeure habituelle; quelques espèces chassent aux insectes d'eau, d'autres poursuivent ceux qui au crépuscule se mettent en mouvement sous l'ombrage des forêts.

L'on sait, par les expériences de Spallanzani, que les Cheiroptères aveuglés volent aussi bien que ceux qui ont des yeux; qu'ils évitent avec autant d'adresse les corps les plus déliés, tels que des fils de soie, tendus de manière à ne laisser entre eux que l'espace nécessaire à leur passage avec les ailes déployées; qu'ils serrent leurs ailes si ces fils sont plus rapprochés, afin de ne pas les toucher; qu'ils suivent la direction des routes souterraines, qu'ils passent au travers des branches d'arbres que l'on y a placées, sans les frapper de leurs ailes; qu'ils s'introduisent dans les troncs, et qu'enfin ils s'accrochent aux saillies des voûtes ou des plafonds. Spallanzani a privé successivement des Cheiroptères, dont il avait détruit les yeux, des organes des autres sens, et ils ne furent ni moins hardis, ni moins adroits dans leur vol; d'où ce célèbre observateur conclut qu'il doit y avoir dans cette famille d'animaux un autre sens, un nouvel organe, un agent inconnu qui semble les guider et les servir si efficacement pendant leur aveuglement (1).

Les Cheiroptères insectivores des climats septentrionaux, privés en hiver des subsistances nécessaires à leur nourriture, sont engourdis pendant cette saison ; ceux des contrées tropicales jouissant dans toutes les époques de l'année d'une abondance non interrompue, n'éprouvent aucune torpeur. Ceux qui sont sujets à passer à cet état d'engourdissement ou de léthargie, se recouvrent de leurs ailes comme d'un manteau, s'accrochent à la voûte des souterrains, par les pieds de derrière, et demeurent ainsi suspendus ; les autres se collent contre les murs ou se cachent dans des trous. Leur portée ordinaire est de deux petits qu'ils tiennent cramponnés à leurs mamelles ou assujettis à leur corps, en repliant sur eux, dans le vol, la membrane interfémorale qui leur tient lieu de soutien et de poche. La grosseur de ces jeunes est souvent très-considérable à proportion de celle de leur mère, ce qui est surtout le cas dans les espèces frugivores. Ces particularités et la forme opposable ou versatile d'un doigt des pieds postérieurs, rapprochent les *Cheiroptères* de la grande famille des *Quadrumanes*.

Nous ne pouvons, en parlant des Cheiroptères, passer sous silence ces restes fossiles d'animaux volatiles, que M. Cuvier nomme *Ptérodactyles*, et dont MM. Sœmmering et Oken ont parlé, sous la dénomination d'*Ornithocéphales*. Ce sont incontestablement, dit M. Cuvier, de tous les êtres dont l'existence vient d'être révélée, les plus extraordinaires, et ceux qui, si on les voyait vivans, paraîtraient les plus étrangers à toute la nature actuelle. Je n'aborde la question, relativement à leur rapport avec nos

---

(1) *Nouveau Dictionn. d'Hist. nat.*, vol. 6.

Cheiroptères vivans, qu'avec une grande défiance en mes lumières ; il me sied peut-être mal de m'ériger en arbitre dans une discussion agitée par mes maîtres !

Les matières pour et contre l'opinion, émises d'une part par M. Sœmmering, en faveur d'une grande analogie entre les restes d'ossemens fossiles de ces *Ornithocéphales*, et l'ostéologie de nos *Cheiroptères vivans*, et l'opinion de M. Cuvier sur leur identité avec les *Sauriens vivans*, ont été traitées de la manière la plus minutieuse, par le premier dans les annales portant pour titre, *Denkschriften der Munchener Akademie*, et par le second dans les *Recherches sur les ossemens fossiles*, *nouvelle édit.*, vol. 5, part. 2 ; des figures très-exactes accompagnent ces Mémoires ; on trouve ces portraits réunis, pl. 23 de ce 5°. volume. M. Oken, dont l'opinion sert d'auxiliaire à la manière de voir de M. Cuvier, en a parlé dans l'*Isis* de 1819, vol. 1, pag. 1788, et dans l'article additionnel de la même année.

Je me serais peut-être dispensé d'agiter de nouveau la question, relativement à ces restes fossiles, et j'aurais pu, en me conformant entièrement aux vues lumineuses énoncées dans l'ouvrage de M. Cuvier, me borner à garder le silence sur l'opinion de mon respectable ami de Sœmmering, si celui-ci n'eût pas entamé de nouveau la question, en produisant, depuis l'explication victorieuse de M. Cuvier, un nouveau portrait de l'*Ornithocephalus brevirostris*, rétabli (1) et figuré sous la forme d'un *Cheiroptère anomal*. Voyez *Denkschriften der Munchener Akad.*, band. 6.

On ne peut disconvenir des grands rapports entre cette figure du squelette rétabli (j'aurais presque dit défiguré), et le squelette d'une *Roussette* : elle montre de grandes omoplates complètes, de fortes clavicules, un sternum de Cheiroptère, des côtes analogues ; même le cartilage xiphoïde n'a pas été omis ; le bassin est celui d'un Cheiroptère, et, pour rendre l'illusion complète, l'idéal de la forme du système cutané a été indiqué ; il est vrai que ces

(1) *Voyez* le squelette de cet animal tel que la pierre en conserve les restes, pl. 23, fig. 7, des *Recherches sur les ossemens fossiles*, précité, tom. 5, 2°. part.

membranes du vol ainsi rétablies manqueraient des soutiens et des attaches qu'elles trouvent dans la forme allongée des deux derniers doigts dont les Cheiroptères vivans sont pourvus, et que l'aile ainsi conformée ne pourrait frapper l'air par le manque de soutiens dans les membranes.

Je n'agiterai aucun point de comparaison discuté par M. Cuvier à l'appui de son opinion ; il serait difficile d'ajouter des preuves plus convaincantes. Nous ne discuterons ici que les rapports entre l'animal, tel que la pierre en conserve les restes, et la figure de son squelette rétabli. N'ayant pas été à même de voir en nature la pierre qui porte ces restes fossiles, je ne puis juger que d'après les figures qui en ont été données, et que je viens de signaler.

Il est en premier lieu impossible de trouver dans la figure originale telle que la pl. 23, fig. 7 des *Ossemens fossiles* en fait voir le portrait, aucun vestige d'omoplate, produit dans le squelette rétabli ; cet os à grande surface plane existerait dans la pierre s'il eût fait partie de la charpente osseuse de l'animal pétrifié ; M. Oken croit voir l'omoplate dans cet os long A, indiqué dans la figure des *Ossemens fossiles*, mais qui manque totalement dans celle publiée par M. Sœmmering. Supposons avec M. Oken que cet os long puisse être l'omoplate, il est dès lors certain que ce ne peut être l'omoplate d'un Cheiroptère ; et au cas que cet os long articulé au sternum soit en effet un omoplate, où sont les clavicules arquées données dans le squelette rétabli ?

Le bassin formé de l'os des îles A, de l'ischion B, et du pubis C, est un vrai bassin de Saurien. Dans le squelette rétabli c'est un bassin de Cheiroptère.

Je n'ai pu trouver que cinq vertèbres cervicales ; le squelette rétabli en marque sept ; la pétrification très-intacte dans toute l'étendue de la colonne vertébrale et en position naturelle partout, ne fait point préjuger de lacune.

Les côtes minces faiblement arquées, filiformes et surtout très-fines et déliées vers les extrémités, sont de vraies côtes de *Dragon* (Draco) ; avec cette différence que le *Dragon type* a cinq côtes longues et filiformes et trois autres plus petites ; ces côtes du petit *Ptérodactyle* ressemblent exactement à celles du grand *Ptérodactyle*, pl. 23, fig. 1. J'en ai compté au nombre de neuf ou onze. Le squelette rétabli en montre huit sans aucun indice de fausses côtes. Ces côtes et le sternum rétabli ressemblent en effet aux parties correspondantes dans les *Cheiroptères*, tandis que la pierre offre des os correspondant par leur forme à ceux des *Dragons*.

Ces notices supplémentaires au travail de M. Cuvier ne laissent aucun doute quant à l'exactitude des argumens énoncés par ce célèbre naturaliste ; elles tendent plutôt à les fortifier. La conclusion déduite par M. Cuvier de la structure totale et des parties correspondantes dans ces deux *Ptérodactyles*, ne me paraît pas aussi heureuse. Il dit, page 379, en parlant des fonctions du vol : *de l'existence de deux espèces de sauriens qui volaient au moyen d'une membrane soutenue par un seul des doigts de la main....*

J'admets que le seul long doigt de la main, portant plusieurs articulations, a servi d'attache et de soutien à une membrane, mais il fallait nécessairement à cette membrane étendue d'autres soutiens intermédiaires, et je vois dans les nombreuses côtes grêles, longues et filiformes de notre animal les mêmes soutiens, auxquels j'attribue les mêmes fonctions que dans les côtes de nos *Dragons vivans*.

Cette explication supplémentaire au texte de M. Cuvier sert encore à éloigner toute idée relativement à l'opinion de M. de Sœmmering ; car en supposant que l'animal en question, dont il s'est occupé à donner le squelette rétabli, ait pu former une espèce rapprochée de nos *Cheiroptères vivans*, il aurait fallu imaginer des soutiens intermédiaires autres que ce long doigt de la main, pour supporter la membrane ou l'appareil propre au vol ; car la membrane dépourvue de ces soutiens et simplement attachée par un réseau de fibres au corps d'un *Cheiroptère*, ne pourrait offrir aucune résistance à l'air, et sa position dans l'état de repos serait difficile à concevoir.

J'espère que mon respectable ami de Sœmmering me saura gré de ces remarques. Je viens de lui adresser le squelette d'un Cheiroptère *Pteropus minimus*, et un second individu conservé à l'esprit-de-vin ; ces deux objets de comparaison, et la figure du squelette de notre *Pteropus melanocephalus*, donnée dans cette monographie, serviront sans doute de preuves en faveur de l'opinion émise par M. Cuvier.

L'histoire des Cheiroptères, telle que je me propose de la publier successivement par monographies, offrira une série d'espèces nouvelles à faire connaître ; les recherches établies sur le système dentaire de ces singuliers animaux seront sans doute agréables aux naturalistes.

On peut dire que la connaissance exacte des genres et des espèces de l'ordre des Cheiroptères, est due aux travaux de M. Geoffroy de Saint-Hilaire ; c'est lui qui en a posé les bases sur les matériaux rapportés par feu Péron et par M. Leschenault, plus tard par les envois de MM. Diard et Duvaucel. Mais aucun des voyages entrepris dans une époque récente n'a fourni un aussi grand nombre de matériaux que l'expédition Nerlandaise dans l'Inde ; les immenses collections faites par Kuhl et van Hasselt, qu'une mort prématurée a réunis sous la même pierre sépulcrale, nous fournissent une multitude de moyens comparatifs, qui me mettent à même d'étudier la famille des Cheiroptères, si nombreuse en espèces dans les îles asiatiques, non-seulement dans tous les états différens d'âge, mais aussi sur une série d'individus préparés et conservés à l'esprit-de-vin. Je signale encore l'empressement de plusieurs naturalistes à m'offrir les moyens d'établir mes observations sur l'inspection d'un plus grand nombre d'individus. MM. de Schreibers, Lichtenstein et Crechsmaer, directeurs des musées de Vienne, de Berlin et de Francfort, ont eu l'extrême complaisance de me confier les espèces rapportées par les naturalistes voyageurs de leur pays. Le Musée de Paris, dépôt précieux, commis à la garde des savans les plus distingués, a constamment été ouvert à mes recherches.

MONOGRAPHIES
SUR LE GENRE
ROUSSETTE.— *PTEROPUS*. (Briss.; Geoff.,
Illig., Cuv., Desm.)

Dents incisives $\frac{4}{4}$, souvent mal rangées et obtuses à la mâchoire inférieure, mais symétriquement disposées, contiguës et rangées demi-circulairement, dans la supérieure; les deux rangées sont à dents contiguës et symétriquement disposées dans les Roussettes à queue. Canines $\frac{1}{1}$ longues, comprimées et à trois faces; quelquefois composées de deux pièces distinctes, mais accolées, dans les jeunes individus. Molaires $\frac{10}{12}$ ou seulement $\frac{8}{12}$ (1); la petitesse de la première et de la dernière molaire varie plus ou moins proportionnellement aux autres grandes molaires qui suppléent par leur force à l'apparente nullité des petites dans la mastication; les grandes molaires des deux mâchoires n'ont point, ainsi que le remarque M. Geoffroy, leurs couronnes hérissées de tubercules; elles présentent une surface longue et étroite, le plan en est oblique, et la détrition exerce son action plus sur le centre que sur les bords qui saillent en vives arêtes. Nombre total des dents, le plus habituellement 34; rarement 32, lorsque la première très-petite molaire obtuse, ou dent anomale à la mâchoire supérieure manque. Plus rarement encore 30 seulement lorsqu'il manque des petites arrière-molaires et la présence de la dent anomale. Les jeunes pourvus des premières dents, ont quatre incisives longues, grêles, espacées par paire, et convergeant séparément l'une vers l'autre; ce système dentaire existe dans quelques sujets comme première rangée, tandis que les incisives de rechange se trouvent en seconde ligne derrière les premières qui sont poussées en avant, et dont la chute a lieu lorsque les incisives de rechange se dévelop-

---

(1) Cette anomalie provient du manque de la très-petite fausse molaire à la mâchoire supérieure dans un petit nombre d'espèces, qui ont le museau un peu moins long que les autres. Quelques-unes manquent d'arrière-molaires aux deux mâchoires, ce qui rend leur museau encore plus obtus; la tête de la petite *Roussette kiodota* est plus longue parce que les molaires sont plus espacées, et que dans l'état normal la mâchoire inférieure compte une très-petite arrière-molaire de plus.

pent. L'os intermaxillaire, rudimentaire jusqu'à cette époque de la chute des dents de lait, se réunit alors par une soudure au maxillaire.

Les caractères anatomiques signalés par MM. Geoffroy et Cuvier nous apprennent que l'omoplate est plutôt triangulaire que carrée, comme celle des *Vespertilions ;* le cubitus est assez apparent et dégagé du radius, qu'il accompagne dans les deux tiers de sa longueur; le sternum est très-saillant; le doigt index a les parties qui le composent, comme tordues sur elles-mêmes, d'un demi-tour en totalité, ce qui fait que le petit ongle de ce doigt est arqué en dedans au lieu de l'être en dessous, comme cela a lieu pour les ongles de tous les animaux. Les intestins sont comparativement plus longs que dans les autres Cheiroptères, et l'estomac est en forme de sac très-allongé et inégalement renflé. Les mamelles sont au nombre de deux et situées sur la poitrine. Leur tête longue et conique ressemble assez à celle du chien, d'où leur est venu le nom de *Chiens-volans*, que plusieurs auteurs leur ont appliqué; leur museau est le plus souvent effilé et pointu, c'est le cas des espèces pourvues d'une très-petite fausse molaire à la mâchoire supérieure ; il est plus court et un peu obtus dans les espèces où cette petite dent, sans fonction présumable dans la mastication, manque totalement; leurs oreilles sont courtes, distantes, nues, simples, sans tragus et ne se réunissent point à leur base interne. Leur langue est rude et papilleuse. Les ailes sont très-grandes, larges et amples ; leur membrane, qui s'étend sur le dessus de la jambe, aboutit, en passant par-dessus le métatarse, à la base du quatrième doigt. Le doigt indicateur est de moitié plus court que le médius ; sa phalange onguéale est distincte et elle porte un petit ongle qu'on ne remarque point dans les autres Cheiroptères (1).

---

(1) M. Desmarest en excepte les *Céphalotes*; cependant ils n'ont point d'ongles ; M. Geffroy, qui indique ce manque d'ongles au doigt indicateur des *Céphalotes*, se trompe lorsqu'il dit que ceux-ci manquent de la phalange onguéale. Le fait est que ces *Cheiroptères* ont en effet une phalange onguéale très-distincte; elle manque d'ongle dans le *Céphalote de Péron*, mais le *Céphalote de Pallas* a cette phalange onguiculée.

La membrane interfémorale est restreinte à de légères bordures ou rudimens plus ou moins larges, qui garnissent le bord interne des jambes; ces bordures sont réunies au coccyx qu'elles entourent, dans quelques espèces, tandis que chez les autres le coccyx n'est point enveloppé dans le rudiment qui borde les pieds postérieurs. Quelques espèces n'ont aucun vestige de queue, d'autres ont un léger soutien de la longueur de la membrane, et les espèces d'un troisième groupe ont pour toute queue un rudiment à moitié engagé dans la membrane interfémorale. Ces légères anomalies nous ont fourni les indices pour les trois sections établies dans ce genre.

Les Roussettes sont des animaux essentiellement frugivores; il est cependant assez probable que certaines espèces vivent aussi d'insectes. Les contes absurdes, chargés de merveilleux, qui ont rapport au genre de vie carnassier et même sanguinaire des Roussettes, ont été produits par le défaut d'observations exactes et par l'effroi qu'ont inspiré, aux premiers naturalistes qui ont vu ces animaux, leur énorme envergure et leur appareil de défense, en apparence si redoutable. Ils n'attaquent aucun animal, pas même, ainsi qu'on l'a cru, les oiseaux et les petits quadrupèdes; ce sont des animaux doux et paisibles, qui vivent en grandes bandes, suspendus pendant le jour, par leurs pieds de derrière, la tête en bas et enveloppés dans leurs membranes; quelques espèces s'accrochent de cette manière, par centaines, aux branches des arbres, d'autres se cachent dans les cavernes, dans le tronc des rochers et dans les trous des vieux arbres; quelques-unes ont l'habitude de se suspendre aux plafonds des grands édifices isolés. La chair des grandes espèces est estimée comme une nourriture saine et délicate, quoique l'odeur qu'elles exhalent en répandant leur urine, ait dû naturellement rebuter ceux qui ont fait le premier essai de se nourrir de leur chair, qui est blanche, succulente et de bon goût.

Il est sans doute impossible, dit M. Geoffroy, d'imaginer un groupe mieux circonscrit, et de trouver une famille plus parfaitement isolée des groupes voisins, enfin plus naturelle; mais ces avantages sont balancés par des inconvéniens. On en éprouve d'autant plus de difficultés dans l'étude des espèces. En effet, quelque naturel que ce genre puisse paraître, il en est de celui-ci comme des genres *Felis*, *Canis* et de plusieurs autres, que l'on supposait être rigoureusement encadrés en des groupes sans apparence d'anomalie dans les caractères donnés. Cette hypothèse, basée sur des genres rigoureusement déterminables par des caractères propres à toutes les espèces, n'a pas été constatée par l'expérience ; quelques espèces marquant le passage gradué d'un groupe à un autre groupe, sont venues fort à propos augmenter le catalogue des êtres, et arrêter dans leurs idées strictement méthodiques, des naturalistes qui supposent pouvoir assigner aux animaux une place dans leur système artificiel sur le caractère unique pris du nombre des dents, et même, quoique à nombre égal de dents, seulement de la forme légèrement variée de leurs racines ou bien de leurs couronnes émaillées. Le genre *Pteropus* fournit un nouvel exemple de cette anomalie de ce chaînon qui lie entre elles les espèces des deux groupes voisins ; les *Pteropus griseus*, et *pallidus* offrent non-seulement par le nombre de leurs dents, mais aussi par la manière dont les membranes du vol se trouvent plus rapprochées de la ligne moyenne du dos, le passage gradué aux *Céphalotes*, dans lesquels cette enveloppe cutanée n'adhère à l'épine dorsale que par un faible rudiment de membrane, très-diaphane. Le *Cephalotes Peronii*, dans le jeune âge, présente à peu près la même formule dentaire que les jeunes des *Roussettes* ; le nombre des dents, dans ce premier état, est à l'extérieur égal, et cette anomalie a sans doute été la cause de l'erreur commise par M. Geoffroy qui fait du jeune *Céphalote de Péron* une espèce distincte, intermédiaire entre ce genre et celui des *Roussettes*, sous le nom de *Pteropus palliatus*. Voyez de plus amples détails sur cette matière à l'article du genre *Cephalotes* et du *Cephalotes Peronii*. Le *Pteropus minimus*, dont M. Horsfield a fait un double emploi sous le nom de *P. rostratus*, paraît indiquer le passage des *Roussettes* aux *Glossophages* ; et ce rapprochement offre encore un plus grand intérêt, en ce qu'il fait voir et sert à constater de plus en plus les rapports entre les animaux vivans dans les deux continens. Quelques genres offrent seulement, il est vrai, des rapports entre les espèces séparées par des océans immenses; les uns sont en quelque sorte les représentans des autres; mais le plus grand nombre des genres se retrouve sans démarcation assignable chez les espèces dans l'un comme dans l'autre continent. Nous tâcherons de prouver cette identité dans plusieurs monographies de genres de mammifères qui sont destinées à être publiées dans cet ouvrage. Dans l'ordre des Cheiroptères nous pouvons signaler les genres *Molosse* (Dysopes), *Taphien* (Taphosous), *Vespertilion* (Vespertilio) et *Nycticée* (Nycticeius), comme étant composés d'espèces parfaitement analogues les unes avec les autres dans les deux continens.

Brisson a établi le genre *Pteropus*, mais il serait difficile de désigner au juste les espèces sur lesquelles ce naturaliste a basé ce groupe; on peut conjecturer que c'est sur des individus de la *Roussette vulgaire* ou de la *Roussette rougette*; c'est encore à ces deux espèces, probablement aussi la *Roussette édule*, qu'on doit rapporter le *Vespertilio vampyrus*. Clusius, Edwards, Buffon et même Brisson, n'ont connu que les deux premières espèces, et Séba paraît avoir vu un jeune de la *Roussette édule*. La connaissance plus précise du genre *Pteropus*, et l'établissement d'une série d'espèces prennent date des nombreux travaux du professeur Geoffroy et de ses savantes recherches sur le système dentaire de tous les genres de l'ordre des *Cheiroptères*; elles sont basées, ainsi que M. Geoffroy nous l'apprend, sur les dernières recherches des naturalistes en Égypte, au Bengale, à Timor et à Java. Le nombre des espèces, dans le genre *Pteropus*, a encore été augmenté par les acquisitions faites dans un voyage en Angleterre, où j'en ai trouvé plusieurs qui sont inédites.

M. Geoffroy, dans son beau travail sur le genre *Pteropus*, compte *onze* espèces dont il faut déduire deux; notamment l'*Edwardsii*, qui est identique avec l'*Edulis* et le *Palliatus*, qui est un jeune de *Cephalotes Peronii;* restent conséquemment *neuf* espèces bien déterminées, dont j'ai pu vérifier l'existence sur les exemplaires qui ont servi aux savantes recherches de M. Geoffroy, et sur ceux examinés par moi dans les autres musées. Quatre espèces de Roussettes inscrites dans le travail encyclopédique de M. Desmarest, sont purement nominales et de double emploi, telles que le *Kalou* et l'*Edwardsii* qu'il faut rapporter à l'*Édule;* il copie aussi l'erreur commise par M. Geoffroy à l'égard de la *Roussette mantelée* (Pteropus palliatus), et sanctionne le double emploi fait par M. Horsfield de son *Pteropus rostratus*, espèce identique avec le *Pteropus minimus* de M. Geoffroy. Le catalogue du genre, tel qu'il est présenté dans cette Monographie, porte le nombre des espèces bien déterminées, à *dix-sept*.

Les espèces de ce genre paraissent être circonscrites dans les contrées de l'ancien continent : l'Asie méridionale et les vastes Archipels en nourrissent bien plus que l'Afrique et ses îles; le genre n'a point de représentant en Europe, et l'Amérique en serait aussi dépourvue; toutefois il ne me paraît pas certain que cette partie du globe ne nourrit point de *Roussettes;* ces grandes chauves-souris qui, selon M. Swainson, dévorent les fruits et dévastent les vergers dans les environs de Farmanbuc, et celles qu'on dit avoir été vues au Chili et au Pérou, paraissent appartenir à ce genre. Les découvertes qui vont être faites dans ces contrées peu visitées par les naturalistes, nous mettront sûrement à même de juger cette question, à laquelle je ne puis répondre par l'évidence des preuves. Nous bornons nos remarques au rapprochement qu'on peut établir entre les *Phyllostomes* du nouveau monde et les *Roussettes* de l'ancien continent, et les rapports qui semblent exister entre les *Glossophages*, groupe voisin des *Phyllostomes*, avec la petite *Roussette kiodote*, peut-être destinée par la suite à former le type d'un groupe, mais dont je forme provisoirement une section dans le genre *Pteropus*.

PREMIÈRE SECTION
DES ROUSSETTES.

MUSEAU PLUS OU MOINS ALLONGÉ; QUEUE NULLE; MEMBRANE INTERFÉMORALE PLUS OU MOINS RUDIMENTAIRE; RÉGIME ENTIÈREMENT FRUGIVORE.

ROUSSETTE ÉDULE (1). — *PTEROPUS EDULIS.*

La plus grande espèce connue : formes grêles; corps très-oblong; museau long; membranes du vol très-larges et très-étendues. Pelage en dessus ras; à poils du dos adhérens à la peau, dans une partie de leur longueur; toujours très-courts et recouvrant la peau à claire-voie. Le poil paraît adhérer à la peau dans toute sa longueur, sur les dépouilles des individus adultes et vieux. Les jeunes ont le pelage plus long et n'adhérant aucunement à la peau : cette circonstance dépend de l'âge des individus, ce que j'ai vérifié sur plus de trente dépouilles. Les parties inférieures plus fournies, à poils un peu frisés. Oreilles longues et pointues. Membrane interfémorale réunissant les pieds à la région du coccyx, large à l'articulation du genou et formant un angle très-ouvert; celle de l'aile large et très-étendue; toutes d'un noir parfait dans l'adulte et brunes dans le jeune âge. Les incisives à la mâchoire supérieure, égales, bien rangées, plus irrégulières dans l'inférieure; point de petite dent anomale à la mâchoire supérieure, et quatre molaires espacées; à l'inférieure une dent anomale et cinq molaires espacées. Voyez, explication des planches, le crâne d'un sujet très-vieux, de 4 pieds 6 pouces d'envergure, et le crâne d'un jeune de 21 pouces d'envergure.

Couleurs du pelage variables, passant du marron noirâtre au noir parfait sur les parties inférieures, et du cendré-noirâtre au noir

---

(1) Connu dans les îles de la Sonde sous le nom de *Kalong*. Les voyageurs français ont écrit *Kalou*, mais leur orthographe n'est point exacte; le nom malais, selon M. Raffles, est *Kaluang*; l'un et l'autre signifient une *Chauve-souris*. Le nom de *Pakalonga*, district dans l'île de Java, veut dire demeure des chauves-souris. Cette Roussette porte à Timor le nom de *Malon-bourou* (oiseau de nuit), dénomination reçue pour désigner un Cheiroptère quelconque. M. Raffles réunit dans le même article, sous le nom malais *Kaluang*, la *Roussette Édule*, un *Nyctère* et un *Mégaderme*.

plein, sur le dos. La nuque et les épaules constamment et dans tous les âges d'un roux marron plus ou moins vif. Les jeunes de l'année en état de voler ont à peu près les mêmes couleurs que l'adulte, mais leur pelage est plus long et plus touffu.

Le dos, à partir des épaules, est d'un marron noirâtre ou d'un noirâtre plus ou moins cendré ; l'une ou l'autre de ces deux teintes règne sur la face externe des pieds postérieurs qui sont couverts de poils clair-semés, tant sur le membre que sur une partie de la membrane. Museau, partie antérieure de la tête et gorge d'un marron foncé très-vif ou plus ou moins noirâtre ; nuque, épaules et devant du cou d'un roux vif ou bien d'une teinte marron ; le roux de la nuque est séparé de la teinte noire du dos par une bande transversale plus ou moins rougeâtre. La poitrine est d'un roux brun ou de couleur marron-noirâtre ; les autres parties inférieures d'un brun noirâtre, mais le plus souvent, chez l'adulte, d'un noir parfait ; les oreilles sont longues et pointues. La membrane interfémorale est large environ d'un demi-pouce, elle entoure la région du coccyx et n'est point couverte ni cachée par les poils de cette partie ; sa forme est un V renversé.

Dimensions du vieux mâle. De la pointe du museau à l'extrémité intermédiaire de la membrane, 15 pouces ; distance du bord antérieur des yeux à la pointe du nez, 1 pouce 6 lignes ; antibrachium, 7 pouces 7 lignes ; envergure, 4 pieds 10 pouces.

Longueur totale des individus de taille moyenne, 11 pouces ; envergure, 3 pieds ; longueur de l'humérus, 3 pouces ; de l'antibrachium, 5 pouces 8 lignes ; du bord antérieur de l'œil à la pointe du nez, 13 lignes.

Un jeune de l'année, dont le crâne est figuré. Longueur totale, 7 pouces 6 lignes ; envergure, 21 pouces ; distance du bord antérieur de l'œil à la pointe du nez, 7 lignes.

On trouve des différences plus ou moins marquées dans les teintes du pelage et dans la taille des individus. Le grand nombre de dépouilles de squelettes et de crânes dont j'ai pu disposer m'ont servi à constater l'identité des deux espèces nominales établies par

MM. Geoffroy et Desmarest, sous les noms de *Pteropus edulis* et *Edwardsii*. L'individu décrit par Edwards avait le museau noir, celui du Musée de Paris a le museau couleur marron; ceux de notre Musée ont cette partie, les joues et la gorge d'un marron noirâtre. Les teintes au ventre varient aussi du brun clair au roux marron ou au marron noirâtre; le dos est couvert de poils d'un marron noirâtre, sans mélange chez quelques sujets, mais on remarque dans d'autres un mélange de poils noirâtres et de poils cendrés : les derniers sont en plus petit nombre que les noirs. Le roux vif à la nuque et au cou paraît constant dans tous les âges, et la bande transversale et rougeâtre sur les omoplates, est toujours plus ou moins marquée. Edwards, *s'il faut l'en croire*, dit que l'individu qu'il décrit vient de Madagascar; ceux du Musée des Pays-Bas ont été envoyés de Banda, et MM. Reinwardt, Kuhl et van Hasselt, nous ont adressé des sujets de Java, de Sumatra, et de Banca. Les individus de ces îles diffèrent un peu entre eux par les teintes du pelage, et de ceux du Musée de Paris, qui sont de Timor. Les plus petits individus dont nous avons pris la mesure ont une envergure de 21 et de 36 pouces; celui d'Edwards avait 45 pouces anglais de vol; et les sujets de la plus forte taille, qui se trouvent dans notre Musée, ont une envergure de 4 pieds 10 pouces. Edwards a probablement été dans l'erreur sur la patrie de sa *Roussette de Madagascar;* de son temps on était peu soigneux dans ces sortes d'indications, auxquelles on ne mettait point l'importance qu'elles méritent. Au moyen des caractères indiqués il sera facile de distinguer cette Roussette des autres espèces : elle est la plus grande de toutes.

Synonymie. Vespertilio vampyrus, de Linn. et de Gmel., n'a rien d'authentique. Cette indication peut être rapportée à l'*Edulis* aussi bien qu'au *Rubricollis* et au *Vulgaris*. — Pteropus Edulis et Edwarsii. Geoff., *Ann. du Mus.*, vol. 15, pag. 92. — Deux espèces nominales qu'on doit réunir, ce dont j'ai acquis la certitude par l'examen des sujets qui ont servi au Mémoire de M. Geoffroy, et par leur comparaison avec les individus adressés au Musée des Pays-Bas. M. Horsfield décrit cette espèce sous le nom de Pteropus Javanicus, *Zool. Research*, *liv*. 4. C'est changer contre une dénomination très-mal choisie, un nom plus ancien, parfaitement bien imaginé. Il n'existe aucun doute sur l'identité de cette espèce et de celle qui a servi à Séba pour modèle de son Canis volans ternatanus orientalis, *Thes.*, *vol*. 1, *pag*. 91, *tab*. 57. Le Ternate bat, figuré par Pennant, *vol*. 2, *pag*. 304, *pl*. 103, est encore l'*Edulis*, et c'est à tort qu'on rapporte ces indications, où le vrai et le faux se trouvent entassés, comme appartenant à la *Rougette* ou à la *Roussette* de Buffon. Le *Lesser ternate bat* de Pennant, *pag*. 308, *tab*. 304, *fig*. 1, n'a rien d'authentique. On ne peut en prendre notice vu la courte indication et l'ignorance où l'on est sur le pays natal. M. Geoffroy place cette espèce, dépourvue de queue, comme synonyme de son *Pteropus stramineus*, qu'il range parmi celles à queue.

Patrie constatée. L'Archipel de l'Inde. On trouve cette espèce à Java, à Sumatra, à Banda, à Ternate, à Timor, et à Saparouan. M. Reinwardt nous a dit qu'elle est très-nombreuse dans l'île de Java. Pendant le jour on trouve ces animaux suspendus par les crochets du pouce aux branches des arbres, dans le voisinage des plantations dont ils dévastent les vergers. Leurs essaims nombreux se mettent en mouvement vers le déclin du jour; c'est alors que les naturels en font la chasse au moyen d'un sac attaché à une longue perche; ils les mangent et trouvent leur chair bonne, mais l'odeur infecte qu'ils répandent dégoûte les Européens; cette odeur très-forte de musc est produite par leur urine, qu'ils répandent lorsqu'on les inquiète; blessés ou irrités ils font entendre un cri aigu semblable à celui de l'oie. La nourriture de cette Roussette consiste en toutes sortes de fruits. M. Horsfield dit aussi que l'Édule abonde dans les parties basses de l'île de Java; elle ne visite point les districts plus élevés. Plusieurs centaines d'individus choisissent un grand arbre, le plus habituellement une espèce de figuier, voisin du *Ficus religiosus ;* on les voit suspendus pendant le jour aux branches les plus élevées et les moins garnies. Au soleil couchant la troupe se répand dans les vergers et dans les bois voisins de leur repaire ; on garantit les arbres fruitiers de leurs dévastations au moyen de filets tressés de filamens de bambous. Les fruits les plus succulens et les plus aromatiques que les colons cultivent, sont particulièrement recherchés par cette Roussette. Les Timoriens, dit Péron, font grand cas de la chair de l'Édule : elle est blanche, délicate et très-tendre. Le Muséum des Pays-Bas possède six individus d'âges et de lieux différens, des squelettes et plusieurs crânes. Musée de Paris, deux individus que j'ai reconnus pour des *Édules* et le squelette. On voit des individus dans les collections de Londres, de Vienne, de Berlin et de Francfort : ceux que possèdent ces trois derniers établissemens leur ont été adressés du Musée des Pays-Bas.

ROUSSETTE INTERMÉDIAIRE. — *PTEROPUS MEDIUS* (1).

Les plus grands individus parfaitement adultes *par les dents*, de la taille des jeunes individus de l'*Edulis* à système dentaire *non développé*. Formes grêles, mais le corps et le museau moins longs que dans l'*Édule* ; membranes du vol beaucoup moins larges et plus découpées. Membrane interfémorale plus étroite, surtout moins large à la région du coccyx. Oreilles longues et pointues. Point de petite dent anomale à la mâchoire supérieure, entre la canine et la première molaire ; incisives partout très-petites, mal rangées, écartées dans la mâchoire supérieure.

Pelage généralement court mais bien fourni, celui du dos ras et lisse ; la membrane interfémorale en dessus, ainsi que le dessous des membranes des flancs, velus.

Tête, occiput, gorge et région de l'insertion des ailes d'un marron noirâtre ; dos d'un noirâtre légèrement teint de brun ;

---

(1) Il est probable que cette espèce est le *Badur* des habitans de l'Indostan ; Buchanan dit qu'on donne ce nom à une grande chauve-souris de ces contrées, nichant sur les arbres et vivant principalement de fruits.

nuque d'un roux jaunâtre; côtés du cou et toutes les parties inférieures, à l'exception de la gorge et de la région humérale, d'un roux brun couleur de feuille morte; membranes brunes.

Dimensions d'une vieille femelle à longues tétines: de la pointe du nez au bout de la membrane interfémorale qui entoure le coccyx, 11 pouces; envergure, 3 pieds 1 ou 2 pouces; antibrachium, 5 pouces 9 lignes; distance de la pointe du nez au bord antérieur des yeux, 13 lignes.

Synonymie. Il paraît probable que cette espèce a été confondue avec l'*Edulis*, erreur facile à commettre lorsqu'on est dépourvu de moyens comparatifs. Les diagnoses fournies dans nos deux articles peuvent servir de moyen pour distinguer ces deux espèces, originaires de contrées séparées par une grande étendue de mer; elles offrent encore des disparités marquées dans l'envergure des sujets de même sexe et d'âge à peu près égal; quelque identique qu'elles puissent paraître au premier abord, il est cependant facile de les distinguer, ne fût-ce que par la couleur du pelage des parties inférieures.

Patrie. Le continent de l'Inde, aux environs de Calcutta et de Pondichéry où elles vivent en troupes sur les arbres, et dévastent les vergers. MM. Leschenault et Dussumier ont rapporté des individus de cette espèce. Le dernier m'a communiqué que les arbres des environs de Calcutta sont à certaines époques couverts d'un grand nombre de ces Roussettes.

Les deux sujets du Musée de Paris, et deux autres du Musée des Pays-Bas, ont été offerts par ces voyageurs. Ces quatre sujets et quelques individus que j'ai vus à Londres m'ont servi pour constater les caractères de ces deux espèces voisines, qu'il est très-facile de confondre, vu que les formes sont à peu près les mêmes.

ROUSSETTE A FACE NOIRE. — *PTEROPUS PHAIOPS.*

Taille de la *Roussette intermédiaire* du Bengale; corps très-gros, trapu; museau long; yeux plus éloignés des narines que des oreilles; celles-ci courtes et pointues; membrane interfémorale large au tibia, mais restreinte, sur toute l'étendue du coccyx, à un rudiment très-étroit, occulte et caché par les longs poils; envergure étendue, mais les membranes étroites. Point de petite dent anomale entre la première molaire supérieure et la canine; incisives petites, les supérieures bien rangées, les inférieures entassées en deux rangs et comprimées par les canines (1).

Pelage long, grossier, très-fourni, un peu frisé partout; coccyx, humerus, antibrachium et les membranes qui en prennent naissance garnies d'un poil frisé.

Un masque d'un noir profond couvre le museau, la gorge, les joues, et entoure l'orbite des yeux; tout le reste de la tête, les côtés du cou, la nuque et les épaules d'un jaune paille; poitrine d'un roux doré très-vif; toutes les autres parties inférieures à poils de deux couleurs, bruns à la base et d'un jaune paille clair à la pointe; pelage de l'humérus et de tout le dos d'un noir marron, mêlé de quelques poils jaunâtres; membranes noires.

Dimensions d'un vieux mâle. Longueur totale, 10 pouces; envergure, 3 pieds 5 pouces; antibrachium, 5 pouces 8 lignes; distance du bord antérieur des yeux à la pointe du nez, 13 lignes; hauteur de l'oreille, 8 lignes.

Cette espèce nouvelle repose sur l'examen de deux individus.

Patrie certaine. Madagascar. Musée des Pays-Bas.

---

(1) J'attache peu d'importance à ces légères différences dans les dents incisives des Cheiroptères; le naturaliste doit les signaler, mais on est prévenu de ne pas s'en servir comme premier moyen de reconnaissance. L'accroissement progressif des canines, même dans un âge très-avancé, est la cause principale des anomalies qu'offrent les dents incisives; elles sont quelquefois de nature à faire naître des doutes sur l'identité certaine et avérée de l'espèce.

ROUSSETTE A TÊTE CENDRÉE. — *PTEROPUS POLIOCEPHALUS.*

Taille moindre que celle du *Pteropus Edulis* ; corps très-gros, encore plus trapu, par rapport au vol, que dans la Roussette à face noire ; membranes interfémorales restreintes à un rudiment très-court ; tout le coccyx dégagé, couvert de longs poils ; fourrure abondante sur tout le corps et sur les membres ; les incisives de la mâchoire inférieure un peu écartées entre elles. Oreilles de moyenne longueur, entièrement à découvert et pointues.

Le pelage sur tout le corps, ainsi que sur la face extérieure et intérieure des quatre extrémités, est long, bien fourni, plus ou moins frisé sur toutes les parties inférieures, lisse et couché en dessus, excepté à la nuque, au coccyx et à la face externe des pieds postérieurs ; ceux-ci sont plus courts que dans aucune autre espèce.

Toutes les parties supérieures de la tête, les joues et la gorge sont d'un cendré foncé, mêlé de quelques poils noirs, clair-semés ; la couleur cendrée se nuance en gris sur le sommet de la tête, et cette teinte forme une bande longitudinale sur le chanfrein ; à l'insertion des oreilles se voit une petite tache noire. Toute la nuque, les épaules et une partie du devant du cou sont d'un beau marron roussâtre ; cette couleur est séparée par une bande noire du cendré couvrant les autres parties du corps ; tout le dos et la poitrine offrent un mélange de poils cendrés et de poils noirs, mais la partie inférieure du dos et la face externe des pieds de derrière sont d'un cendré plus clair, tirant un peu au jaunâtre ; le ventre, la région du coccyx et la face interne des pieds, sont aussi de cette teinte, mais elle est plus foncée ; l'antibrachium et la partie de la membrane qui y adhère sont garnis de poils bruns mêlés de quelques poils plus clairs ; la membrane interfémorale large, vers les os métatarsiens, de 10 lignes, diminue graduellement d'étendue et se perd vers la première jointure du genou dans les longs poils de cette partie, où elle est réduite à un rudiment ; toute la région qui enveloppe le coccyx en est dépourvue, et cette partie est garnie de poils un peu frisés; les oreilles sont de moyenne longueur et nues. Toutes les dents sont absolument comme chez les autres Roussettes, mais les incisives de la mâchoire inférieure sont plus écartées, et les deux arêtes des molaires plus saillantes.

Longueur du bout du museau au coccyx, à peu près un pied; envergure, 3 pieds 3 pouces; longueur de l'antibrachium, 5 pouces 7 lignes; l'humérus n'a pu être mesuré, cette partie manquant à l'individu; distance du bord antérieur des yeux à la pointe du nez, 13 lignes. Un mâle de grande dimension, et d'après les dents parfaitement adulte.

Synonymie et Patrie. Cette espèce est nouvelle; j'en fis l'acquisition à Londres, avec un grand nombre d'autres objets d'histoire naturelle arrivés récemment de la Nouvelle-Hollande. Un second individu que je viens de recevoir avait été rapporté de l'intérieur de la grande terre de l'Océanie. Les circonstances mentionnées peuvent servir d'indices pour déterminer l'habitation de cette Roussette.

Muséum des Pays-Bas. Un individu monté; le second, en tout semblable au sujet décrit, était entièrement rongé par les dermestes. J'en ai vu un troisième plus petit, au Musée de Paris, et un quatrième à Londres. Le sujet du Musée de Paris porte le nom de *Pteropus rubricollis.*

ROUSSETTE LAINEUSE. — *PTEROPUS DASYMALLUS.*

(*Planche* 10.)

Taille moindre que la *Roussette intermédiaire*, et un peu plus forte que la *Keraudren*; membranes du vol, en proportion du corps, moins étendues que dans les autres Roussettes; membrane interfémorale rudimentaire le long des jambes, et nulle à l'entour du coccyx; seulement visible à la région du calcanéum, le reste étant caché par un pelage touffu. Oreilles petites, pointues, en grande partie cachées dans l'épaisse fourrure. Incisives supérieures grandes, égales et bien rangées; inférieures petites et par paire; point de petite dent anomale derrière la canine supérieure; une fausse molaire large et bilobée derrière la canine inférieure; en tout 4 molaires en haut et 6 en bas. Voyez la figure du crâne.

Pelage très-laineux, long partout; membranes des flancs poilues en dessus et en dessous; tous les membres couverts de poils longs; seulement les os métatarsiens couverts d'une membrane nue; de longs poils à la région du coccyx.

Face, sommet de la tête, joues, gorge et région des oreilles d'un brun mêlé de quelques poils gris; devant et côté du cou, nuque, toute la partie postérieure du cou et la région des omoplates d'un blanc sale un peu jaunâtre; tout le reste des parties supérieures et inférieures du corps, la partie velue des membranes des flancs, et les quatre extrémités en dessus et en dessous, couverts d'une laine touffue, brun foncé, à pointe des poils couleur d'ocre; oreilles nues, la pointe seulement visible. Membranes d'un brun foncé.

Longueur du bout du museau à l'extrémité du coccyx, un peu plus de 8 pouces; les poils dépassent le coccyx d'environ un pouce; envergure, 2 pieds 4 pouces; antibrachium, 4 pouces 4 lignes.

Synonymie. Cette espèce nouvelle a été indiquée sous le nom de *Pteropus rubricollis* par M. de Siebold, naturaliste-voyageur nerlandais envoyé au Japon. Voyez *Spicilegia faunæ Japonicæ*. Je m'empresse d'en faire la remarque, afin que les naturalistes de bibliothéques, en s'emparant de cette brochure trop prématurée de M. de Siebold, ne nous fournissent point une synonymie vicieuse et une indication de patrie inexacte du véritable *Pteropus rubricollis*, qui se trouve à l'île de France.

Patrie. Le Japon, où elle dévaste les plantations d'arbres fruitiers dans les environs de Nangasaki et de Jedo. Son nom japonais, suivant M. de Siebold, est *Sobaosiki*.

Le sujet qui a servi à la présente description a été offert au Musée des Pays-Bas par M. Blomhoff, ancien résident nerlandais au Japon.

ROUSSETTE VULGAIRE.—*PTEROPUS VULGARIS.*

Taille de l'*Écureuil* d'Europe ; envergure des plus grands individus, aussi étendue que celle des plus petits sujets de la *Roussette intermédiaire*. Oreille petite, pointue, fort peu échancrée à la partie supérieure et latérale. Les incisives supérieures séparées presque également, les latérales à peine plus courtes. Membrane interfémorale courte, entièrement cachée par les poils de la région du coccyx. Pelage épais et grossier. Le dessin d'un crucifix brun noirâtre sur un fond roux, couvre les parties supérieures. Front et joues d'un roux jaunâtre; museau, tête, cou, nuque et deux bandes sur les côtés du dos parallèles à l'épine, d'un roux jaunâtre très-vif ; le milieu du dos et les épaules d'un marron-noirâtre ; le ventre et les autres parties inférieures, celle du pubis excepté, d'un noir plein ; la région du pubis et les bras roussâtres ; membranes d'un noir parfait.

Elle paraît sujet à varier. Un individu, conservé au Musée de Paris, et rapporté par M. Roch, a la tête, ainsi que la région des parties génitales, jaunâtres, le reste du ventre noirâtre ; il est d'un brun noir en dessus, aux épaules et sur le milieu du dos ; le reste est jaunâtre.

Longueur totale, 8 pouces 4 ou 5 lignes ; quelques individus ont 9 pouces ; envergure, 3 pieds, quelquefois plus.

Synonymes. Vespertilio ingens Clus., *Exot. lab.*, pag. 94.— La Roussette Briss., *Quad.*, pag. 216. — Buff., *vol.* 10, *tab.* 14. — Vespertilio vampyrus Schreb., *Saugt.*, *vol.* 5, *tab.* 44, *une figure exacte.* Le *Vespertilio vampyrus* de Linnée, Gmel., n'a rien de bien déterminé. — La Roussette vulgaire Geoffr., *Ann. du Mus.*, *vol.* 15, *pag.* 92. — Cuv., *Regn. anim.*, *vol.* 1, *pag.* 124. Voyez aussi *Ann. du Musée*, *vol.* 7, *pag.* 227, où se trouvent des notices très-intéressantes, communiquées par M. Roch.

Patrie certaine. Les îles de France et de Bourbon. *On dit* qu'on la trouve aussi à Madagascar et *peut-être* en Afrique. On mange la chair de cette Roussette; c'est à tort, dit M. Roch, qu'on la compare à la chair du lièvre ou à celle de la perdrix; elle a une saveur particulière qui plaît en général; celle des jeunes est surtout préférable. Cette espèce et la *Rougette* se rassemblent pêle-mêle sur les arbres, où elles sont attirées par l'abondance des fruits et des fleurs; elles ont toutefois des habitudes différentes, car, hors le moment où elles s'occupent à paître, les *Roussettes vulgaires* vont se fixer sur de grands arbres au centre des forêts, tandis que les *Rougettes* s'établissent dans les creux des vieux arbres ou dans des rochers. On ne croit pas qu'elles s'accouplent ensemble; du moins jamais il n'en provient de mulets.

Musée de Paris : deux individus en très-bon état. Deux autres à Londres. Les deux sujets du Musée de Paris sont étiquetés sous le nom de *Roussette de Buffon*. Je n'ai pas examiné les molaires ni le crâne de cette Roussette.

ROUSSETTE ROUGETTE. — *PTEROPUS RUBRICOLLIS* (1).

Taille de moitié moindre que la *Roussette édule*. Dents incisives plus rapprochées, celles du milieu étant contiguës; elles sont rapprochées par paire à la mâchoire inférieure. Oreilles petites, cachées dans les poils; membrane interfémorale rudimentaire entièrement cachée sous les poils crépus du coccyx et des jambes. Oreilles courtes, arrondies, parfaitement cachées dans les poils crépus.

Pelage cotonneux, très-frisé, long, rude et très-abondant.

Un large collier d'un rouge roussâtre ou doré couvre toute la nuque, les côtés et le devant du cou; la tête et toutes les autres parties supérieures sont d'un brun jaunâtre, mêlé de poils soyeux d'un jaunâtre clair; poitrine d'un brun noirâtre; les autres parties

---

(1) Ce nom que nous conservons est bien mal choisi, vu que sur *huit* espèces de grandes Roussettes, *sept* ont le *cou roux*, donc cette épithète de *Rubricollis* leur est applicable. Ce que M. Geoffroy dit du pelage de cette Roussette se borne à ce peu de mots : *Elle est d'un gris-brun sur tout le corps, à l'exception du cou, où règne une couleur très-vive mêlée d'orangé et de rouge.*

inférieures d'un ton plus gris que le pelage du dos, mais variées de la même manière.

Dimensions données par M. Geoffroy : envergure, 2 pieds ; tête, 4 cent. 5 millim. J'ai trouvé la longueur totale de 7 pouces 4 lignes, et l'antibrachium de 4 pouces.

Synonymes. LA ROUSSETTE A COU ROUGE, Briss., *Quad.*, *pag.* 217. — Geoffr., *Ann. du musée, vol.* 15, *pag.* 93.—LA ROUGETTE, Buff., *vol.* 10, *tab.* 17. — Cuv., *Reg. anim.*, *vol.* 1, *pag.* 124. Le *Vespertilio vampyrus* de Linn., Gmel., peut encore être rapporté ici, ainsi qu'aux articles de l'*edulis* et du *vulgaris*.

On ne doit point rapporter ici le soit-disant *Pteropus rubricollis* dont M. Siebold vient de faire mention dans une petite brochure écrite au Japon et imprimée à Batavia, *Spicilegia faunæ Japonicæ*. Cette espèce est nouvelle; nous en fournirons une description sous le nom de *Pteropus dasymallus*.

Patrie donnée par les auteurs. Les îles de Bourbon et Madagascar. M. Roch assure que cette espèce est distincte de la précédente ; elle vit dans les arbres creux et dans les trous des rochers. Les couleurs du pelage offrent des disparités bien marquées.

Musée de Paris. J'ai vu dans quelques autres musées des Roussettes étiquetées sous le nom de *Rubricollis*. On a même donné ce nom au *Céphalote de Péron*, dans un catalogue publié depuis peu.

ROUSSETTE PALE, ou FEUILLE MORTE.
— *PTEROPUS PALLIDUS.*

Taille moindre que celle des individus de l'âge d'un an de la *Roussette édule ;* museau court, un peu obtus ; yeux plus distans des oreilles que de la pointe du nez ; oreilles courtes, arrondies, moins longues que la distance des yeux à la pointe du nez ; membrane interfémorale réunie à la base du coccyx par un rudiment d'une demi-ligne de largeur, entièrement caché sous les poils qui couvrent cette partie; toutes les membranes d'un brun très-clair. Incisives supérieures écartées, les inférieures plus entassées; toutes les latérales plus grandes que les intermédiaires; point de dent anomale à la mâchoire supérieure où se trouvent quatre molaires; à l'inférieure une dent anomale avec cinq molaires, la dernière très-petite et réunie. *Voyez* le crâne.

Pelage très-court, mélangé de poils bruns, gris et blanchâtres. La nuque, les épaules et le collier qui entoure la poitrine sont d'un roux de rouille vif dans les adultes, et d'un roux un peu plus pâle chez les jeunes; tout le dos est couvert de poils couchés, lisses, courts et d'un brun pâle; cette teinte est produite par le mélange de poils bruns cendrés et blanchâtres. La tête, la gorge, le ventre et les flancs sont d'un brun couleur de feuille morte; toutes les membranes sont d'un brun pâle ou couleur de feuille morte. Les sexes n'offrent aucune différence dans les couleurs du pelage, et les jeunes de l'année diffèrent des adultes seulement par une teinte généralement plus claire et moins vive des couleurs de leur robe. J'en ai mesuré de 7 pouces en longueur totale, et j'en ai vu de moins grands; ils ressemblaient exactement aux adultes, à l'exception de la légère différence que nous signalons.

Longueur moyenne des adultes, 7 pouces 6 lignes; envergure, 2 pieds 4 ou 5 pouces; antibrachium, 4 pouces 6 lignes; distance du bord antérieur des yeux à la pointe du nez, 1 pouce; longueur des oreilles, 8 lignes.

On distingue cette nouvelle espèce au manque de la très-petite fausse molaire à la mâchoire supérieure, qui ne compte que trois grandes et une petite molaires, à sa teinte brune, couleur de feuille morte, à ses petites oreilles arrondies par le bout. Je n'ai point trouvé de variétés dans la couleur du pelage sur six individus d'âge et de dimensions différentes, que j'ai été à même de comparer.

Patrie. L'espèce a été trouvée à l'île de Banda, où elle est très-commune; elle vit et pourvoit à sa subsistance de la même manière que la *Roussette édule*, qui abonde aussi dans cette même île.

Musée des Pays-Bas, quatre individus montés. Musée de Paris, individu provenant des collections des voyageurs nerlandais.

ROUSSETTE KERAUDREN (1). — *PTEROPUS KERAUDRENIUS.*

Taille environ d'un quart plus grande que la *Roussette grise* (Pteropus griseus); queue nulle, la membrane interfémorale échancrée comme dans l'*edulis*, mais seulement rudimentaire à l'entour du coccyx, où elle est cachée et totalement couverte par les poils assez longs de cette partie; oreilles courtes, un peu arrondies; membranes du vol naissant à peu de distance de la ligne moyenne du dos; pouce très-long. Toutes les membranes d'un noirâtre très-foncé. Dents incisives égales et symétriquement rangées; une petite dent anomale à la mâchoire supérieure, une correspondante plus forte à l'inférieure; quatre molaires en haut et cinq en bas. *Voyez* le crâne calqué de la figure publiée dans l'ouvrage de M. Freycinet.

Pelage couché et brun sur le dos; plus fourni et crépu sur la nuque et aux parties inférieures. Les poils lisses et couchés du milieu du dos sont à peu près noirâtres, mêlés de quelques poils cendrés très-rares; mais sur les côtés du dos, vers la limite de la région poilue, se trouve une longue bande en forme de croissant où les poils cendrés sont en plus grand nombre que les poils noirs. Toute la nuque ainsi que les épaules sont couvertes d'un pelage frisé, d'un jaune paille un peu roussâtre; ce demi-collier est terminé en pointe sur les côtés de la poitrine. La tête et la gorge sont d'un brun fauve très-foncé; la poitrine est légèrement teinte d'une nuance plus roussâtre et toutes les autres parties inférieures sont noires, mélangées de poils gris. Les oreilles sont très-petites et un peu arrondies; les longs poils du coccyx cachent le rudiment de membrane dont cette partie est entourée. Nous avons vu des individus dont le collier jaune est plus clair, et d'autres où cette teinte est légèrement cendrée.

(1) Son nom de pays, à Guam, l'une des Mariannes, est *Fanihi*; les Carolinais la désignent par la dénomination de *Poé*.

Longueur, de 7 à 8 pouces au plus; envergure, depuis 2 pieds jusqu'à deux pieds 6 pouces; antibrachium, 3 pouces 10 lignes à 4 pouces et demi. Les mâles sont plus grands que les femelles.

Synonymes. La découverte de cette Roussette est due aux naturalistes de l'expédition commandée par le capitaine Freycinet, dont la relation du voyage doit paraître incessamment.

Elle est facile à distinguer de l'*edulis* par ses oreilles beaucoup plus courtes, arrondies; par son envergure d'un bon tiers moins étendue; et par sa membrane interfémorale rudimentaire autour du coccyx, qui ne forme point par sa réunion une figure en Λ ou V renversé. Le pelage de la nuque est toujours jaune ou jaunâtre.

La première livraison de la partie zoologique du voyage de M. Freycinet vient de paraître; notre espèce y est figurée pl. 3. MM. Quoy et Gaymard rapportent qu'aux Mariannes on mange ces Roussettes, malgré la forte et désagréable odeur qu'elles exhalent. Elles volent en plein jour, et dans le repos se suspendent plutôt aux arbres qu'elles ne se nichent dans les trous ou entre les rochers. La portée n'est que d'un petit, qui se cramponne à la mère, même dans le vol.

Cette Roussette a été dédiée, par les naturalistes mentionnés, à M. Kéraudren, inspecteur général du service de santé de la marine royale de France.

Patrie. Les Mariannes. Tous les individus rapportés par l'expédition mentionnée ont été trouvés dans l'île de Guam.

Musée de Paris, 3 individus; et des Pays-Bas, 2 individus.

ROUSSETTE GRISE. — *PTEROPUS GRISEUS.*
(*Planche XI.*)

Taille du *Vampire* (Phylostoma spectrum); oreilles très-courtes, acuminées; dents incisives supérieures égales et bien rangées, celles de la mâchoire inférieure séparées par un intervalle à leur milieu;

pelage du cou long et frisé ; membrane des flancs naissant à peu de distance de la ligne moyenne du dos ; membrane interfémorale peu large aux membres, rudimentaire et en partie cachée au coccyx.

Les poils du cou sont longs et frisés, ceux du dos au contraire courts et couchés. Toutes les parties inférieures sont d'un gris roussâtre, souvent d'un blanc jaunâtre ou légèrement teinté de roussâtre ; ces poils sont assez longs, très-légèrement frisés sur la gorge ; la tête et la nuque sont d'un roussâtre très-clair, et les poils de ces parties sont comme frisés ; ceux du dos ont une teinte roussâtre très-claire, passant presqu'à la couleur lie de vin. Cette espèce est bien caractérisée par ses oreilles très-courtes, terminées en pointe.

Longueur totale de 6 pouces à 6 pouces 6 lignes ; distance du nez au bord antérieure de l'œil, 9 lignes ; longueur de l'antibrachium, 3 pouces 7 lignes ; longueur totale, 6 pouces ; mesure prise sur une femelle jeune. Un mâle adulte m'a fourni les dimensions suivantes : longueur totale, 8 pouces ; envergure, 21 pouces ; antibrachium, 3 pouces 10 lignes ; humérus, 2 pouces 7 lignes ; distance du bord antérieur des yeux à la pointe du nez, 11 lignes.

Synonymes. Cette espèce, qui est du nombre des découvertes faites par l'expédition française aux Terres Australes, a été décrite et figurée par M. Geoffroy dans les *Annales du Muséum, vol.* 15, *pag.* 94, *pl.* 6. Je reproduis la figure dans cette monographie.

Patrie. L'espèce a été trouvée par feu Péron dans l'île de Timor.

Elle est facile à reconnaître aux teintes très-claires du pelage, à ses oreilles très-courtes, à sa petite taille et à la réunion de ses membranes du vol qui se joignent à peu de distance de la ligne moyenne du dos. L'espèce est établie sur l'examen de deux individus.

Muséums des Pays-Bas et de Paris.

ROUSSETTE MASQUÉE. — *PTEROPUS PERSONATUS.*

Taille de la *Roussette grise* et du *Céphalote de Péron*. Oreilles de moyenne longueur, un peu arrondies au bout; membranes interfémorales, rudimentaires, partie supérieure entièrement cachée par les poils et n'entourant point le coccyx; toutes les membranes des ailes brunes en dessus, blanchâtres en dessous. Dents incisives supérieures bien rangées et espacées par paire; les inférieures espacées, très-fines, courtes et obtuses; une petite dent anomale aux deux mâchoires, la supérieure à peine visible.

La tête de cette espèce est peinte d'une manière tranchée de blanc pur et de brun. Du blanc très-éclatant couvre toute l'étendue du chanfrein; elle s'étend jusqu'au delà des yeux, et forme une tache derrière cet organe; les joues, le bord des deux lèvres et le menton sont aussi d'un blanc pur; une large zone brune couvre la gorge; les extrémités de cette zone entourent les joues, forment de larges sourcils au-dessus des yeux et s'étendent en deux raies parallèles qui aboutissent aux narines; le sommet de la tête, l'occiput, tout le cou et une partie de la poitrine sont d'une teinte jaune-paille; les épaules et les poils qui couvrent l'humérus sont blanchâtres, ceux du dos ont une teinte grise mêlée de quelques poils d'un brun clair; la poitrine, le ventre et les flancs ont des poils cotonneux colorés de brun à leur base et d'une teinte isabelle à la pointe.

Longueur totale, 6 pouces 6 lignes; envergure, 20 pouces; antibrachium, 3 pouces 5 lignes; distance du bord antérieur des yeux à la pointe du nez, 10 lignes; oreilles longues de 10 lignes. Mesure prise sur deux sujets à l'état adulte.

Nous devons la découverte de cette belle espèce, peinte de couleurs pures et tranchées, et par-là très-remarquable, à M. le professeur Reinwardt, qui a rapporté de ses voyages aux Moluques les deux sujets soumis à notre examen. Les mœurs et les habitudes n'ont point été observées.

Patrie. M. Reinwardt a rapporté les deux individus mentionnés de l'île de Ternate.

Musée des Pays-Bas.

ROUSSETTE MÉLANOCÉPHALE. — *PTEROPUS MELANOCEPHALUS.*

Planche XII.

Taille de la *sérotine* d'Europe. Oreilles petites, courtes et arrondies; queue nulle, membrane interfémorale rudimentaire à peu près toute cachée par les poils du coccyx et des jambes. Museau très-court, incisives contiguës, symétriquement rangées; une dent anomale assez forte à chaque mâchoire; outre ces dents, trois molaires à la supérieure et quatre à l'inférieure; la première molaire de la mâchoire supérieure munie d'un talon, ce qui la rend bilobée. Voyez le squelette et les détails de grandeur naturelle, pl. 16, fig. 3 et 4.

Pelage un peu long et bien fourni, excepté sur le devant du cou; le coccyx, les jambes et l'antibrachium couverts; les poils du dos de deux couleurs, d'un blanc jaunâtre à la base et d'un cendré noirâtre à la pointe; nuque, sommet de la tête et museau noirs; des poils divergens d'un centre commun sur les côtés du cou, servant probablement à couvrir un appareil dont suinte une humeur odorante (1). Toutes les autres parties inférieures d'un blanc jaunâtre et terne; système cutané d'un brun foncé.

Longueur totale d'une vieille femelle à tétines longues, 2 pouces 10 lignes; antibrachium, 1 pouce 7 lignes; envergure, 11 pouces.

Nous sommes redevables de la découverte de cette très-petite espèce à M. Van Hasselt, qui a trouvé cette Roussette dans un voyage fait dans les parties les plus solitaires de l'île de Java. La note manuscrite de ce naturaliste nous apprend qu'il en fit la capture dans les régions montueuses du district de Bantam, où l'espèce porte le nom

---

(1) On observe un appareil semblable dans la Roussette mammilèvre et dans quelques autres espèces de Cheiroptères.

de *Batoeauwel;* il n'en put trouver qu'une petite famille suspendue à un arbre.

Patrie. L'île de Java.

Musée des Pays-Bas, des individus montés et le squelette.

DEUXIÈME SECTION DES ROUSSETTES.

Museau un peu allongé ou effilé, provenant de l'intervalle entre la première et la seconde molaire; langue un peu plus longue que celle des autres roussettes, pointue et un peu extensible ; un rudiment de queue presque imperceptible et ne dépassant point la membrane interfémorale (1). Régime entièrement frugivore; les mêmes habitudes que les autres grandes Roussettes de l'Inde.

ROUSSETTE KIODOTE (2). *PTEROPUS MINIMUS.*

Taille du *mulot*, envergure de notre *Vesp. barbastelle.* Tête large, museau grêle, effilé, membrane interfémorale très-étroite, mais réunissant les pieds au coccyx par un rudiment de largeur égale, soutenu par un faible rudiment de queue ; toute la membrane velue, plus en dessus qu'en dessous. Incisives des deux mâchoires mal rangées, toutes distantes; la première molaire accolée aux canines, laissant ensuite

---

(1) L'absence de tout vestige de queue dans les sujets montés doit être attribuée au peu de soin donné à la préparation des peaux ; la queue n'est plus visible lorsque les vertèbres ont été enlevées dans la membrane interfémorale. Cette petite queue compte deux vertèbres.

(2) Nous conservons ce nom donné à l'espèce par M. Leschenault, en remarquant toutefois que les Javanais ne la désignent point sous ce nom de *Kiodote.* Elle est très-bien connue en langue malaise, sous le nom de *Lowo-Assu,* ce qui signifie chauve-souris chien. Les Français sont assez souvent dans le cas de donner une orthographe vicieuse en se servant des noms vulgaires qu'ils apliquent aux espèces d'après les idiomes étrangers. On doit écrire le nom Javanais de la grande Roussette (P. Edulis) *Kalong,* et pas *Kalou,* comme l'a fait M. Leschenault. Les naturalistes qui nous transmettent les noms que portent les animaux dans l'Archipel de la Sonde, ne font point de distinction entre la langue malaise et javane, qui diffèrent cependant essentiellement.

25.

un grand intervalle entre elle et la seconde paire de molaires ; narines ouvertes sur le côté du petit muffle.

La tête est allongée ; sa mâchoire inférieure s'avance en angle aigu et dépasse la supérieure. Cette mâchoire est plus grêle que dans aucune autre espèce ; elle est un peu arquée et mince partout. Les incisives, au nombre de $\frac{4}{4}$, sont toutes espacées et par paire, l'intervalle du milieu étant plus large que la distance entre chaque dent isolée. On compte 5 molaires à la mâchoire supérieure et 7 à l'inférieure ; la première molaire supérieure est à égale distance de la canine et de la seconde molaire, et les quatre autres sont régulièrement espacées entre elles. A la mâchoire inférieure, la première molaire se trouve très-rapprochée de la canine, sans autre correspondante en haut que le talon de la canine supérieure ; la seconde molaire, très-distante de la première et intermédiaire entre celle-ci et la troisième, exerce la détrition sur la première molaire d'en haut ; les cinq autres, *lorsqu'elles existent au complet*, sont toutes contiguës, exerçant la détrition sur les quatre molaires supérieures, toutes distantes les unes des autres. Voyez le crâne et ses détails dans l'adulte, et le jeune au période moyen de l'âge.....

Mais cette denture offre aussi certaines anomalies ; nous donnons une mâchoire inférieure de *Kiodote*, grossie à la loupe, présentant d'un côté le nombre normal de 7 molaires, et de l'autre seulement 5 molaires ; les deux arrières manquent, et la mâchoire n'offre aucun indice d'alvéoles. Une anomalie de cette nature aurait-elle pu servir à porter de l'incertitude dans le dénombrement des dents de cet animal, tel qu'on le voit par l'errata fourni par M. F. Cuvier, *page 40 des dents des mammifères?* où il détermine primitivement le nombre des dents à 30, sans fausses molaires, et dans l'errata à 34 en admettant l'existence des fausses molaires. Nos têtes, au grand complet des dents, telles que je viens de les décrire, portent en total 36 dents. Il est conséquemment très-probable que M. F. Cuvier a trouvé le dénombrement sous la double version ci-dessus mentionnée, sur des têtes de Kiodote qui auront perdu quelques-unes de leurs mâchelières.

Le pelage est court, serré, un peu laineux. Toutes les parties supérieures sont d'un roux clair un peu teinté de jaunâtre vers la racine des poils, qui sont doux et cotonneux. Les parties inférieures sont d'un roussâtre un peu plus clair que les supérieures; toute la membrane interfémorale est velue en dessus, et les poils dépassent le bord de la membrane; tout le système cutané est de couleur roussâtre.

Longueur totale, 3 pouces 5 ou 6 lignes; envergure, de 10 à 11 pouces, mesures prises sur les individus de la plus forte taille; les moins grands ont 10 pouces; distance du bord antérieur des yeux à la pointe du nez, 6 lignes; antibrachium, 1 pouce 6 lignes. Les jeunes de l'année en état de voler ont 2 pouces en total, et leur envergure est de 7 pouces; l'individu au terme moyen de l'âge, dont le crâne est figuré, porte 8 pouces d'envergure.

Synonymes. Cette espèce a été découverte par M. Leschenault; elle est indiquée dans le mémoire de M. Geoffroy sous le nom de PTEROPUS MINIMUS, *Ann. du Musée, vol.* 15, *pag.* 97. — C'est PTEROPUS ROSTRATUS, Horsfield *Zool. Researc. in Javâ, liv.* 3, avec une bonne figure de la femelle. M. Horsfield paraît avoir été dans la supposition que l'espèce était inédite; M. Geoffroy en ayant donné une bonne description long-temps avant cet auteur, nous conservons à l'espèce le premier nom imposé. Il faut rapporter ici la figure du KIODOTE de M. F. Cuvier, *Hist. nat. des mammifères*, publiée d'après un dessin envoyé du Bengale par M. Duvaucel; les notes dont elle était accompagnée ne sont point parvenues à M. Cuvier, et je n'ai pas trouvé dans le Muséum de Paris un sujet provenant du Bengale; ceux que j'ai vus sont tous de Java et ont été rapportés de cette île par M. Leschenault. Ils ne diffèrent point de ceux que nous avons reçus de ce dernier pays dans l'esprit-de-vin et montés. Ce que M. F. Cuvier dit de la langue et de la dentition *ferait soupçonner* qu'il parle d'une espèce différente de celle de Java. *Les conjectures* sur les mœurs et la nourriture, déduites du système dentaire et de cette langue *soi-disant* extensible de deux pouces au delà des mâchoires, attribuées au *Kiodote*, dont M. Cuvier veut faire le type du nouveau genr *Macroglossus*, peuvent être propres à l'animal du Bengale ; mais il est de fait qu'elles ne sont point applicables au *Kiodote* de Java. Nous remarquons encore que la figure publiée par M. F. Cuvier dans l'Histoire des mammifères, ressemble exactement au Kiodote de Java.

Patrie. Les îles de Java et de Timor ; *probablement* aussi dans quelques autres îles ; l'existence de cette espèce sur le continent de l'Inde n'est point encore bien prouvée. Elle cause, tant à Java qu'à Timor, de grands dégâts dans les vergers ; son genre de vie est le même que celui de la *Roussette édule.* Tous les arbres fruitiers, dit M. Horsfield, sont en proie aux dévastations nocturnes de cette Roussette. Elle donne la préférence au fruit de l'*Eugenia* (jambu). On la voit pendant le jour suspendue aux rameaux élevés des arbres, blottie et cachée sous le feuillage ; les trous des vieux arbres et des édifices lui servent aussi de retraite. M. Leschenault a dit que la langue de cette Roussette est longue de deux pouces ; elle aurait la faculté de la sortir en entier et de la retirer comme le Pangolin fait de la sienne. *Il est peut-être plus exact de dire* que la langue est un peu plus longue et plus acuminée que celle des autres grandes espèces ; mais *il est exagéré* de la comparer à la langue longue et lisse des pangolins, ou même avec celle moins extensible des *Cheiroptères glossophages.* L'animal peut avoir la faculté de la sortir environ de trois ou de quatre lignes ; de très-petites papilles couvrent la pointe et la partie postérieure de cette langue ; vers le milieu de sa longueur se trouve un grand espace carré couvert de très-fortes aspérités. J'ai pu vérifier ceci sur plus de vingt individus.

Le musée des Pays-Bas possède un individu provenant du voyage de M. Leschenault ; plusieurs individus montés en esprit-de-vin, et les squelettes dans tous les périodes de l'âge, ont été envoyés par MM. Kuhl et Van Hasselt. Musées de Paris et de Londres.

TROISIÈME SECTION DES ROUSSETTES.

Une queue plus ou moins longue, à moitié engagée dans la membrane interfémorale. Les dents incisives petites, symétriquement rangées et contiguës.

Il est probable que les espèces de cette section ont un régime insectivore; quelques-unes se nourrissent aussi de fruits. L'habitation de quelques espèces se trouve dans les vieilles bâtisses ou dans les creux des rochers; les trous vermoulus des arbres et les cavernes leur servent aussi de retraites.

Il est nécessaire d'observer que les individus des espèces de Roussettes à queue courte, auxquels, en les dépouillant, on aura enlevé les vertèbres caudales, paraissent privées de queue. On doit recommander aux préparateurs de ne point enlever ce membre de la membrane interfémorale.

ROUSSETTE PAILLÉE. — *PTEROPUS STRAMINEUS*.

Taille de la *Roussette Kéraudren*; oreilles un peu longues, en pointe arrondie vers le bout; queue très-courte, les deux dernières vertèbres excédant la membrane interfémorale, celle-ci d'égale largeur et velue, excepté vers les deux extrémités; membranes des ailes un peu velues en dessous et le long des flancs, nues en dessus et prenant leur origine à la face supérieure des côtes. Les quatre membres couverts d'un poil ras. Museau allongé; chanfrein peu incliné; incisives supérieures par paire; inférieures petites, égales et serrées; une dent anomale à chaque mâchoire, et en outre quatre molaires en haut et cinq en bas, toutes un peu écartées. Voyez le crâne, planche 15, fig. 12 et 13.

Le pelage est très-court, un peu ras dans l'adulte, lisse et bien fourni partout; une partie de l'antibrachium, l'humérus, les extrémités postérieures, une partie de la membrane interfémorale et le dessous de la membrane des flancs sont couverts de poils ; la petite queue est cachée par les poils de la membrane interfémorale ; les membranes des flancs prennent naissance à la partie supérieure des côtes, mais à quelque distance de la ligne moyenne du dos, elles sont totalement nues en dessus.

La couleur du pelage est en dessus d'un blanc jaunâtre, légèrement ondé de roussâtre ; les poils de la membrane interfémorale sont bruns, et ceux de la tête plus ou moins cendrés, ceux des joues ont une teinte brune ; toutes les parties inférieures sont blanchâtres avec une bande brune plus ou moins distincte et traçant la ligne moyenne du ventre, les membranes sont d'un brun très-foncé.

Les jeunes ont le pelage un peu plus long que les adultes, mais lisse et couché comme dans ceux-ci ; toutes les parties sont d'un blanc jaunâtre à l'exception de la partie inférieure du dos et des poils de la membrane interfémorale qui ont une teinte roussâtre ; les membranes sont d'un brun jaunâtre.

Les dimensions de l'adulte sont, longueur totale jusqu'au bout de la très-courte queue, 7 pouces 3 ou 4 lignes ; envergure, 2 pieds 5 ou 6 pouces ; antibrachium, 4 pouces 3 lignes.

Un jeune, probablement âgé de six ou de huit mois, m'a offert les dimensions suivantes : longueur totale, 4 pouces 3 lignes ; envergure, 17 pouces ; antibrachium, 2 pouces 7 lignes.

J'ai pris la mesure d'un sujet à l'âge moyen, portant 5 pouces 10 lignes en longueur totale, et de 2 pieds d'envergure. Je crois que c'est le même sujet qui a servi à la description fournie par M. Geoffroy.

Synonymes. PTEROPUS STRAMINEUS Geoffr. *Ann. du mus., vol.* 15, *pag.* 95. — *Encycl. mammal., pag.* 110, *esp.* 143. — Mais c'est à tort qu'on cite ici le *Chien volant* de Seba. *Thes., vol.* 1, *tab.* 57, *fig.* 1 et 2. Ainsi que le *Lesser ternate bat* de Penn. *Quadrup., édit.* 4°., *vol.* 2, *pag.* 308, *tab.* 104, *fig.* 1. J'ai dit à l'article du *Pteropus edulis* que cette indication de Pennant, très-succincte et sans détermination exacte de patrie, doit être rayée des catalogues, ou bien placée dans la synonymie des espèces sans queue. Le chien volant de Séba est notre *edulis*.

Patrie certaine. L'île de Timor, où elles vivent de fruits ; on les trouve suspendues dans les cavernes et aux branches des arbres ; elles se cachent aussi dans le creux des arbres vermoulus.

On voit dans le Musée des Pays-Bas un sujet adulte, des jeunes, et le squelette de l'adulte. Le Musée de Paris possède également deux sujets montés, rapportés de Timor par feu Péron.

ROUSSETTE GEOFFROY. — *PTEROPUS GEOFFROYI* (1).

Taille du *Vampire* d'Amérique ; museau court ; yeux placés au centre des deux autres organes ; membrane interfémorale large, entourant le coccyx et enveloppant la moitié de la très-courte queue ; toute la partie supérieure de cette membrane couverte en dessus et en dessous de poils longs et frisés. Dents incisives petites, fines, et symétriquement rangées ; les inférieures à l'aise et les supérieures par paires ; la petite dent anomale entre la canine et la molaire, à peine visible, est en pointe fine à la mâchoire supérieure, plus forte et distincte dans l'inférieure ; quatre molaires avec une pointe rudimentaire en haut ; cinq molaires et une rudimentaire en bas. Voyez le crâne.

Pelage court, laineux, serré, excepté sur le devant du cou, où les poils sont longs et plus rares. Un gris terne forme la teinte générale, ce gris est plus foncé en dessus qu'en dessous ; membranes d'un gris brunâtre. Le pouce proportionnellement moins long que dans les autres espèces.

Longueur totale du mâle adulte, 5 pouces 6 lignes ; envergure, 20 pouces 6 ou 8 lignes ; antibrachium, 3 pouces 5 ou 6 lignes ;

---

(1) M. Geoffroy décrit cette espèce d'une manière très-succincte, sous le nom de PTEROPUS ÆGYPTIACUS. *Ann. du Mus.*, vol. 15, pag. 96. Je supprime ce nom de contrée très-défectueux, vu que l'espèce se trouve au Sénégal, et probablement sur toute la côte septentrionale d'Afrique. J'en fais hommage au savant qui en a fait la découverte. Les naturalistes sont invités d'adopter ce changement de nom, qui est dans l'intérêt de la science.

queue, 7 lignes. La femelle est moins grande, elle a 18 pouces d'envergure.

La tête de cette Roussette est proportionnellement plus courte et plus large que les autres; son poil est épais, doux, court, gris-brun et plus foncé en dessus qu'en dessous, et ses incisives très-petites, fines et symétriquement rangées. *Geoffroy.*

Synonymies. C'est Pteropus Ægyptiacus Geoffr. *Ann. du Mus.*, *vol.* 15, *pag.* 96. — *Encyclop. mamm., pag.* 111. *esp.* 144.

Patrie. L'Égypte et la côte occidentale d'Afrique. M. Geoffroy a rapporté plusieurs individus de la Basse-Égypte qu'il a détachés du plafond d'une des chambres de la grande pyramide. M. Ruppel de Francfort, et les voyageurs prussiens ont aussi envoyé des individus. Ce que nous savons des mœurs de cette Roussette, c'est qu'elle se suspend aux voûtes des anciens monumens, à la manière de nos vespertilions.

Le Musée des Pays-Bas possède trois individus provenant d'Égypte et un mâle envoyé des districts du Sénégal. Musées de Paris, de Vienne, de Berlin et de Francfort.

ROUSSETTE MAMMILÈVRE. — *PTEROPUS TITTHÆ CHEILUS.*

Taille de la *Roussette Geoffroy*, ou un peu moins forte; une petite partie du devant du cou nu; museau court, yeux plus près des narines que des oreilles; celles-ci petites, échancrées vers la pointe du bord postérieur, couvertes de rides transversales à la base, plus ou moins bordées par un liséré blanchâtre; narines écartées, tubulaires; deux grosses verrues séparées par un sillon à la lèvre supérieure; bords internes des lèvres couverts de petits mamelons. Queue courte, à peu près totalement enveloppée dans la membrane interfémorale, la fine pointe libre (1). La membrane interfémorale échancrée, velue

---

(1) On ne voit aucune trace de queue lorsque les vertèbres ont été enlevées des sujets montés. Cette remarque est applicable à tous les Cheiroptères qui ont une queue engagée en tout ou en partie dans la membrane interfémorale.

en dessus, toutes les autres de même que les quatre extrémités nues. Dents incisives fines, contiguës, les inférieures un peu entassées, les canines à fort talon interne; une petite dent anomale ou fausse molaire rudimentaire aux deux mâchoires; manque totalement de petite arrière-molaire dans l'une et l'autre mâchoire, ce qui porte le nombre des dents à 16 à la mâchoire inférieure, et à 14 à la mâchoire supérieure. Je donne les crânes des états différens de l'âge. Voyez l'explication des planches.

Pelage fin, lisse, très-court, à l'exception de celui des côtés du cou, plus long dans les mâles que dans les femelles; les premiers ont de chaque côté du cou une touffe de poils divergens d'un centre commun, qui paraît conduire à des glandes odorifères; le ventre garni d'un pelage très-court et ras; et la gorge couverte de poils très-clair-semés.

Le mâle adulte a sur les côtés du cou une touffe de poils divergens; ces parties, ainsi que le devant du cou, la nuque et les parties latérales de la poitrine sont d'une belle teinte rousse, plus ou moins vive, de couleur orange dans les vieux. Les autres parties supérieures sont d'un brun légèrement roussâtre; la teinte du ventre est grise. Les oreilles sont bordées d'un liséré blanchâtre.

La femelle, constamment plus grande que le mâle, a les parties supérieures d'un brun-cendré légèrement nuancé d'olivâtre; les parties inférieures d'un gris olivâtre, et les côtés du cou d'une teinte rousse olivâtre; la région des mamelles et le devant du cou sont nus. Bordure de l'oreille moins distincte que dans le mâle.

Longueur totale de 5 pouces à 5 pouces 2 ou 3 lignes; la queue très-grêle, longue de 7 lignes; envergure de 17 à 19 et 20 pouces; antibrachium, 3 pouces; distance du bord antérieur des yeux à la pointe du nez, 7 lignes. Nous avons des jeunes de 4 pouces en longueur totale, et de 14 pouces d'envergure. Ceux-ci ont le poil un peu plus fin et moins serré que dans l'adulte; leur teinte est d'un brun plus foncé et plus mat.

Les jeunes mâles de l'année, ayant 11 pouces d'envergure, sont partout d'un gris brun très-clair ; les poils touffus du cou sont blanchâtres dans ce premier période de l'âge.

La touffe de poils divergens aux côtés du cou paraît recouvrir un appareil glanduleux d'où suinte une humeur odorante, servant peut-être d'indice à ces animaux dans l'époque de la reproduction. M. Van Hasselt ne dit rien de cet appareil, mais une note manuscrite nous apprend que l'odeur que cette Roussette exhale est très-forte. Il est probable que le siphon ou la bourse placée sur le front du *Rhinolophe cruménifère* (Rhinolophus speoris), l'ouverture à la poitrine dans le *Pillostome fer de lance* (Phillostoma hastatum), la très-petite bourse sous la gorge du *Molosse véloce* (Dysopes velox), et la poche assez ample sous le menton du *Taphien saccolaime*, (Taphosous saccolaimus); sont destinées à remplir les mêmes fonctions.

Patrie. Les îles de Java et de Sumatra ; on la trouve aussi à la Cochinchine, *peut-être encore* dans d'autres parties de l'Inde. Les individus de Sumatra, envoyés de Bencoulen par MM. Diard et Duvaucel, une grande quantité de sujets capturés à Buitenzorg dans l'île de Java, par MM. Kuhl et Van Hasselt, cinq individus rapportés de Java par M. Horsfield, et deux individus reçus de Siam ont servi de moyens comparatifs à cet article.

Le Musée des Pays-Bas possède une série d'individus et les squelettes ; celui de Paris en compte plusieurs; les sujets envoyés de Siam font partie du cabinet de la compagnie des Indes à Londres.

ROUSSETTE AMPLEXICAUDE. — *PTEROPUS AMPLEXICAUDATUS.* Pl. XIII.

Taille du *Vespertilion murin* d'Europe ; yeux placés au centre des deux autres organes; membranes du vol rapprochées de la ligne moyenne du dos; membrane interfémorale totalement nue, enveloppant une partie seulement de la moitié supérieure de la queue, dont la longueur est égale à la distance du bord antérieur de l'œil à la pointe du nez (1).

(1) M. Geoffroy compare la longueur de la queue à celle de la cuisse; il n'est pas toujours facile d'établir ces rapports sur des individus montés : c'est ce qui m'a fait choisir la comparaison que nous indiquons.

Incisives petites et symétriquement rangées; museau un peu allongé; pelage fin, lisse, très-court quoique serré; membres mal couverts; point de poils sur les membranes des flancs.

Le pelage très-court, et surtout ras sur le dos, dont il ne couvre point toute la largeur, vu que les membranes du vol sont plus rapprochées de la ligne moyenne ou de l'épine dorsale que dans les autres espèces de Roussettes, de petite taille. Un brun roussâtre couvre la tête et les parties supérieures; du gris-brun roussâtre, un peu mélangé de couleur lie de vin, forme la teinte des parties inférieures; le mâle tire un peu plus sur le roux, et la femelle sur le brun; toutes les membranes sont d'un brun roussâtre et les doigts d'un brun jaunâtre, c'est aussi la couleur de la queue, qui n'est point velue. Longueur totale de l'adulte, 4 pouces 5 ou 6 lignes; envergure, 16 pouces; antibrachium, à peu près 3 pouces; queue, 7 lignes. J'ai pris la mesure d'une femelle plus petite, dont l'envergure n'était que de 15 pouces. Les jeunes ont le corps mal couvert d'un poil très-ras, mais doux, fin et lisse.

Les vieux individus n'ont point encore subi un examen sévère. Le mâle adulte offre quelques indices de l'existence d'un siphon recouvert de poils, comme dans le mâle de la *Roussette mammilèvre*.

La découverte de cette espèce est due à MM. Péron et Lesueur, dans le voyage fait aux Terres Australes. M. Geoffroy lui a donné le nom indiqué dans le 15e. *volume des Annales du Musée, pag. 96, fig.* 4 (1). MM. Diard et Duvaucel ont aussi rapporté de ces Roussettes prises dans les environs de Bencoulen, et j'en ai vu deux envoyées de Siam.

Patrie. Les îles de Timor, d'Amboine et de Sumatra. Nous ne l'avons point reçue de Java; on la trouve aussi dans l'Inde.

Une femelle adulte et un jeune font partie du Musée des Pays-Bas.

(1) M. Geoffroy dit que le trait le plus remarquable de cette Roussette est la dimension de sa queue, dont la longueur n'excède pourtant pas celle de la cuisse La membrane interfémorale n'est pas aussi fortement échancrée que dans les autres, mais s'étend de part en part de manière à passer par-dessus la queue et à en recouvrir la petite moitié.

On voit dans le Musée de Paris l'individu provenant du voyage de Péron, et dans le Musée de la compagnie des Indes à Londres, les deux sujets reçus de Siam.

ROUSSETTE A OREILLES BORDÉES. (1).—*PTEROPUS MARGINATUS.*

Planche XIV.

Taille et envergure du *Vespertilion noctule* d'Europe; dents incisives très-fines, symétriquement rangées, mais très-resserrées entre les canines; yeux placés au centre des deux autres organes; oreilles moyennes, bordées par un liséré très-distinct; queue excessivement courte, réunie à sa sortie du coccyx aux membranes interfémorales qui s'y réunissent également; partie supérieure de l'humérus et membrane du vol très-poilues tout le long des flancs.

Cette espèce, dont je n'ai pu examiner primitivement *qu'un seul individu plus ou moins dégradé*, est bien caractérisée par un liséré blanc autour du bord extérieur des oreilles. Le pelage est partout ras, court et brun-olivâtre. Le chanfrein est un peu renflé.

Longueur totale, 3 pouces 7 lignes; envergure, 13 pouces; antibrachium, 2 pouces; queue rudimentaire.

M. Geoffroy en donne une courte notice accompagnée d'une bonne figure, sous le nom de ROUSSETTE A OREILLES BORDÉES, *Ann. du Musée, vol.* 15, *pag.* 97, *pl.* 5.

Tels sont les caractères observés sur le *sujet dégradé* du musée de Paris, le même qui a servi à la notice de M. Geoffroy; cet individu a été rapporté du Bengale par feu Macé. Nous n'en avons point vu d'autres, et les dents molaires n'ont pu être examinées. Le caractère des oreilles, bordées ou entourées d'un liséré blanchâtre, existe aussi dans la *Roussette mammilèvre;* mais la *Roussette à oreilles bordées*

---

(1) Il est essentiel de faire observer que la *Roussette mammilèvre* a également les oreilles bordées; ces bordures blanchâtres sont plus distinctement marquées dans les jeunes et chez le mâle que dans l'adulte et la femelle.

n'a point de mamelons aux lèvres; les flancs sont très-poilus ; la membrane interfémorale, seulement rudimentaire à la région du coccyx, est très-échancrée; et la très-courte queue est à peu près libre dans toute sa longueur.

La *Roussette à oreilles bordées* doit subir un examen plus exact, basé sur la vue d'un plus grand nombre d'individus. J'en reproduis la figure publiée par M. Geoffroy dans les Annales du Musée, afin que les naturalistes puissent établir leurs observations renouvelées sur le type dont M. Geoffroy s'est servi pour établir cette espèce.

EXPLICATION DES PLANCHES
DE LA CINQUIÈME MONOGRAPHIE.

Pl. 10. Roussette laineuse. $\frac{1}{2}$ grandeur sur un individu adulte; le même dont le crâne est figuré *pl.* 15, *fig.* 10 et 11.

Pl. 11. Roussette grise. Sur un individu à l'âge moyen, à peu près grandeur naturelle.

Pl. 12. Roussette mélanocéphale. Grandeur naturelle sur un individu très-vieux.

Pl. 13. Roussette amplexicaude. Réduit aux $\frac{3}{4}$, et *pl.* 15, *fig.* 16. La tête, grandeur naturelle.

Pl. 14. Roussette a oreilles bordées. Aux $\frac{3}{4}$.

Pl. 15. *fig.* 1, 2 et 3. Roussette édule. Très-grand individu. *Fig.* 4, 5 et 6 d'un jeune de l'année.

Fig. 7. Roussette Kéraudren. Adulte; calque de la figure de l'atlas de M. Freycinet.

Fig. 8 et 9. Roussette pale ou feuille-morte. Adulte.

Fig. 10, 11. Roussette laineuse. D'un individu adulte, mais point encore parvenu au maximum du développement.

Fig. 12, 13. Roussette paillée. Parfaitement adulte.

Fig. 14, 15. Roussette Geoffroy. Parfaitement adulte.

Fig. 16. Tête grandeur naturelle de la Roussette amplexicaude.

Fig. 17 et 18. Roussette mammilèvre. Femelle extrême vieillesse. *Fig.* 19 et 20 de la femelle adulte; *fig.* 23 et 24 du mâle adulte, et *fig.* 21 et 22 du jeune en état de voler.

Fig. 25 et 26. Roussette Kiodote, adulte; 27 et 28, mâchoire inférieure grossie à la loupe; 29 et 30, du jeune en état de voler.

Pl. 16, *fig.* 1. Squelette de la Roussette kiodote; *fig.* 2, le bassin et la queue vus par derrière, pour faire voir la longueur de cette queue, composée de deux vertèbres; *fig.* 3, squelette de la Roussette mélanocéphale; *fig.* 4, dents incisives de la même.

SIXIÈME MONOGRAPHIE.

SUR LE GENRE

MOLOSSE. — *DYSOPES* (Illig.).

VESPERTILIO (*Linn.*, *Gmel.*). — MOLOSSUS (*Geoff.*, *Cuv.*, *Desmar.*). NYCTINOMUS (*Geoff.*, *Desmar.*). — CHEIROMELES (*Horsf.*).

Dents incisives variables, suivant l'âge, $\frac{2}{0}$, $\frac{2}{2}$, $\frac{2}{4}$ ou $\frac{2}{6}$, enfin $\frac{4}{6}$ dans le premier âge. L'adulte a constamment deux incisives supérieures plus ou moins écartées et convergentes vers la pointe. Les deux, quatre, et rarement six incisives inférieures petites, bilobées, très-entassées et tombant totalement ou en partie par le développement excessif du talon des canines. Dents canines $\frac{1}{1}$, les supérieures grandes, cannelées par devant; les inférieures comme entées sur un talon énorme, se touchant, *dans l'adulte*, exactement à la base, mais espacées, *dans les jeunes*, de manière à loger les incisives, qui sont poussées en avant, de façon que les latérales, toujours très-petites, tombent les premières. Les deux ou les quatre petites incisives rudimentaires sont placées, sans fonction présumable, en avant de ces canines; les pointes internes du talon finissent par tenir lieu d'incisives inférieures, et correspondent avec les deux supérieures. Dents molaires $\frac{4}{5}$; dans quelques espèces une cinquième dent ou petite pointe rudimentaire, et à peine visible entre la canine et la première molaire supérieure; toutes les vraies molaires larges et à couronne hérissée de plusieurs pointes. Nombre des dents très-variable suivant l'âge et pouvant servir de moyen pour distinguer quelques espèces : ce nombre total est au maximum de 32, et au minimum de 24 ou de 26. Une seule espèce est pourvue, *dans le premier âge*, de 34 dents; c'est le *Molosse Ruppel*, qui a de plus une petite pointe cachée dans la gencive et placée entre la canine et la première molaire supérieure.

Des animaux si différens par les dents devraient faire préjuger une organisation totale et des formes extérieures très-disparates ou du moins sujettes à des anomalies; le contraire a lieu dans cette grande série d'espèces qui nous sont connues; il existe même peu de genres, peut-être celui du *Chat* (Felis) et de la *Roussette* (Pteropus) seuls exceptés, plus naturel que celui de nos *Molosses* (Dysopes). Il est impossible d'imaginer un groupe mieux circonscrit, une famille plus parfaitement isolée des autres genres de Cheiroptères, et c'est manque d'observations souvent renouvelées, qu'on s'est cru en droit de séparer ces animaux, primitivement d'une manière géographique, par rapport à leur existence dans le Nouveau-Monde et dans l'ancien continent; plus tard par le seul caractère pris du nombre des incisives. Nous reviendrons sur cette distinction à la fin de ce chapitre, et nous allèguerons les observations sur lesquelles est basée la réunion des genres *Molosse* et *Nyctinome* en un seul groupe.

Les *Molosses* (Dysopes), rangés dans ce mémoire par ordre de grandeur et sectionnés en deux divisions géographiques, sont des Cheiroptères très-faciles à distinguer de tous ceux que ce grand ordre comprend. Je me servirai, pour les signaler en masse, de la description très-ingénieuse fournie par M. Geoffroy, comme caractères distinctifs de son genre *Molossus*, et j'y ajouterai quelques observations nouvelles. « Ils sont aisés, dit ce savant, à reconnaître à
» leur physionomie farouche et à tout l'ensemble de leur figure :
» leur tête grosse et leur museau très-large les avaient fait comparer
» à un doguin et désigner sous le nom de *Molossus;* leur tête est
» en outre épaissie par les oreilles, penchées et presque couchées
» sur les yeux, et paraissant devoir plus servir à protéger l'organe
» de la vue qu'à favoriser la perception du son; elles naissent
» très-près de la commissure des lèvres, et après s'être portées

» derrière le trou auditif, elles reviennent en devant se réunir sur
» le front. La plupart des *Chauves-souris* (1) ont le tragus de
» l'oreille placé dans le trou auditif, il forme comme une seconde
» oreille intérieure qui reçoit alors le nom d'oreillon ; les *Molos-*
» *ses* en diffèrent par cet oreillon qu'ils ont situé en avant et
» extérieurement ; il est rond et assez épais : enfin, les espèces de
» ce genre se reconnaissent encore à leur queue qui est longue,
» mais dont il n'y a que la moitié qui soit engagée dans la mem-
» brane interfémorale. Leur langue est douce, leur museau dégarni
» de poils ; et leur nez n'a aucune de ces membranes ou cavités en
» entonnoir qui distinguent les *Vampires*, les *Phyllostomes*, etc.
» Les narines sont un peu saillantes, ouvertes en avant et bordées
» d'un petit bourrelet. » J'ajoute à ces indications du professeur
Geoffroy, que toutes les espèces ont les membres postérieurs très-
courts, le fibula parfait, souvent de la grosseur du tibia, et propres
par leur écartement à servir d'attache aux muscles vigoureux des
pieds ; les doigts à peu près tous égaux, munis d'ongles courts très-
courbés ; toutes ont des soies aux doigts ; le doigt externe ou interne
des pieds postérieurs plus ou moins libre des autres et un peu opposable ; le pouce des ailes très-court, fort et large ; les lèvres
supérieures amples, garnies de plis nombreux ; les narines placées
dans un mufle qui dépasse les lèvres ; mais ce qui est plus caractéristique encore, est l'insuffisance apparente des membranes du vol,
entièrement disproportionnées au volume de leur corps, très-gros
et lourd ; leurs ailes, à membranes étroites et fortement découpées, sont tellement disproportionnées dans quelques espèces (2),
qu'on dirait que l'animal peut à peine s'en servir pour se transporter au loin, et qu'elles leur servent uniquement en guise
de parachute. Réduits à vivre dans les souterrains et dans les
cavernes profondes, il paraît que c'est en escaladant les murs des

---

(1) Il vaudrait mieux dire *Cheiroptères*, car la dénomination *Chauve-souris* sert aujourd'hui pour désigner un genre dans lequel se trouvent rangées nos espèces européennes.

(2) Particulièrement dans nos espèces désignées sous les noms de *Dysopes alecto* et *abrasus*, moins dans celles *Ruppelii* et *tenuis*, qui les ont très-longues, mais étroites.

édifices et les troncs des arbres, où en se cramponnant à l'aide de moyens de préhension très-vigoureux, qu'ils pourvoient à leurs besoins. Les pieds postérieurs sont très-courts, le tibia et le fibula bien séparés dans toute la longueur, à peu près d'égale grosseur ; les muscles sont vigoureux, les doigts armés d'ongles crochus et le doigt externe plus ou moins libre ou totalement opposable, ou bien le doigt interne libre et séparé des autres. Ce doigt plus ou moins libre est toujours pourvu d'un pinceau de poils. Les insectes et leurs larves servent probablement de nourriture à ces animaux, trop peu connus encore, sous le rapport des appétits et de leurs mœurs.

M. Geoffroy, dans son premier travail, avait réuni les *Vespertilio molossus* et *noctilio* dans un même genre, désigné sous le nom de *Noctilio* ; cette réunion, en effet peu satisfaisante, obtint une réforme dans la révision de ce genre, et le *Vespertilio molossus* devint le type d'un nouveau groupe sous le nom sans doute très-vicieux de *Molossus* (1). Huit autres espèces réunies à ce type servirent à composer ce genre *Molossus*, publié par M. Geoffroy, dans le 6°. volume des *Annales du Muséum*. De ces neuf espèces indiquées par quelques mots seulement, et sans aucun indice de leur système dentaire, quatre ont été observées par d'Azara ; elles sont décrites d'une manière très-succincte par l'auteur espagnol, et le nombre des dents incisives n'a pas été donné très-exactement. De ces quatre espèces notées dans le travail de M. Geoffroy, une seule paraît avoir été vue par ce naturaliste, c'est le *Molossus obscurus*. Mais nous avons des doutes sur l'identité de ce *Molosse obscur* avec la *petite Chauve-souris obscure* du naturaliste espagnol ; M. Desmarest est aussi de cet avis.

Les connaissances acquises sur ces animaux, jusque-là *tous originaires du Nouveau-Monde*, reposent sur ces données. Les découvertes faites de nos jours démontrent clairement que les naturalistes ont attaché trop de valeur à l'hypothèse de Buffon, lorsqu'il

(1) Je fais usage du nom très-approprié proposé par Illiger, en conservant en français le nom donné par M. Geoffroy.

dit que *les animaux de l'un des continens manquent à l'autre, et que cela est vrai pour tous, ceux exceptés qui peuvent se multiplier dans les climats septentrionaux* (1). Cette idée hasardée, uniquement basée sur la connaissance d'un nombre très-borné d'espèces de Singes, ne s'est trouvée exactement vraie, *jusqu'à présent,* qu'eu égard aux quadrumanes qui *nous sont connus;* mais elle est fausse dans les *Cheiroptères* et dans le plus grand nombre des autres genres d'animaux (2).

C'est probablement pour avoir ajouté trop d'importance à l'hypothèse dont les découvertes nouvelles font raison, qu'on voit une séparation générique des *vrais Molosses* propres aux deux mondes, établie par M. Geoffroy et sanctionnée par les compilateurs. En effet, en quoi (abstraction faite pour un instant du nombre des incisives) peut-on trouver la plus légère différence entre les *Molosses* du Nouveau-Monde et les *Nyctinomes* que l'on admet dans les deux continens? Certes elle est nulle dans la comparaison, non-seulement de l'ensemble des formes, mais aussi dans chaque organe sur lequel on voudrait faire l'épreuve de cette comparaison; les figures et les descriptions des *Molosses* publiées dans cette monographie peuvent tenir lieu de plus ample détail sur ces rapports

(1) Voyez, pour plus de détails sur cette matière, la monographie du genre Félis, p. 78.

(2) Un Mémoire publié dans le but de prouver l'existence d'un genre de l'ordre des Cheiroptères composé d'*espèces analogues dans les deux mondes*, contient l'article suivant. « Ainsi,
» de tous les genres de Singes, de Lémuriens, de *Cheiroptères*, d'insectivores, jusqu'à ce jour
» connus, il n'en est, je puis le dire, aucun dont l'existence dans l'un ou dans l'autre con-
» tinent soit constatée. Pour trouver le premier exemple de cette existence simultanée dans
» les deux mondes, il faut descendre jusqu'aux carnivores; alors on arrive aux Ours, aux Fé-
» lis, etc. » *L'auteur aurait pu observer que son mémoire prouve le contraire.* Les Molosses, les *Taphiens*, les *Vespertilions* et les *Nycticées* existent dans les deux mondes, et servent de preuves nouvelles contre l'opinion de Buffon. Après avoir discuté la non-existence de quelques genres de Cheiroptères, dans le Nouveau-Monde, l'auteur du mémoire continue : « Ainsi, dit-il, jusqu'à
» ce jour, toutes les fois que l'on a annoncé l'existence de Cheiroptères de même genre dans
» les deux mondes à la fois, l'examen a toujours montré que la nouvelle de cette existence si-
» multanée n'avait aucun fondement réel. Ainsi, s'écrie l'auteur, la nature s'est toujours mon-
» trée constante à ne jamais produire dans les deux mondes des Chauves-souris formées sur le
» même type. » Voyez Mémoire sur une Chauve-souris américaine, formant une nouvelle espèce dans le genre Nyctinome. *Annales des Sciences naturelles*, vol. 1, p. 337, par M. Isidore Geoffroy.

de formes. Un article plus embarrassant, *en apparence*, se trouve dans la différence du nombre des incisives à la mâchoire inférieure, disparité qu'on a voulu établir invariablement de la manière suivante; savoir, pour les *Molossus* de M. Geoffroy, deux en haut et deux en bas, et pour les *Nyctinomus* du même auteur, deux en haut et quatre en bas. Les premiers, *a-t-on dit*, se trouvent uniquement en Amérique, et les *Nyctinomes* ont été considérés primitivement comme un groupe appartenant exclusivement à l'ancien continent; plus tard M. Isidore Geoffroy, fils du célèbre professeur, a fait connaître une espèce nouvelle de soi-disant *Nyctinome* du Brésil (1), pourvu de quatre incisives à la mâchoire inférieure.

Quant aux *Nyctinomes* de l'ancien continent, ils ne sont pas mieux connus que les *Molossus* du Nouveau-Monde; sur trois espèces indiquées par M. Geoffroy dans les *Mém. de l'Institut d'Égypte*, tom. 2, il n'y en a qu'une observée en nature par ce savant; les deux autres reposent sur la compilation d'une description très-imparfaite de Buchanan, et sur une note manuscrite très-vague de Commerson.

Personne, je pense, qui aura vu et comparé l'un de nos *Molosses* (Dysopes) du Nouveau-Monde avec un *Molosse* de l'ancien continent, n'aura le moindre doute sur leur parfaite ressemblance générique. Je le répète, aucun des groupes de Cheiroptères n'est plus naturel que celui-ci. Une difficulté d'un autre genre s'opposerait cependant à leur réunion. Les naturalistes de nos jours attachent une importance décisive au seul caractère pris du nombre des dents (2); ils perdent trop souvent de vue l'ensemble et la concor-

(1) Ce Cheiroptère a été trouvé par M. Auguste de Saint-Hilaire, et envoyé au musée de Paris, au nombre de onze individus, que j'ai examinés avec la plus grande attention. La découverte de ce Cheiroptère est antérieure au voyage de M. de Saint-Hilaire. C'est à M. Natterer, de Vienne, que nous la devons : elle porte, dans cette monographie, le nom de *Dysopes nasutus*. Ce Molosse a six incisives dans le premier âge, quatre dans l'âge moyen, soit adulte, et deux seulement dans l'état parfait.

(2) Quelques naturalistes ont même été entraînés à séparer génériquement des animaux semblables sous tous les autres rapports, et pourvus de dents à nombre égal, mais dont la couronne

dance parfaite de tous les autres organes. S'il existe une classe du règne animal où une pareille manière de voir ne puisse être employée exclusivement, et sans observer aussi les rapports que d'ailleurs ces animaux peuvent avoir entre eux, c'est sans contredit aux Cheiroptères qu'elle doit être rendue applicable. La chute de quelques dents, produite par le développement considérable d'autres dents et particulièrement des canines, opère, dans le système dentaire de quelques genres de Cheiroptères, des anomalies qui viennent détruire les hypothèses les plus vraisemblables. Je ferai connaître à leur place, dans les articles descriptifs des genres, toutes les anomalies qu'une observation minutieuse, souvent renouvelée, m'a mis à même d'établir sur la dentition de cet ordre d'animaux : ici il ne sera question que du système dentaire des *Molosses* (Dysopes).

Quelques espèces de Molosses ont, à la mâchoire inférieure et dans le premier âge seulement, quatre, quelquefois six petites incisives bilobées, entassées, mal rangées, les unes en avant des autres, mais correspondant, dans leurs fonctions, avec les deux incisives supérieures, qui sont grandes et espacées ; dans ce période de l'âge, le talon des canines n'offre qu'un léger développement ; les alvéoles de ces canines sont distantes, et aucun autre indice que la seule transparence de toutes ces dents ne fait préjuger un changement quelconque ; les individus paraissent adultes par leurs molaires développées, ils le sont même à peu près par leurs formes extérieures, à la vérité un peu moins fortes que dans les vieux. C'est à l'inspection des sutures du crâne qu'on doit avoir recours pour apprécier leur développement parfait. Le développement complet des canines et l'expulsion de quelques incisives paraît avoir lieu lors de la parfaite ossification du crâne, et semble accompagner l'apparition des crêtes occipitales et coronales. La cause de la chute des incisives latérales, peut-être de la totalité des inférieures,

---

émaillée présente des formes légèrement abnormes, ou bien qui diffèrent un peu par leurs racines.

doit être attribuée au développement excessif du talon, sur lequel les pointes des canines paraissent comme entées. Dans l'adulte, elles semblent sortir d'une seule alvéole, et leur étendue occupe toute la place remplie, dans le jeune âge, par les petites incisives, de façon que les deux, et rarement les six ou les quatre très-petites dents qu'on voit au-devant des canines, ne correspondent plus avec les incisives supérieures; ces premières se trouvent totalement hors de rang et sans fonction présumable : les deux fortes pointes, très-aiguës, du talon des canines, se touchent alors exactement. Ces deux pointes intérieures accolées paraissent former deux grandes incisives; dans l'adulte, elles correspondent parfaitement avec les incisives supérieures, et suppléent de cette manière, par une organisation inconnue jusqu'à ce jour, à la nullité des petites dents rudimentaires poussées de leurs alvéoles.

L'accroissement progressif que je viens de signaler n'a pas été examiné chez toutes les espèces décrites dans cette monographie; mes observations sont basées sur quatre espèces du Nouveau-Monde et sur trois de l'ancien continent; les premières sont, *Dysopes rufus*, *abrasus*, *nasutus* et *obscurus*; celles de l'ancien continent sont : *Dysopes tenuis*, *Geoffroyi* et *Ruppelii* (1). Le crâne d'un très-vieux individu de cette dernière espèce n'a pas encore été examiné; je n'ai eu à ma disposition que des jeunes pourvus de toutes leurs molaires et à formes totales entièrement développées, et deux sujets, sans doute plus âgés que les premiers, quoique d'après les indices que m'ont fournis les sutures et la crête de leur crâne, ils ne fussent point encore parvenus au maximum de leur développement; les premiers ont six incisives inférieures, les seconds n'en ont plus que quatre; *en perdraient-ils encore par une plus grande extension du talon des canines?* Il est certain qu'on trouve dans l'ancien continent, comme dans le Nouveau-Monde, des Mo-

(1) *Dysopes cheiropus* de la Cochinchine, n'a été vu que dans l'état de développement complet des dents; il a deux incisives inférieures, absolument comme dans *Dysopes tenuis* et dans toutes les espèces à système dentaire totalement développé, qui habitent le Nouveau-Monde.

losses à deux, à quatre et à six incisives à la mâchoire inférieure : les premiers ont tous les caractères d'individus parfaitement développés; les derniers offrent le plus souvent les indices du jeune âge, quoique extérieurement on ne puisse pas les distinguer, du premier coup d'œil, des adultes. Il faudrait pouvoir examiner un très-grand nombre d'individus dans tous les périodes de l'âge, pour établir une règle fixe dans les caractères du système dentaire des Cheiroptères; les assujettir à la règle adoptée en mammalogie, et vouloir les classer génériquement à l'aide du nombre et de la forme de leurs dents, me paraît, d'après mes nombreuses observations, pour le moins très-hasardé.

Voici l'exposé succinct des faits tels que je les ai observés sur plusieurs individus des espèces suivantes : *Dysopes obscurus* m'a fourni, sur quatre individus, la disparité la plus remarquable de l'anomalie dans le système dentaire des Molosses; deux individus se trouvent munis de quatre incisives entassées et bilobées à la mâchoire inférieure; le troisième a deux très-fines incisives en avant des grands talons des canines; et le quatrième, sans doute très-vieux et à talons des canines exactement accolés, n'a plus d'incisives; deux très-petits trous alvéolaires, en partie oblitérés, servent d'indices que la chute de ces dents était récente. Le crâne et les dents de ce sujet très-vieux sont figurés, pl. 23, fig. 20 et 21. De dix-huit individus de *Dysopes nasutus* (1), j'en ai vu seulement deux n'ayant que deux très-petites incisives poussées en avant du talon des canines; plusieurs individus m'ont paru pourvus de quatre incisives; mais comme les dents du plus grand nombre de ces individus (notamment de onze sujets du musée de Paris) ont été examinées sur des peaux préparées, il ne m'a pas été possible de distinguer, à l'aide de la loupe, le nombre exact de ces dents, dont la pointe bilobée peut induire en erreur sur le nombre. J'ai devant moi les crânes de deux jeunes individus ; le moins âgé a six incisives enchâssées dans six

---

(1) C'est le nom que j'ai donné à l'espèce décrite par M. Isidore Geoffroy sous celui de *Nyctinomus brasiliensis*. *Annales des Sciences naturelles*, tom. 1, p. 337, pl. 22.

trous alvéolaires très-distincts. Voyez *pl.* 24, *fig.* 3. L'autre a trois incisives à gauche et deux seulement du côté droit. Voyez le squelette, *pl.* 24, *fig.* 2. Je n'ai pu examiner que deux crânes de *Dysopes rufus* : l'un n'ayant que deux incisives à chaque mâchoire, l'autre à quatre incisives très-distinctes. Ce crâne est figuré avec les détails, *pl.* 23, *fig.* 17, 18 et 19. Sur treize individus du *Dysopes tenuis*, conservés à l'esprit-de-vin, et sur deux squelettes, j'en ai trouvé trois pourvus de deux dents. Voyez *pl.* 23, *fig.* 14. Un quatrième a deux dents de grandeur inégale, accolées fortement contre le talon des canines; un peu en avant de ces deux très-petites dents, se distinguent les trous alvéolaires, en partie oblitérés des deux autres dents incisives. Le cinquième individu est pourvu du nombre impair de trois dents; la petite latérale du côté gauche avait été poussée hors de l'alvéole, et celle du côté droit paraissait devoir céder la place au talon de la canine contre lequel elle se trouvait accolée. Un sixième, dont le crâne est figuré *pl.* 23, *fig.* 15 et 16, a deux incisives très-espacées : savoir, la fine latérale du côté gauche, et celle de droite de devant; l'impaire opposée de chaque côté ne laisse que les trous alvéolaires. Les sept autres individus sont pourvus de quatre incisives plus ou moins entassées, bifurquées à leur pointe. Voyez le squelette, *pl.* 24, *fig.* 1. J'ai vainement mis tous mes soins à trouver des différences extérieures en rapport avec l'état anomal du système dentaire; mais j'ai remarqué qu'on peut connaître exactement, à l'état et à la forme des *deux incisives de la mâchoire supérieure,* le nombre des incisives *à la mâchoire inférieure.* Lorsque les deux supérieures sont un peu espacées et qu'elles ont la forme en cône long un peu courbe, on est certain de trouver six ou quatre petites dents plus ou moins entassées à la mâchoire inférieure; si, par contre, les dents incisives supérieures sont convergentes depuis la base, contiguës à la pointe et usées du côté des canines, il est présumable qu'il n'y aura que deux ou point d'incisives inférieures; le talon très-développé des canines remplit alors les fonctions des incisives poussées en avant; ces talons exercent la détrition sur les incisives supérieures et remplacent les vraies incisives. Il est permis de préjuger une organisation plus ou moins semblable dans le nouveau genre de Cheiroptères établi par M. Leach sous le nom de *Mormops* (1). Les quatre petites incisives en bas et les deux latérales en haut, paraissent devoir tomber par le développement du talon des canines.

En formant le résumé des observations mentionnées, il paraît évident que, dans le genre *Molosse* (Dysopes), une partie des canines sert à remplacer les dents incisives qui tombent, et que le talon des canines inférieures remplit avec les incisives supérieures les fonctions de la mastication. Nous verrons dans un autre genre nouveau, composé d'espèces manquant d'os intermaxillaire, que les incisives se trouvent remplacées dans leur fonction, par des canines doubles ou d'un second ordre.

Après avoir terminé le travail sur les Molosses, il me vint dans l'idée de soumettre de nouveau tous les individus que j'avais à ma disposition à une revue générale. Cette révision servit à me fournir une observation nouvelle. Mon attention, portée principalement sur l'examen des incisives de la mâchoire inférieure, m'avait fait négliger celui des incisives supérieures à l'aide de fortes lentilles. Le changement progressif dans la forme des deux incisives supérieures, me faisant préjuger une anomalie dans le nombre de ces dents, je présentai tous mes individus à l'œil armé d'une forte loupe, et je trouvai dans le nombre des sujets soumis à cet examen, un jeune du *Molosse nasique*, ou soi-disant *Nyctinome du Brésil* de M. Isidore Geoffroy, pourvu de *trois dents* à la mâchoire supérieure ; savoir, les deux du milieu et une latérale très-fine du côté gauche, celle du côté droit manquait, et son alvéole était en partie fermé ; à la mâchoire inférieure se trouvaient quatre petites incisives bilobées et entassées les unes au devant des autres.

Le *Molosse véloce* servit à me donner une seconde preuve. Je

(1) Voyez Mormops Blainville, *Transact. Linn. societ.*, vol. 13, p. 76, pl. 7. Système dentaire : incisives $\frac{4}{4}$, canines $\frac{2}{2}$, molaires $\frac{10}{12}$. Queue enveloppée, et perforant la membrane interfémorale. Genre et espèce établis sur l'examen d'un seul individu.

jugeai l'individu parvenu à l'âge moyen, car il ne lui restait plus que deux incisives bilobées placées en avant du talon des canines de la mâchoire inférieure ; les deux grandes incisives supérieures étaient parvenues à l'état de développement dans lequel elles exercent la détrition sur le talon des canines inférieures. Je trouvai, nonobstant cette preuve certaine de l'âge plus avancé du sujet mentionné, une troisième dent latérale, extrêmement fine, usée, transparente et placée du côté droit ; tandis que la quatrième dent du côté opposé n'existait plus ; la mâchoire ne présentait aucun vestige alvéolaire ; la fine dent latérale se trouvait en contact par sa pointe avec la pointe de la canine correspondante de la mâchoire inférieure, dont le développement devait infailliblement la faire céder et tomber de son alvéole.

Cette nouvelle observation sert à faire préjuger une formule dentaire semblable dans tous les Molosses, et rend le caractère pris du nombre de leurs incisives encore plus variable, puisqu'elles peuvent varier de $\frac{4}{6}$ à $\frac{2}{6}$. Je n'ai jamais eu l'occasion d'examiner un jeune Molosse peu de temps après la naissance, lorsqu'il est pourvu des premières dents de lait ; et je répète l'observation faite, que dans le grand nombre des individus soumis à l'examen, je n'ai pu trouver dans les formes extérieures de ces animaux aucune différence bien marquée, propre à servir d'indice pour juger de l'état anomal des dents incisives.

Les naturalistes ne laisseront pas sans doute échapper le fil de ces observations. Les voyageurs sont invités de rassembler le plus grand nombre possible d'individus *dans tous les périodes de l'âge*, afin de pouvoir vérifier la dentition sur tous les genres de l'ordre des Cheiroptères. Nous publierons sous peu le résultat des observations recueillies à cet égard dans les genres *Cephalote*, *Taphien*, *Mégaderme*, *Phillostome*, *Vespertilion* et *Nycticée*.

Les observations fournies dans ce mémoire sur les *Molosses* peuvent, ce me semble, être de quelque utilité aux naturalistes qui mettent un trop grand empressement à former des genres nouveaux, et à subdiviser les anciens groupes sans avoir fait subir aux espèces une révision minutieuse (1). Les critiques qu'on a bien voulu m'adresser dans différens écrits, sur ma réserve à adopter une multitude de coupes nouvelles qui se suivent et se succèdent de nos jours *avec une rare rapidité*, n'ont rien changé à ma manière de voir; j'ai pris la ferme résolution de suivre la route que je me suis tracée, de marcher à pas comptés et guidé par des observations souvent renouvelées. Je ne répondrai point à quelques critiques en récriminant, par le moyen d'une longue discussion; les faits leur sont offerts, et ils sont invités à renouveler mes observations, afin de constater le degré de confiance que mes recherches peuvent mériter. Je n'ai nul regret de me ranger en dernière ligne vers le but où tendent nos travaux communs, mon nom sera plus rarement inscrit en tête d'une coupe générique; ceux qui n'auront eu d'autre travail que d'inventer un nom grec sonore, pour désigner une *section* faite, qu'ils érigent en *genre* (2), peuvent jouir de ce *nouveau genre d'honneur*. Le motif qui me porte à témoigner quelque regret de ce mouvement trop précipité, doit être attribué à la rapidité avec laquelle l'erreur passe dans les ouvrages de pure compilation, circule partout et obtient trop légèrement la sanction. M. F. Cuvier a raison de dire « que de toutes les opérations de l'esprit, l'établissement des erreurs est la plus

---

(1) Il me serait presque échappé de dire sans connaître les espèces : car peut-on connaître un animal lorsque, pour tout moyen de recherche, on n'a qu'un seul individu, qu'une dépouille à sa portée, et que les caractères ostéologiques n'ont point été examinés? L'histoire naturelle ressemble à une arène; on s'y lance avec impétuosité, on semble craindre d'arriver trop tard pour prendre date d'une découverte.

(2) On cite souvent, en ornithologie, telle analyse ou telle méthode, sans faire attention que le plus grand nombre des coupes qui s'y trouvent inscrites portent une date antérieure à ces écrits. Par exemple, la plupart des *coupes*, faites de main de maître, par Levaillant, n'ont coûté aucune peine à ceux qui les ont érigées en *genres*. Toute leur science, portée si haut, s'est bornée à former, ou à faire composer, par quelque helléniste, la dénomination générique prise de racine grecque ou latine. M. Vigors n'a peut-être pas fait attention à la date de la publication de mon histoire des Gallinacés; elle est de 1813 : les noms qu'il veut faire prévaloir ont été proposés sous une forme différente en 1818. Je ne fais cette remarque, très-insignifiante, que pour l'acquit de la conscience de M. Vigors, qui fait preuve, dans tous ses écrits, d'une impartialité bien louable, et d'un talent très-distingué.

facile; mais il n'en est pas ainsi de la destruction de ces mêmes erreurs, qui est certainement l'ouvrage d'un temps très-long. »

On peut adresser cette remarque à ceux qu'un désir immodéré d'écrire lance avec trop d'ardeur, j'aurais presque dit avec trop d'assurance, dans le vaste champ de l'étude de la nature. J'ose me permettre de renvoyer ceux-ci à l'épigraphe du présent ouvrage, empruntée d'un poëte qui dans les règles de l'art poétique semble avoir buriné plutôt qu'écrit les lois qui servent de code au Parnasse français.

Je subdivise provisoirement les *Molosses* en deux petits groupes d'après leur habitation dans les deux grandes contrées du globe.

PREMIÈRE SECTION

COMPOSÉE DES MOLOSSES DE L'ANCIEN CONTINENT.

MOLOSSE PÉDIMANE. — *DYSOPES CHEIROPUS.*
(*Planche XVII.*)

La plus grande espèce connue, beaucoup plus forte de taille que notre grande espèce de Cheiroptères d'Europe. Le doigt externe des pieds postérieurs entièrement séparé des autres doigts, libre et opposable, à l'instar du pouce dans les quadrumanes; les oreilles non réunies sur le front, longues et pointues, un lobe ou oreillon à leur partie inférieure, et un second oreillon rudimentaire naissant de la partie interne. Queue grosse à moitié enveloppée dans la très-courte membrane interfémorale. Membrane des ailes naissant à la partie supérieure du dos à peu près de la ligne moyenne, mais adhérant aux côtés dans la partie inférieure. Dents incisives deux en haut et deux très-fines et petites en bas, celles-ci situées en avant du talon des canines (1).

(1) Je n'ai vu que l'individu unique décrit ici; le nombre des dents, dans le jeune âge, ne m'est pas connu; mais il est probable qu'on trouvera ce même nombre de quatre incisives dans les individus à talon des canines espacé. Les détails du crâne et des dents, pl. 25., fig. 1 à 5, ont été copiés des figures données par M. Horsfield, *Zoolog. research.*, liv. 8e.

Point de pelage sur tout l'animal, excepté sur les côtés et sur le devant du cou, où les poils sont rudes, très-courts et clair-semés; des poils ras et rares couvrent la membrane interfémorale et les cuisses; une sorte de duvet très-ras et seulement reconnaissable au toucher et visible à la loupe couvre le ventre; le dos est complétement nu, et le museau n'est garni que de poils très-clair-semés et très-courts; une sorte de fraise composée de poils bruns entoure le cou. Le doigt externe des pieds est, comme nous venons de le dire, totalement libre, armé d'un ongle très-gros, large et obtus, qui se trouve caché sous une grande touffe de poils soyeux et raides. La queue est couverte de rides dans sa partie libre; ces plis peuvent être formés par la peau plus ample de cette partie (1). Les oreilles sont écartées, longues, pointues et à double oreillon, l'un interne, l'autre externe.

Longueur totale 5 pouces 2 lignes, antibrachium 3 pouces, distance du bord antérieur de l'œil à la pointe du nez 8 lignes, envergure 21 pouces.

Patrie. Cette espèce, que j'ai vue à Londres, a été trouvée sur les côtes occidentales de l'Asie; elle fait partie d'une collection d'objets d'histoire naturelle rassemblée à Siam, par feu le docteur Finlayson.

Le musée de la compagnie des Indes, à Londres, possède le seul individu connu, sur lequel le présent article a été établi. M. Horsfield, conservateur du cabinet mentionné, n'a pu me fournir aucun détail sur les mœurs de cette singulière espèce.

J'avais préparé cet article, destiné à paraître sans être accompagné d'une gravure, lorsque je fus agréablement surpris par la vue des deux planches et des descriptions données par M. Horsfield dans la 8e. *liv. Zoolog. Researc. in Java.* Notre espèce, établie sur le même sujet que j'avais examiné à Londres, porte dans l'ouvrage cité le nom de *Cheiromeles torquatus*; M. Horsfield pré-

---

(1) Le seul individu en peau sèche que j'aie vu a ces plis; mais ce caractère peut être accidentel.

sente ce Cheiroptère comme type d'un genre distinct, qu'il veut établir sur une série de deux pages de phrases caractéristiques ; celles-ci, à l'exception de la seule différence du doigt externe des pieds postérieurs, se trouvent toutes applicables aux *Molosses* (Dysopes). Mon savant ami ne s'est probablement plus rappelé ce que je lui communiquai verbalement au sujet du formule dentaire des Molosses, et certes il est très-facile d'adopter l'erreur, lorsqu'on est réduit comme lui à ne pouvoir consulter qu'un nombre très-borné d'objets, et que les moyens de comparaison et d'étude manquent totalement.

Dans la description fournie par M. Horsfied, on trouve, sous huit rubriques différentes, l'énumération, peut-être un peu trop minutieuse, des rapports entre ce *Cheiromeles torquatus* et les *Nyctinomes*, qui ne sont dans le fait, comme nous l'avons prouvé à l'article des généralités, que les jeunes des *Molosses* (Dysopes). Après avoir discuté ces huit points de contact servant à prouver l'identité générique du *Cheiromeles* et des soi-disant *Nyctinomes* ou vrais *Molosses*, l'auteur s'arrête à la seule différence que lui fournit la forme opposable du doigt externe aux pieds postérieurs ; cette organisation est en effet, si j'ose m'exprimer ainsi, au maximum de la perfection dans notre *Molosse pédimane* ; mais on retrouve ce caractère indiqué, quoique très-imparfaitement, dans plusieurs autres espèces à doigt tantôt externe, tantôt interne plus ou moins libre. Notre *Molosse Ruppel* d'Égypte est muni d'un doigt externe libre, mais point opposable ni pourvu d'un ongle large et déprimé, comme dans le *Molosse pédimane*. Le *Molosse véloce* du Brésil a le doigt externe plus fort que les autres, libre et articulé latéralement. Le *Dysopes tenuis* a les doigts latéraux de chaque côté plus gros que les trois autres du milieu, et ces doigts sont doués d'un mouvement latéral plus libre que les trois du milieu. J'aurais été moins surpris de trouver, dans l'ouvrage de l'auteur mentionné, une distinction générique établie et basée sur la différence entre le nombre des incisives dans son *Cheiromeles* et son *Nyctinomus* ; vu qu'en effet, ce nombre est de $\frac{2}{2}$ chez le premier, et de $\frac{2}{4}$ chez son *Nyc-*

tinomus tenuis, type auquel M. Horsfield compare son *Cheiromeles;* car il paraît que, nonobstant mes remarques, mon estimable ami persiste à considérer son *Nyctinomus tenuis*, pourvu de quatre incisives en bas, comme un animal au maximum du développement. Les observations fournies dans cette Monographie, et les figures dont elle est accompagnée, serviront probablement à le faire revenir sur cette erreur, qu'il est si facile d'adopter lorsqu'on est réduit à des moyens très-bornés dans la comparaison des espèces et peu nombreux dans le choix des individus aux périodes différens de la vie.

M. Horsfield, dans ce même article du *Cheiromeles torquatus*, a bien senti les rapports entre les genres qu'il paraît sanctionner sans pouvoir se rendre raison de leur affinité. Il établit toutefois en principe l'existence des genres *Cheiromeles* sur le système dentaire des incisives $\frac{2}{2}$, *Molossus* $\frac{2}{2}$, *Myopteris* $\frac{2}{2}$, *Dysopes* $\frac{2}{4}$ et *Nyctinomus* $\frac{2}{4}$. Nous venons de voir que le genre *Cheiromeles* établi sur l'examen d'un seul individu, probablement un adulte, est l'un de nos *Molosses* (*Dysopes*), organisé de la manière la plus parfaite. Le genre *Molossus* repose sur l'examen des individus dans l'état adulte. Voyez à ce sujet les généralités en tête de cette Monographie. Le genre *Myopteris* (1), proposé par M. Geoffroy, repose sur une compilation de la description du *Rat volant* de Daubenton, espèce douteuse qu'on n'a pas revue depuis, dont on ne connaît pas même la patrie, et qui offre, selon l'énumération donnée, le même système dentaire de nos *Molosses* (*Dysopes*), accompagné de formes absolument identiques. Est-il dans l'intérêt de la science d'établir des coupes nouvelles sur des indices aussi vagues? Le genre *Dysopes* d'Illiger est, dans le fait, identique avec celui *Molossus* de M. Geoffroy : ce nom vicieux a été changé par Illiger, et nous suivons ce *guide du purisme;* mais Illiger n'a jamais pensé à donner au système dentaire de son genre *Dysopes* le nombre de $\frac{2}{4}$ incisives, que M. Horsfield attribue à ce groupe; le professeur berlinois, com-

---

(1) M. Desmarest remarque que Rafinesque a aussi donné le nom de *Myopteris*, à un genre de Cheiroptère; mais il doute qu'il se rapporte à celui-ci.

pilant sur les matériaux fournis par M. Geoffroy, a donné cette denture, *supra* 2, *infra* 2, à son genre *Dysopes*. Quant au dernier groupe nominal, savoir du genre *Nyctinomus*, nous savons aujourd'hui de reste, que les espèces ainsi nommées, sont des individus à l'âge moyen de celles reconnues pour *Molosses* à l'état parfait du développement de leur système dentaire. Les *Molosses* dans le premier période de l'âge ont fort heureusement échappé à l'examen ; car le nombre de leurs incisives $\frac{4}{6}$ ou $\frac{2}{6}$ aurait infailliblement prêté à la formation d'un sixième genre nominal. Cet exemple, et plusieurs autres de la même nature, dont nous aurons occasion de faire mention, *rendront probablement les naturalistes un peu moins empressés à publier le résultat d'une première observation, basée seulement sur la vue d'un très-petit nombre d'individus, ou sur la compilation stérile d'observateurs superficiels.*

On me saura gré, je pense, de reproduire ici la copie de la figure du *Molosse pédimane*, publiée dans l'ouvrage que nous venons de citer. Il est assez probable que l'examen d'un plus grand nombre d'individus de ce singulier Cheiroptère fournira une preuve nouvelle du développement progressif du talon des canines, peut-être de l'expulsion totale des deux petites dents de la mâchoire inférieure ; car ces petites dents, placées en avant des canines, et qui ne sont pas rendues sous leur véritable position dans la figure des mâchoires vues de face (1), se trouvent projetées plus en avant dans l'original, car elles ne correspondent plus dans les fonctions avec les incisives supérieures, qui se touchent exactement. Les seules figures des incisives supérieures G et H, données comme objets de comparaison entre le *Cheiromeles torquatus* de M. Horsfield, et son *Nyctinomus tenuis*, me fournissent la preuve certaine que le premier à grosses incisives convergentes et réunies est un *Molosse* adulte, mais pas très-vieux, et que le second, pourvu d'incisives

---

(1) Le contour seulement de la pointe des dents, vu de face ou en profil, donne souvent une fausse idée de leur position ; il est toujours préférable de donner le profil de toute la mâchoire, ce qui oblige le dessinateur à une plus grande précision dans le contour de la figure.

coniques et espacées, est un jeune *Molosse* muni de quatre ou de cinq incisives à la mâchoire inférieure.

Une comparaison établie entre la forme du crâne et le système dentaire du *Molosse pédimane* de nos pl. 23, fig. 1 à 5, et du crâne donné, pl. 23, fig. 23 à 26, du *Molosse alecto* d'Amérique, sert à constater les nombreux rapports dans l'organisation des espèces de ce genre; les unes et les autres ont des moyens très-vigoureux de préhension et d'ascension, et elles ne diffèrent les unes des autres que dans le développement plus parfait du membre destiné à remplir ces fonctions.

MOLOSSE CHAMCHÉ (1). — *DYSOPES PLICATUS*.

Taille du *Vespertilion murin* d'Europe; queue à moitié enveloppée dans la membrane interfémorale; oreilles médiocres, rondes, non réunies sur le front, à tragus ou lentille externe; lèvres couvertes de plis; un ruban de poil le long des membranes des flancs. Système dentaire observé dans l'état adulte seulement; deux fortes incisives en haut et deux petites bilobées en bas, placées en avant du talon des canines (2).

Le pelage est court, cotonneux et très-serré en dessus, d'un fauve cendré plus ou moins grisâtre, un peu plus clair en dessous; les membranes naissent des flancs; oreilles rondes, peu distantes sur le front, mais pas réunies, leur bord supérieur est garni de petits mamelons; lèvres couvertes de rides verticales et de soies courtes; un ruban de poils, prenant naissance des flancs, couvre le bord de la membrane des ailes; celle interfémorale nue et pourvue de brides musculaires; la moitié de la queue totalement libre.

(1) Ce nom est formé du mot hindou, *Chamchéeka*, indiqué par Buchanan.

(2) Ce formule dentaire n'a pas empêché ceux qui ont établi le genre *Nyctinome* de classer l'espèce indiquée avec celles pourvues de quatre incisives; ils auront cru sans doute que Buchanan avait commis une erreur, puisque les espèces de l'ancien continent ne pouvaient avoir, *selon l'hypothèse établie*, le même système dentaire des Molosses du Nouveau-Monde. Quelle étrange erreur!

Longueur totale de l'adulte 4 pouces 3 lignes, dont la queue prend 1 pouce 9 lignes; envergure 11 pouces 6 ou 7 lignes.

Synonymie. L'espèce est décrite sous le nom de VESPERTILIO PLICATUS, par Buchanan. *Transact. Linn. Societ.*, vol. 5, pag. 261, avec une figure peu soignée du mâle, tab. 13. — C'est *Nyctinome du Bengale*, Geoff., *Inst. d'Égypte. Hist. nat.*, vol. 2, pag. 130. — *Encyclop. mamm.*, pag. 116, esp. 162.

Patrie. Le continent de l'Inde, plus particulièrement le Bengale dans les environs de Calcutta. L'espèce vit dans les cavernes et dans les vieilles bâtisses.

J'ai vu deux individus chez un marchand d'histoire naturelle à Londres.

MOLOSSE RUPPEL. — *DYSOPES RUPELII.*

(*Planche XVIII.*)

Taille du *Vespertilion murin* d'Europe. Oreilles excessivement grandes, en conque, ombrageant la face; leur bord interne non réuni, mais se projetant du front en une base commune; un fort repli interne couvrant les yeux; la base de l'oreille pourvue d'un oreillon interne et d'un second oreillon externe ou lenticulaire; queue de la longueur du corps seulement, épaisse, déprimée, ayant la plus petite moitié enveloppée dans la membrane interfémorale, qui n'a point de brides musculaires; doigts des pieds couverts de soies blanchâtres; le pouce des pieds postérieurs un peu plus libre que les autres doigts. Les deux incisives supérieures écartées; les six ou les quatre inférieures entassées, et les deux intermédiaires poussées en avant; une très-petite dent anomale à la mâchoire supérieure, entre la canine et la première fausse molaire. Voyez le crâne, *pl.* 23, *fig.* 6, 9 et 8, grandeur naturelle.

Pelage abondant, fin, serré et lisse; une large bordure de poils serrés sur les deux côtés des membranes des ailes, tout près et le long des flancs.

Museau couvert de poils noirs, rares et divergens; lèvres larges, pendantes et plissées; parties supérieures d'un gris de souris très-uniforme partout; parties inférieures du même gris, mais d'une teinte un peu plus claire; les poils des doigts longs, un peu arqués et blanchâtres; membranes des ailes très-étroites, mais l'envergure longue.

Longueur totale 5 pouces 2 ou 6 lignes; la queue seule prend 2 pouces; envergure du mâle, 14 pouces 6 lignes; de la femelle, 13 pouces; antibrachium, 2 pouces 2 lignes.

Cette nouvelle espèce, que l'on doit aux recherches de M. Ruppel en Égypte, est voisine de celle indiquée par M. Geoffroy, sous le nom de *Nyctinome d'Égypte*, dénomination locale que nous avons dû nécessairement supprimer pour éviter que les deux espèces du même pays puissent être confondues; ce nom de contrée a été remplacé par celui de l'illustre professeur qui a enrichi la monographie des Cheiroptères d'une multitude d'espèces inédites et qui a le mérite de les avoir classées dans un ordre plus parfait. Je dédie la nouvelle espèce du présent article au voyageur qui en fit la découverte.

Les voyages de M. Ruppel en Arabie, en Égypte et en Nubie nous font connaître un grand nombre d'espèces nouvelles. Plusieurs animaux indiqués dans Aristote et Pline ont été retrouvés par ce célèbre voyageur. Ils servent de preuve que ces espèces diffèrent, sous tous les rapports, de celles qu'on avait cru pouvoir leur comparer, et que les naturalistes modernes ont eu tort de supposer l'existence de ces animaux de Pline, dans les contrées méridionales de l'Afrique.

Patrie. On le trouve en Égypte dans les souterrains des grands édifices.

Le musée des Pays-Bas possède trois sujets et les crânes; on voit deux autres individus dans le musée de Francfort.

MOLOSSE DE GEOFFROY. — *DYSOPES GEOFFROYI* (1).

(*Planche XIX.*)

Taille du *Vespertilion sérotine* d'Europe. Oreilles médiocres, arrondies, mais un peu irrégulièrement courbées vers le bord supérieur; la base pourvue d'un oreillon interne et d'un second oreillon externe ou lenticulaire; leur bord interne non réuni; queue de la longueur du corps, à moitié enveloppée dans la membrane interfémorale et sans brides musculaires. *Je n'ai pas examiné de crânes ni les dents* (2). On donne le nombre des incisives, *deux en haut et quatre à la mâchoire inférieure*, ce qui me fait croire que l'individu sur lequel repose la description donnée, se trouvait au terme moyen de l'âge. Les figures 3, 3, 3, de la planche 4 du grand ouvrage sur l'Égypte sont gravées de manière à rendre peu distincts les détails du crâne, surtout relativement aux sutures et à la forme des crêtes, seuls indices pour juger l'âge des individus. J'ai encore une observation bien remarquable à faire sur ces figures 3, 3, 3, de l'ouvrage mentionné. Le dessinateur a sans doute copié fidèlement le crâne de ce *Molosse*, rapporté d'Égypte par M. le professeur Geoffroy, d'autant plus que la figure le représente grossi à la loupe. Comment se fait-il donc que les deux figures mentionnées montrent distinctement *six incisives à la mâchoire inférieure*, tandis que le texte ne parle que de *quatre incisives*, et que les *Nyctinomes*, tels qu'on veut les représenter, *devraient avoir ce dernier nombre?* La réponse à cette question est bien facile pour moi; elle me fournit une preuve nouvelle à l'appui de ce que j'ai dit dans l'article des généralités. Le crâne du soi-disant *Nyctinome d'Égypte* rapporté par M. Geoffroy, a été probablement enlevé sur un sujet très-jeune, pourvu de ses six incisives, tandis que M. Geoffroy aura examiné, sur les lieux, des individus un peu plus avancés en âge, munis de quatre incisives; des recherches suivies, sur un plus

---

(1) Voyez, à l'article précédent, le motif de ce changement de nom.
(2) Voyez la *remarque* à la fin du présent article.

grand nombre d'individus, auraient peut-être pu fournir à ce savant la preuve de la chute d'une seconde paire de dents. Voyez la remarque ci-après.

Pelage serré, poils de l'occiput et du dessus du cou plus longs qu'ailleurs ; un ruban de poils blancs sur les membranes des ailes tout le long des flancs.

Lèvre supérieure couverte de rides peu profondes ; pelage roux en dessus, particulièrement à l'occiput ; brun sur le ventre, avec une très-faible bande blanche qui suit la ligne moyenne, et un peu de roussâtre vers les flancs. La queue grêle, à moitié enveloppée dans la membrane interfémorale, et pas soutenue par des brides musculaires ; l'autre moitié de la queue totalement libre.

Longueur totale du sujet apporté par M. Geoffroy (probablement un jeune), 3 pouces 8 lignes. Il m'a été impossible de prendre les autres dimensions ; et je ne veux pas les donner d'après la figure publiée dans l'atlas de l'ouvrage sur l'Égypte, dont nous offrons ici une copie.

Synonymes. Nyctinome d'Égypte. Geoff. *Mém. de l'Institut d'Égypte. Hist nat.*, vol. 2, *pag.* 28 *et pl. atlas* 2. Figure de grandeur naturelle et deux têtes vues de profil.— Nyctinomus Ægyptiacus. *Encyclop. Mamm.*, *pag.* 116, esp. 161. Nous venons d'indiquer dans l'article précédent le motif du changement de nom proposé pour cette espèce.

Patrie. M. Geoffroy a rapporté ce Cheiroptère de l'Égypte : ses mœurs sont peu connues ; il se retire dans les tombeaux et les souterrains des grands édifices abandonnés.

Je n'ai vu qu'un individu dans le musée de Paris, probablement celui rapporté par M. Geoffroy.

Remarque additionnelle. J'avais terminé cet article tel qu'on vient de le lire, lorsque M. Cretschmaer, directeur du musée de Francfort, eut l'extrême complaisance de me faire parvenir un

Molosse envoyé d'Égypte, par M. Ruppel. Il m'a été particulièrement agréable de reconnaître dans cet individu le *Dysopes Geoffroyi* dans l'état complet de développement des incisives, c'est-à-dire, à talon des canines très-fort, ces canines peu espacées et comptant seulement deux incisives poussées en avant de leur talon. Cette découverte est d'autant plus intéressante, qu'elle porte sur l'espèce identique qui a servi de type à M. Geoffroy pour son *Nyctinomus*, et qu'elle fournit la preuve incontestable de l'exactitude des observations dont j'ai fait part dans l'article des généralités. J'ai donné le contour de ces dents grossies à la loupe, *pl.* 24, *figure* 9.

Le sujet adulte du musée de Francfort, que M. Cretschmaer m'a confié pour l'examiner, porte en longueur totale, 3 pouces 5 lignes; envergure, 9 pouces 6 lignes; antibrachium, 1 pouce 7 lignes.

MOLOSSE GRÊLE. — *DYSOPES TENUIS* (1).

(*Planche XIX bis.*)

Taille du *Vespertilion barbastelle* d'Europe; système cutané des ailes offrant une forme grêle par le peu de largeur des membranes; lèvres très-épaisses et larges, les supérieures sillonnées verticalement par des plis très-profonds; les inférieures couvertes de verrues; membrane interfémorale coupée à peu près en angle droit à la hauteur des osselets du tarse, enveloppant la grande moitié supérieure de la queue; la partie inférieure de la queue totalement libre. Oreilles très-grandes réunies sur le chanfrein, pourvues d'un repli à leur bord extérieur. Dents incisives dans l'état de développement parfait $\frac{2}{2}$ (2); dans ceux qui n'ont point le talon des ca-

---

(1) J'avais donné à cette espèce, observée sur une grande quantité d'individus, le nom de *Labiatus*, indiquant les rides transversales très-larges des lèvres supérieures. M. Horsfield, venant d'en publier une figure sous le nom de *Tenuis*, nous adoptons cette dénomination.

(2) Je n'en ai point vu manquant totalement d'incisives inférieures; mais je présume qu'elles tombent toutes. Le crâne d'un individu, sur quinze que j'ai examinés avec le plus grand soin, a

nines réuni, on compte distinctement quatre petites incisives plus ou moins entassées suivant l'âge des individus. Voyez les deux crânes et les détails grossis, *pl.* 23, *fig.* 10 à 16; le squelette, *pl.* 24, *fig.* 1.

Pelage très-court, doux, lisse; celui des parties supérieures d'un brun noirâtre; le dessous cendré; des soies blanches et un peu recourbées vers les phalanges onguéales des pieds postérieurs. Les lèvres supérieures, très-larges, sont bordées dans toute leur longueur par une série de verrues transversales, qui forment sur le bord extérieur huit bourrelets séparés par des sillons : cet appareil donne aux lèvres une épaisseur remarquable; les lèvres inférieures sont moins renflées, une série de verrues en suit les bords. Les oreilles sont très-grandes, larges et bordées par un repli de la conque. La membrane interfémorale est soutenue par des rudimens d'osselets, et coupée à angle ouvert à la hauteur de ces soutiens.

Longueur totale de l'adulte, 3 pouces 9 lignes, dont la queue prend 1 pouce 6 lignes; envergure de 10 pouces 6 lignes à 11 pouces; humérus 1 pouce 2 lignes; antibrachium 1 pouce 6 lignes.

Synonymie. C'est sous le nom de Nyctinomus tenuis que M. Horsfield en fait mention. *Zoolog. Researc. in Java*, n°. 5, avec une figure peu soignée, manquant d'exactitude quant au pelage ébouriffé, à la trop forte extension des membranes, et au rétrécissement de l'interfémorale par le dessèchement.

Patrie. L'île de Java est la seule partie du grand Archipel où l'espèce ait été observée; il est cependant probable qu'on la trouvera aussi à Sumatra et à Banda. Les individus envoyés par MM. Kuhl et Van Hasselt, et ceux rapportés par M. Horsfield, ont été pris dans les cavernes des rochers. Le soir on les voit sortir de leurs retraites et voler à la lisière des bois.

les dents inégales, très-petites, et tellement accolées contre le talon des canines, qu'on les aperçoit à peine à la loupe.

Le musée des Pays-Bas possède une grande série d'individus de tous les âges, montés et en esprit-de-vin, des squelettes et des crânes. J'en ai vu quelques-uns, tous dans l'âge intermédiaire, chez M. Horsfield, à Londres.

DEUXIÈME SECTION

COMPOSÉE DES MOLOSSES DU NOUVEAU MONDE.

Il est impossible de trouver un caractère qui puisse servir de moyen pour distinguer les Molosses de l'ancien continent de ceux du Nouveau-Monde.

MOLOSSE MARRON ou DOGUIN. — *MOLOSSUS RUFUS.*

Taille plus forte que le *Vespertilion murin* (Vesp. myotis); museau énorme, très-gros et court, offrant quelque ressemblance avec celui du Chien dogue; bouche très-fendue, système cutané des oreilles très-développé; membrane interfémorale se dirigeant en angle vers la moitié de la longueur de la queue dont elle enveloppe la partie supérieure, laissant l'autre moitié libre et sans bordure membraneuse; lèvres poilues mais sans verrues; oreilles un peu poilues en dedans et à la base de leur partie externe.

Pelage des parties supérieures d'un marron foncé, celui de toutes les parties inférieures d'un marron plus clair; oreilles et membranes d'un brun marron.

Longueur, depuis le bout du nez à l'extrémité de la queue, 5 pouces 1 ou 2 lignes; envergure, 13 pouces 6 lignes; humérus, 1 pouce 6 lignes; antibrachium, 2 pouces 3 lignes. Cette mesure est prise sur un individu pourvu de quatre incisives à la mâchoire inférieure, dont le crâne, figuré, *pl.* 23, *fig.* 17, 18 et 19, a été tiré de l'esprit-de-vin; il diffère de celui de la collection du muséum de Paris par le nombre des incisives $\frac{2}{2}$; ce dernier est adulte tandis que le sujet muni d'incisives $\frac{2}{4}$ est un jeune. La longueur totale de l'adulte est de 3 pouces 2 lignes, de l'envergure 15 pouces, de la queue 2 pouces 2 lignes.

Synonymie. Nous devons la première indication de cette espèce à M. Geoffroy. Voyez *Annales du muséum*, *vol.* 6, *pag.* 155.

Patrie. Nous est encore inconnue. L'individu tiré de l'esprit-de-vin, que j'ai fait servir à mes recherches, provient d'une collection qui paraît avoir été faite à Surinam. Musée des Pays-Bas : celui du Musée de Paris est monté, mais dégradé.

MOLOSSE ALECTO. — *DYSOPES ALECTO.*
(*Planche XX.*)

Envergure de la *Sérotine* d'Europe ; mais la taille plus forte que le *Murin* (Vespertilio myotis) ; ailes disproportionnées, en comparaison du volume du corps ; ces ailes très-étroites et découpées ; queue libre dans sa plus grande moitié ; brides du tarse plus longues que la jambe ; oreilles beaucoup plus larges que hautes, réunies sur le front, et continuant en un ruban vers les narines, qui sont à peu près réunies. Tête courte, surmontée d'une crête coronale très-élevée, passant sur le chanfrein. Les canines à talon très-fort, contiguës ; deux fines incisives bilobes, se projetant en avant des canines. Je n'ai pas eu l'occasion de voir l'arrangement dentaire des jeunes. Voyez le crâne de l'adulte, *pl.* 23, *fig.* 23 à 26, grandeur naturelle.

Des soies longues au croupion, tout le reste du pelage imitant un tissu de velours soyeux excessivement fin, pourvu d'un beau lustre ; des poils serrés et courts sur la membrane qui unit l'antibrachium à l'humérus : un ruban de ces poils le long de l'humérus, et un espace angulaire de ces poils à l'origine des deux derniers doigts.

Tout le pelage, en dessus et en dessous, est d'un noir très-brillant et lustré; les membranes et la face sont noires; l'oreillon extérieur est grand, et les oreilles, peu hautes, forment un demi-cercle.

Longueur totale, 5 pouces 6 lignes : la queue seule a 2 pouces; sa partie totalement libre a 1 pouce 2 lignes; envergure, 12 pouces; antibrachium, 2 pouces.

Cette espèce est nouvelle : sa physionomie hideuse; ses membres postérieurs très-courts; peu de largeur des ailes en proportion de la grosseur du corps et du cou; son pelage noir; tout contribue enfin à rendre la dénomination que nous proposons pour cette espèce très-caractéristique.

Patrie. Les parties intérieures du Brésil. On ne connaît point ses mœurs.

Musée des Pays-Bas.

MOLOSSE A POILS RAS. — *DYSOPES ABRASUS.*

(*Planche XXI.*)

Taille moindre que la Noctule; formes, sur une échelle moins grande, à peu près les mêmes que dans le *Molosse alecto*; la plus petite moitié de la queue totalement libre; brides du tarse plus courtes que la jambe; oreilles à peu près aussi larges que hautes, distinctes, non-réunies sur le chanfrein, qui est large et terminé par un museau à ouvertures des narines écartées. Tête courte, obtuse. Les canines à talon très-fort, contiguës; deux fines incisives bilobes se projetant en avant des canines. Les jeunes, à talon des canines espacé, ont les incisives au nombre de quatre, entassées et bilobées.

Pelage très-ras, mais serré; il semble que les poils adhèrent plus ou moins dans leur longueur; front, membrane qui unit l'antibrachium à l'humérus, un ruban le long du premier de ces os, la base du petit doigt, et l'espace entre celui-ci et l'avant-dernier garnis d'un poil court et serré; mais toutes ces parties nues en dessous.

Les parties supérieures d'un marron très-vif et lustré, plus clair et terne en dessous ; membranes noires.

Longueur totale *d'un jeune individu*, 4 pouces 3 lignes, dont la queue prend 1 pouce 1 ligne ; sa partie totalement libre a 6 lignes ; antibrachium, 1 pouce 5 lignes ; distance des oreilles, à peu près 2 lignes ; envergure, 9 pouces 7 lignes.

Cette espèce inédite a des rapports avec le *Doguin*, mais elle en diffère par les caractères mentionnés ; elle est aussi voisine de l'*Alecto*.

Patrie. Les mêmes parties intérieures du Brésil où se trouve le *Molosse alecto.*

Musée des Pays-Bas.

MOLOSSE NASIQUE. — *DYSOPES NASUTUS.*

Taille du *Vespertilion barbastelle* d'Europe. Narines proéminentes ; museau court ; lèvres garnies de rides transversales ; oreilles grandes, arrondies, non réunies ; queue longue, sa moitié supérieure engagée dans la membrane interfémorale, le reste libre ; des poils très-longs sur les doigts des pieds postérieurs. Dents incisives dans les jeunes $\frac{2}{6}$; dans l'adulte $\frac{2}{4}$; à l'état parfait $\frac{2}{2}$; dans tous les âges une très-fine pointe ou vestige de dent anomale entre la canine supérieure et la première molaire. Voyez le squelette et les détails, *pl.* 24, *fig.* 2, un individu muni de deux incisives supérieures espacées, et de 6 incisives inférieures très-entassées ; la figure 3 est grossie.

Le pelage est court, très-doux et un peu lisse. Toutes les parties supérieures et la tête sont d'un brun terne ou fauve, et les poils n'ont point d'autre teinte à leur base ; en dessous ils sont d'un brun cendré-clair ; un ruban détaché du reste du pelage s'étend le long des flancs sur le côté interne de la membrane ; les poils longs et clair-semés, qui couvrent les doigts des pieds de derrière, sont d'un blanchâtre argentin. Les membranes sont brunes.

Longueur totale dans l'adulte 4 pouces, dont la queue porte 1 pouce 6 lignes; envergure 10 pouces 8 lignes. J'ai pris les dimensions suivantes sur des individus montés : savoir, longueur totale 3 pouces 4 lignes; de la queue 1 pouce 1 ligne; antibrachium 1 pouce 6 lignes; envergure 10 pouces 2 lignes.

Synonymie. Molossus nasutus. Spix. *Simiarum et Vespertilionum, pag.* 60, *sp.* 2, *tabl.* 65, *fig.* 7. Cette espèce a été observée par M. Isidore Geoffroy sur des individus pourvus de quatre incisives inférieures, par conséquent à système dentaire tel qu'il existe avant le développement du talon des canines et la chute des incisives; elle a été désignée sous le nom de Nyctinomus brasiliensis, *Annales des sciences naturelles, tom.* 1, *pag.* 337, *pl.* 22. M. Geoffroy a trouvé ce nombre d'incisives sur onze individus que j'ai examinés depuis la publication de son mémoire. De ces onze Cheiroptères, je n'ai pu m'assurer exactement de l'existence des quatre dents indiquées que sur cinq individus. Voyez, pour plus de détails, le résumé de mes observations à l'article descriptif des généralités sur le genre Molosse.

Patrie. Le Brésil, où l'espèce est très-multipliée et répandue sur une grande étendue de pays. M. Natterer de Vienne, le prince de Neuwied, et plusieurs autres voyageurs, en ont rapporté longtemps avant que les onze individus de M. Auguste de Saint-Hilaire aient été déposés au musée de Paris.

On voit des sujets dans les musées des Pays-Bas, de Vienne, de Berlin, de Paris, de Munich et du prince de Neuwied.

MOLOSSE VÉLOCE. — *DYSOPES VELOX.*

(*Planche XXII*, *Fig.* 1.)

Taille de la *Barbastelle* d'Europe; membranes du vol très-peu larges, mais assez étendues en longueur; la plus petite moitié de la queue libre; oreilles un peu plus larges que hautes, réunies sur le front, mais sans ruban de peau sur le chanfrein. Un siphon ou petite poche glanduleuse sur le devant du cou. Incisives dans l'adulte, deux en haut et deux très-petites en bas, poussées en ayant du talon des canines ; dans un seul individu, trois en haut et deux en bas (1). Je n'ai pas examiné le nombre des dents chez les jeunes. Voyez les dents grossies, *pl.* 23, *fig.* 22.

Pelage très-court, lisse ; les poils d'une seule couleur partout ; membranes des flancs poilues en dessus comme en dessous ; des poils clairs-semés le long de l'humérus et de l'antibrachium.

Pelage en dessus d'un brun marron très-foncé et lustré ; en dessous d'un marron un peu plus clair et mat ; tous les poils unicolores.

Longueur totale, 3 pouces 3 lignes ; la queue dans toute son étendue 1 pouce 2 lignes, dont 6 lignes libres ; envergure 10 pouces ; antibrachium 1 pouce 6 lignes.

Cette espèce nouvelle a été découverte et envoyée du Brésil par M. Natterer de Vienne ; depuis elle a été rapportée par d'autres voyageurs. M. de Schreibers a bien voulu me communiquer les deux sujets du musée de Vienne, afin de me mettre en état de les comparer avec quelques autres espèces. Je le prie d'agréer mes remercîmens sincères pour ce procédé très-obligeant. J'ai conservé le nom donné par M. Natterer.

Il sera facile, en faisant l'application des caractères énoncés dans les diagnoses, de distinguer cette espèce de la suivante qui lui ressemble. Le très-petit siphon de la gorge n'est visible que sur les individus en chair ; les dépouilles n'en conservent aucune trace.

Musée de Vienne.

(1) Voyez les généralités.

MOLOSSE OBSCUR. — *DYSOPES OBSCULUS* (1).

(*Planche XXII, Fig. 2.*)

Taille de la *Barbastelle* d'Europe ; membranes du vol plus larges en proportion du corps que dans les autres *Molosses* ; oreilles plus larges que hautes, réunies à leur base en un ruban de peau qui va aux narines ; la grande moitié de la queue engagée dans la membrane interfémorale, le reste totalement libre ; le tibia et le fibula proportionnellement plus longs que dans les autres espèces. Dans l'adulte on voit deux incisives à la mâchoire inférieure ; point d'incisives inférieures, dans un seul individu. Voyez *pl.* 23, *fig.* 20, les dents grossies. Les jeunes, à talon des canines espacé, ont les incisives au nombre de quatre, les deux latérales étant très-petites.

Les poils de deux couleurs ; en dessus d'un brun noirâtre à base blanche ; aux parties inférieures d'un brun cendré à base blanche ; des soies aux bords des lèvres, mais celles-ci lisses.

Longueur totale, 3 pouces 3 lignes, dont la queue prend 1 pouce 1 ligne ; sa partie libre a 6 lignes ; antibrachium 1 pouce 5 lignes ; envergure 9 pouces.

Synonymie. D'après l'inspection du sujet qui a servi à la description du Molossus obscurus de M. Geoffroy, je suis porté à réunir l'indication très-succincte (2) qu'il en donne, à l'espèce de cet article. M. Geoffroy rapporte à notre espèce la *petite Chauve-souris obscure* ou neuvième de M. d'Azara ; mais ce rapprochement ne me paraît pas bien fondé. Il y a différence de taille et de mesure des différentes parties, disparité dans la forme des oreilles, et une différence remarquable dans les plis verticaux à la lèvre supérieure.

---

(1) J'entends l'*Obscurus* de M. Geoffroy, mais point l'espèce décrite par d'Azara sous le nom de *petite Chauve-souris obscure*. M. Desmarest partage mon opinion.

(2) M. Geoffroy dit : « Pelage brun noirâtre en-dessus, obscur en-dessous, les poils étant blancs à leur origine. Longueur du corps, 2 pouces 2 lignes ; de la queue, 1 pouce 1 ligne ; de la membrane interfémorale, 8 lignes. » *Annales du Muséum*, vol. 6, p. 155.

Notre *Obscurus* est probablement Molossus fumarius. Spix. *Simiar. et Vespert. Brasil.*, pag. 60, esp. 3, tab. 35, fig. 5 et 6; mais les figures de Vespertilions, dans cet ouvrage, sont tellement au-dessous de la critique, qu'il est impossible d'en faire usage comme point de comparaison.

Patrie. J'ai vu des individus envoyés du Brésil; ceux qui ont servi à la présente description sont de Surinam.

Musées des Pays-Bas, de Paris, de Vienne et de Munich.

NOTICE COMPILÉE

SUR QUELQUES ESPÈCES DE MOLOSSES INDIQUÉES DANS LES CATALOGUES MÉTHODIQUES, QUE JE N'AI PU VOIR EN NATURE, ET SUR LESQUELLES IL FAUDRA RASSEMBLER DES OBSERVATIONS FAITES SUR UN GRAND NOMBRE D'INDIVIDUS ET BASÉES SUR L'EXAMEN DES DENTS.

Les collections d'histoire naturelle qui me sont connues ne renferment point aujourd'hui d'autres espèces que celles décrites ici : je me plais du moins à le croire, dans la confiance qu'à la demande réitérée faite à mes amis et à mes correspondans, tous se seraient sans doute empressés à me fournir les moyens de compléter cette monographie. Je vais donner les descriptions des espèces citées par les auteurs, afin qu'elles puissent servir de guide à des observations plus exactes et plus scientifiques.

Nous n'en trouvons qu'une de plus *de l'ancien continent*, citée parmi les *Nyctinomes* ou les Molosses dans le jeune âge, pourvus de 4 ou de 6 incisives à la mâchoire inférieure. C'est le soi-disant Nyctinome du Port-Louis, qu'on pourra nommer *Dysopes acetabulosus;* Hermann en a fait mention. *Observ. Zoolog.*, pag. 19. — Geoff. *Mém. de l'Institut d'Égypte*, vol. 2, pag. 130. — Desmarest, *Mamm.*, pag. 117, esp. 263.

Pelage d'un brun noir; membrane interfémorale enveloppant les deux tiers de la queue. Il serait, dit-on, de la taille du *Vespertilion commun*. On peut croire que le Vespertilion commun, auquel ce

Molosse est comparé pour la grandeur ; n'est pas bien connu de ceux qui se sont servis de ce point de comparaison ; car le *Vespertilio murinus* est plus grand que les *Nyctinomes d'Égypte* et du *Bengale* (nos *Dysopes Geoffroyi* et *Plicatus*) ; tandis que le texte que nous compilons le dit plus petit d'un cinquième que ces deux *Molosses.* — L'envergure serait de 10 pouces. La *patrie* serait l'île Mascareigne, aux environs de Port-Louis, d'après une note manuscrite de Commerson.

M. Horsfield en cite bien encore une qu'il dit être de Java, mais que je n'ai pas vue en nature, que M. Horsfield ne possède point, et à laquelle il a donné le nom de *Nyctinomus dilatus*, accompagné de la phrase que voici :

Fusco-nigricans subtus dilutior, membra ad hypochondria dilatata, caudâ gracili ad medium adnatâ, membranâ interfemorali fibris muscularibus rarioribus instructâ.

S'il faut en croire les auteurs, le Nouveau-Monde en fournit encore plusieurs espèces qui me sont inconnues.

1°. Molosse noir. — *Dysopes ater*, indiqué par MM. Geoffroy et Desmarest. Longueur du corps, 2 pouces 7 lignes ; de la queue, 1 pouce 6 lignes ; de la membrane interfémorale, 9 lignes.

Pelage noir, lustré seulement en dessus ; museau plus effilé que dans notre *Molosse marron* ou *doguin ;* oreilles sensiblement plus grandes et surtout plus hautes. — J'aurais réuni cette indication à mon *Molosse alecto*, si celui-ci n'avait les oreilles d'une forme totalement différente.

2°. Molosse mulot-volant, de Daubenton, *Buff.*, vol. 10, pl. 19, fig. 2, Schreber, vol. 1, tab. 59, auquel M. Geoffroy réunit son *Molossus longicaudatus*, pag. 155, esp. 4, mais qui pourraient bien former deux espèces distinctes ; ce qu'il est impossible de déterminer en des données aussi superficielles.

Le pelage serait cendré fauve ; un ruban de peau étendu du bout du museau jusqu'au front ; queue presque aussi longue que le corps. On le dit originaire de la Martinique.

3°. Molosse à ventre brun, ou *fusci-venter* de M. Geoffroy, serait le *second Mulot-volant* de Daubenton. *Buff.*, *vol.* 10, *pl.* 19, *fig.* 3.

Pelage cendré-brun en dessus; cendré en dessous, excepté le ventre, qui est brun à son milieu. Longueur du corps, 2 pouces; de la queue au delà de la membrane, 7 lignes. La *patrie* n'en est pas connue.

4°. MOLOSSE CHATAIN. C'est la *Chauve-souris châtaine* ou sixième d'Azara. *Hist. nat. Parag.*, *vol.* 2, *pag.* 282.

Pelage châtain en dessus, blanchâtre en dessous; un ruban étendu depuis le museau jusqu'au front; membranes des ailes noirâtres; queue n'étant libre que dans son dernier tiers; oreilles hautes de 6 lignes, arrondies vers le haut et un peu inclinées en avant, en se prolongeant jusqu'au ruban du front; oreillon lenticulaire. Longueur du corps, 4 pouces 9 lignes; de la queue, 1 pouce 11 lignes; envergure, 1 pouce 1 ligne. On le trouve au Paraguay.

5°. MOLOSSE A LARGE QUEUE; c'est la *Chauve-souris obscure* ou huitième d'Azara, *Parag.*, *vol.* 2, *pag.* 286.

Pelage brun-obscur en dessus, moins sombre en dessous; queue bordée de chaque côté par un prolongement de la membrane interfémorale. Lèvre supérieure marquée de rides verticales; langue renflée dans sa moitié inférieure; *la pointe non enveloppée de la queue est de chaque côté accompagnée par un prolongement de la membrane interfémorale.* D'Azara cite un individu dont le corps avait 5 pouces 9 lignes de longueur. Dimensions d'un autre individu : du corps, 4 pouces; de la queue, 1 pouce 6 lignes. Nous savons par expérience que les dimensions sont très-variables dans les états différens de l'âge, et même dans les sexes. On le trouve au Paraguay.

6°. MOLOSSE A GROSSE QUEUE; la *Chauve-souris brun-cannelle* ou dixième d'Azara, *Parag.*, *vol.* 2, *pag.* 290.

Pelage brun-cannelle, plus clair en dessous qu'en dessus; queue bordée, de chaque côté, par un prolongement de la membrane interfémorale; poil court extrêmement doux au toucher; oreilles médiocres et plus larges que hautes ; *un rudiment de membrane accompagne la partie libre de la queue.*

Ce dernier caractère peut servir pour distinguer ces deux espèces; j'aurais classé la dernière avec mon *Dysopes abrasus*, si j'avais trouvé le moindre indice d'un prolongement pareil dans ce *Molosse* nouveau pour moi, et si les proportions relatives ne m'avaient offert des disparités très-marquées. Le *Dysopes crassicaudatus* habite le Paraguay ; les dimensions sont : longueur du corps, 3 pouces 6 lignes ; de la queue, 1 pouce 4 lignes; envergure, 10 pouces 4 lignes.

7°. Molosse amplexicaude. On a cru devoir classer ici la *Chauve-souris de la Guyane de Buff. Supp.*, vol. 7, pag. 294, pl. 75. Voyez aussi *Encyclop. mamm.*, pl. 31, fig. 2.

Pelage noirâtre, moins foncé en dessous qu'en dessus, mais ayant les côtés du ventre cendrés ; oreilles plissées, s'étendant sur les joues ; *queue totalement enveloppée dans la membrane interfémorale*, qui est beaucoup plus grande que dans les autres espèces. On le dit commun à Cayenne et de la taille de notre *Vespertilion noctule* d'Europe.

8°. Molosse a queue pointue, *Dysopes acuticaudatus*, indiqué par M. Desmarest comme espèce nouvelle, rapporté par M. Auguste de Saint-Hilaire, et se trouvant dans les galeries du musée de Paris. *Je n'ai pu retrouver cette espèce.* C'est probablement l'espèce de Molosse qui a servi de type pour former le nouveau genre *Thyroptera*, proposé par M. de Spix.

Queue longue, *presqu'entièrement* enveloppée dans la membrane interfémorale, qui forme un angle assez aigu ; ailes fort étroites ; *petit bout de la queue libre ;* oreilles assez grandes, peu relevées ; oreillon arrondi ; poil doux et assez long, brun-noir lavé de couleur de suie. Les dimensions sont : longueur du corps, 1 pouce 6 lignes ; de la queue, 1 pouce 6 lignes ; ailes très-longues. Il a été rapporté du Brésil.

EXPLICATION DES PLANCHES

DE LA SIXIÈME MONOGRAPHIE.

Pl. 17. Molosse pédimane. Adulte, et la tête de profil; calque de la figure publiée par M. Horsfield.

Pl. 18. Molosse Ruppel. Age moyen; individu muni de quatre incisives à la mâchoire inférieure.

Pl. 19. Molosse Geoffroy. Jeune; calque de la figure publiée dans le grand ouvrage de la commission d'Égypte.

Pl. 19 *bis*. Molosse grêle. Vieux, et la tête vue de profil et de face.

Pl. 20. Molosse alecto. Très-vieux, sur le même individu dont le crâne est figuré *pl.* 23, *fig.* 24.

Pl. 21. Molosse a poils ras. Jeune; individu muni de quatre incisives à la mâchoire inférieure.

Pl. 22, *fig.* 1. Molosse véloce. Adulte.

Pl. 22, *fig.* 2. Molosse obscur. Adulte.

Pl. 23, *fig.* 1 à 5. Crâne et détails du Molosse pédimane.

Fig. 6 à 8 du Molosse Ruppel. Jeune muni de six incisives.

Fig. 9. Dents grossies du Molosse Geoffroy. Adulte à deux incisives.

Fig. 10 à 16. Crânes et détails du Molosse grêle; *fig.* 10, dents grossies du jeune; *fig.* 14 et 15, dents grossies d'individus adultes.

Fig. 17 à 19. Molosse marron ou doguin. Jeune, de grandeur naturelle, muni de quatre incisives.

Fig. 20 et 21. Molosse obscur. Très-vieux sujet, sans aucune incisive à la mâchoire inférieure.

EXPLICATION DES PLANCHES.

Pl. 23, *fig.* 22. Dents grossies du Molosse véloce. Adulte.

Fig. 23 à 26. Crâne et détails du Molosse alecto. Vieux.

Pl. 24, *fig.* 1. Squelette du Molosse grêle, de Java.

Fig. 2. Squelette du Molosse nasique, du Brésil.

Fig. 3. Dents grossies d'un jeune individu du Molosse nasique, muni de six incisives à la mâchoire inférieure.

SEPTIÈME MONOGRAPHIE.

SUR UNE ESPÈCE NOUVELLE

DE LA FAMILLE DES RONGEURS,

FORMANT LE TYPE DU GENRE.

ULACODE. — *AULACODUS* (V. Swind.).

Je présume avoir rassemblé sur l'animal nouveau dont nous publions ici les figures du squelette et de la dépouille, tous les détails requis pour oser me permettre de le présenter comme type d'un groupe nouveau dans l'ordre des rongeurs, genre bien caractérisé par un grand nombre de disparités de toutes les coupes établies dans cet ordre.

Quoique le sujet unique sur lequel mes observations reposent ait été depuis long-temps en ma possession, j'ai différé d'en publier une notice dans l'espoir de rassembler un plus grand nombre de faits, et de connaître plus complétement l'histoire de cet animal. Les recherches qu'on fait aujourd'hui, avec ardeur, dans toutes les parties du globe, m'offraient une chance favorable pour trouver le moyen d'étudier ce rongeur sur des dépouilles d'individus parvenus à l'état adulte, et pouvaient me fournir des données, plus exactes, sur ses mœurs et sur la partie du monde d'où l'espèce est originaire. La notice imparfaite que, faute de renseignemens plus détaillés, nous publions aujourd'hui, est établie sur l'examen d'un sujet très-jeune, sans doute, à peine âgé de deux mois, conservé dans la liqueur spiritueuse, et déposé, sans aucun indice *d'origine* ou *d'habitat*, dans le cabinet de l'université de Groningue, où il serait probablement resté ignoré ou méconnu, peut-être même perdu, du moins pour la science, sans les soins obligeans et le zèle toujours empressé que

M. le professeur Van-Swinderen, de Groningue, met constamment en œuvre lorsqu'il peut être utile à l'étude de l'histoire naturelle, ou qu'il trouve le moyen d'augmenter les richesses du Musée des Pays-Bas.

Les principaux caractères du genre *Aulacodus*, tels qu'ils ont pu être établis sur le jeune individu mentionné, sont : dents incisives $\frac{1}{1}$; les supérieures fortement cannelées, chacune pourvue de deux sillons; elles naissent de la partie latérale et antérieure du maxillaire vers le bord antérieur de l'orbite; les inférieures lisses, tranchantes. Dents canines $\frac{0}{0}$. Dents molaires dans le jeune sujet, seulement $\frac{1}{2}$; probablement au nombre de $\frac{3}{3}$ dans l'adulte; ce que l'examen des mâchoires fait préjuger. Les dents molaires supérieures, *dans le jeune âge*, partagées par deux sillons profonds, lesquels forment trois collines; le premier de ces sillons traverse entièrement la dent; mais le second est arrêté par un talon interne, qui réunit l'extrémité des deux crêtes ou collines postérieures. La première des deux molaires inférieures a trois sillons et quatre collines; le seul sillon postérieur traverse entièrement la dent; la seconde molaire ressemble aux deux supérieures. La forme de ces dents offre quelque analogie avec celle des parties correspondantes dans les *marmottes* (Arctomys). Cette espèce n'a point d'abajoues.

Le museau est court, large et obtus; à l'extérieur on ne voit que quatre doigts à tous les pieds, mais le squelette montre un pouce distinct, comme cinquième doigt aux pieds de devant; ce doigt manque de phalange onguéale et est occulte. La queue est plus courte que la moitié du corps et de la tête, et totalement couverte de poils. Les oreilles sont très-grandes, le bord externe en demi-cercle complet, et la conque pourvue de plusieurs appendices membraneux.

Notre animal a quelques rapports avec les *Porc-Épics* (Hystrix) et c'est des *Marmottes* (Arctomys) qu'il s'éloigne le moins par la forme des dents (1). Les caractères les plus marquans de sa charpente osseuse, sont les suivans :

(1) Comme cette notice est basée sur l'examen d'un sujet dans le premier période de l'âge, la comparaison des dents est établie sur des mâchelières non usées de marmottes. Il ne serait

L'arcade zygomatique très-large, est formée en grande partie par le jugal; cette partie est très-large à sa face antérieure, et atteint par son bord supérieur le lacrymal, à l'origine duquel les incisives prennent naissance. La largeur excessive du museau semble due aux crêtes tranchantes des intermaxillaires, qui sont extraordinairement proéminentes; les branches montantes de l'intermaxillaire vont derrière les nasaux. Le tronc porte treize côtes, dont quatre fausses côtes, toutes comprimées; le sternum est composé de six os, dont le premier donne attache aux clavicules assez grêles, mais complètes. Le radius et le cubitus sont distincts; le trapeyoïde s'articule avec la partie interne du métacarpien de l'index et porte le très-petit pouce, qui n'est pas visible extérieurement. Le tibia et le péroné sont surtout très-distincts : ce dernier est large, mince, et ses bords se recourbent en dedans, de manière qu'ils forment un sillon longitudinal; la tête supérieure du péroné est plus large que l'inférieure, et cet os, dans toute sa longueur, suit la courbure du tibia; un très-petit os lamelliforme paraît représenter un vestige de pouce aux pieds postérieurs.

La planche 25, accompagnant cette septième monographie représente *fig.* 1, l'ulacode, très-jeune individu, grandeur naturelle, sur le sujet unique tiré de l'esprit-de-vin.

Fig. 2. Squelette du même individu.

Fig. 3 et 4. La tête.

Fig. 5, 6 et 7. La mâchoire inférieure et les incisives supérieures vues de face.

Fig. 8 et 9. Pied postérieur et antérieur en dessous.

Fig. 10. Clavicule.

Fig. 11. La langue.

Fig. 12. La rate.

Fig. 13. Le cœcum.

Fig. 14 et 15. L'estomac et le cœur.

pas difficile de multiplier les coupes nouvelles sans borne assignable, en prenant comme objets de comparaison des sujets d'âge différent; car, dans les *rongeurs*, les différens degrés d'usure des molaires produisent, dans la forme des couronnes émaillées, une série d'anomalies très-propres à induire en erreur ceux qui veulent établir des genres selon les seuls indices fournis par la forme des mâchelières.

ULACODE SWINDERIEN. — *AULACODUS SWINDERIANUS*.

Taille un peu plus forte que le *Campagnol d'eau* (Hypudaeus amphibius), dont il présente à peu près le modèle; oreilles très-grandes, nues, en demi-cercle; incisives supérieures à double sillon; queue à peu près moitié longueur du corps, garnie de poils courts, disposés à claire-voie; poils semblables à des soies, longs et durs.

La tête dans cette espèce est courte et le museau obtus; les moustaches sont longues. Le pelage est très-fourni, grossier, long, et ressemble au soie des *Agoutis* et des *Capybaras*; ces poils sont environ longs d'un pouce, annelés de jaunâtre et de brun foncé, ce qui fait que toutes les parties supérieures et les quatre membres sont variés de ces deux couleurs; les deux mâchoires et toutes les parties inférieures sont couvertes d'un poil également long, mais d'un blanc jaunâtre, uniforme; les poils à la queue sont courts, bruns en dessus et jaunâtres à la partie inférieure; ils sont répartis à claire-voie; quoique la queue soit entièrement poilue, le bout est abondamment couvert de poils.

Longueur totale, 8 pouces 3 lignes; de la queue, 2 pouces 5 lignes; longueur de la tête, à peu près 2 pouces; du museau au bord antérieur de l'œil, 7 lignes.

Synonymes. Le genre et la seule espèce dont il est aujourd'hui composé n'ont point encore été indiqués dans les catalogues de nomenclature.

Habite. On ignore la patrie de cette espèce que j'ai obtenue par les soins obligeans de M. le professeur Van-Swinderen, de Groningue, auquel je me fais un devoir de la dédïer.

Le squelette fait partie de la collection du Musée des Pays-Bas; l'animal ayant perdu presque tous ses poils dans une liqueur spiritueuse trop faible, je n'ai pu tirer parti de la robe pour la faire monter.

Cette description repose sur l'examen d'un individu très-jeune.

ADDITIONS ET CORRECTIONS

AU PREMIER VOLUME.

Les découvertes marchent d'un pas si rapide qu'à peine le travail sur un genre se trouve fait, livré à l'impression et publié, que des espèces nouvelles ou des renseignemens intéressans sur celles connues superficiellement, servent à étendre le cercle de nos connaissances.

Les acquisitions de ce genre parvenues jusqu'à nous seront publiées dans le supplément à chaque volume ; ces pages serviront encore à noter les corrections des erreurs sur lesquelles on aura bien voulu attirer notre attention.

LES MARSUPIAUX.

Page 8, ligne 27, *supprimez* :
Le jeune a été trouvé à l'île de Rawak par l'expédition du capitaine Freycinet. *Vu que cette espèce*, comme le remarque M. Desmarets, *appartient spécialement à la Nouvelle-Hollande.*

Page 16, ligne 21 : trouvé par nos voyageurs à l'île d'Amboine. *Lisez* : trouvé par nos voyageurs nerlandais. *Afin que l'on sache que je n'ai pas entendu parler de MM. Quoi et Gaimard.*

Page 17, *ajoutez*, comme synonyme du *Phalanger tacheté*, le *Phalanger de Quoi.* Voy. Freycinet. Zoologie, pl. 6. C'est un jeune individu du *Phalanger tacheté.*

Pag. 32. *Ajoutez*, comme synonyme du *Sarigue Azara ou*

Gamba. L'indication et les détails nouveaux publiés par le prince de Neuwied. *Beitr. zur naturges. Bras. Vol.* 2, *pag.* 387.

DIDELPHIS AURITA du prince de Neuwied est cité dans son excellent ouvrage, mentionné ci-dessus, avec un signe de doute : voyez pag. 395.

Pag. 39, *ajoutez*, comme synonyme, *Didelphis myosuros*. Prince de Neuw. *Beit. Bras. Vol.* 2, *pag.* 400.

Page 47, *ajoutez*, comme synonyme, *Didelphis cinerea*. Pr. Neuw. *Beit. Bras. Vol.* 2, *pag.* 406.

Page 62, ligne 25, racine, *lisez*, rame. Id., ligne 32, l'Océan, *lisez*, l'Océanie.

Page 68, lignes 12 et 23, réduit de moitié dans tous les détails, *lisez*, grandeur naturelle.

LES FÉLIS, ou CHATS.

PAGE 76, note, ligne 2, dans les mémoires, *lisez*, dans les momies.

Page 91, ligne 18, hatitudes, *lisez*, habitudes et *ajoutez* à l'article du *Felis jubata*, que M. Ruppel a trouvé l'espèce en Nubie. Plusieurs dépouilles de ce Félis ont été adressées par ce voyageur distingué au musée de Francfort.

Page 98, *ajoutez* aux synonymes de la variété *noire* ou *noirâtre* du Léopard (Félis Léopardus), la belle figure publiée par M. F. Cuvier. *Mammifères vivans*, *vol.* 3. Chat mélas.

Page 103, ligne 4, *Riman-dahan*, lisez, *Arimau-dahan*, et *ajoutez* dans les synonymes, *Felis nebulosa* de M. Griffith : *ajoutez* aussi les savantes remarques de M. Horsfield, faites sur un individu vivant de cette espèce, que le gouverneur Stamfort Raffles s'est procuré à Sumatra. Voyez *Zool. Journ.* n°. 4, *p.* 542.

Ce Félis varie plus ou moins dans les différens états d'âge, comme le font tous les Félis qui me sont connus. *On assure* avoir vu des individus *Mélas*.

Pag. 109. *Félis polaire* ou mon *Borealis*. C'est pour ne pas embrouiller la synonymie de ce chat que j'ai proposé le nouveau nom porté en tête de cet article. On ne se fait pas d'idée de la confusion qui règne dans les indications sous *Felis canadensis*. Il faudrait des pages pour expliquer l'origine des erreurs, et indiquer avec précision l'espèce qu'on a voulu désigner ; il serait nécessaire d'avoir sous les yeux tous les sujets sur lesquels les *canadensis* ont été basés. Ici, c'est un *Lynx*, là, un *Cervier*, puis un *Polaire*, en Amérique, un *Bai*.

J'ai obtenu très-récemment une preuve nouvelle à l'appui de ces faits.

Le prince de Musignano, excellent zoologiste et observateur très-exact, examinant les Félis de notre musée des Pays-Bas, m'apprit que dans les États-Unis c'est notre *Felis rufus* ou le *Bay cat* qui porte le nom de *Felis canadensis*. Les fourrures du *Felis polaire* ou du *Loup cervier du Canada* viennent de l'intérieur des parties septentrionales : elles sont de l'espèce qui habite les contrées polaires des deux mondes, tandis que le *Felis rufus* ou le *Canadensis* des naturalistes du Nouveau-Monde, vit dans l'Amérique, depuis le Canada jusqu'au Mexique.

Page 120, FELIS AURATA, mettez FELIS CHRYSOTHRIX, vu que, selon la remarque de M. Desmarets, le premier de ces noms a déjà été employé par M. Rafinesque.

Page 121. Depuis que nous avons publié l'article sous *Felis chaus*, MM. F. Cuvier, dans son magnifique ouvrage, et Cretschmaer, dans le bel atlas du voyage de Ruppel, ont fourni, presque en même temps, deux figures très-exactes d'individus trouvés en Égypte ; ces figures et les descriptions diffèrent plus ou moins entre elles, et toutes les deux offrent de légères différences avec la description fournie par nous ; on pouvait s'y attendre, vu qu'il est bien rare que trois descriptions, *établies d'après la nature*, sur trois sujets différens; puissent offrir une concordance parfaite, particulièrement lorsqu'elles portent sur des sujets du genre Félis, dont le pelage présente des différences individuelles, des différences aux saisons de l'année, des disparités selon l'âge, et plus ou moins selon le sexe.

Page 123, à l'article *Felis caligata*, *ajoutez*, la figure et la description fournie depuis par M. F. Cuvier, Mammif., vol. 3. Cette figure offre une preuve nouvelle des différences, plus ou moins marquées, que doivent fournir, dans le genre Félis, les descriptions établies sur des âges différens ou sur des dépouilles de sujets tués aux différentes époques de l'année. Dans le très-grand nombre d'individus que nous avons eu occasion de voir, un seul, qui m'est parvenu du Cap, se trouve exactement ressemblant à la figure publiée par M. Cuvier; six autres diffèrent plus ou moins par la teinte généralement plus sombre et par la quantité des ondes en bandes irrégulières: les jeunes ont le pelage bien plus bigarré que l'adulte. J'ai dit, page 124, que le pelage varie beaucoup, et j'ai énuméré succinctement les principales différences de teintes. Nous avons reçu très-récemment une peau dégradée et mutilée d'un sujet Zèbre, plus ou moins noir, enfin un *Mélas* de cette espèce. — J'ai dit, page 125, qu'il fallait classer ici *avec quelque doute* le Chat noir du Cap, par Péron, *Felis obscura*, de M. Desmarets. Depuis, M. F. Cuvier a donné le portrait du même individu signalé page 125. Les renseignemens nouveaux fournis par la description de ce savant paraissent servir de preuve assez claire que *cette espèce nominale* repose sur un Chat demi-domestique, issu de la race croisée d'un Chat noir de maison et d'un *Felis caligata* à l'état sauvage. Nous voyons des exemples fréquens de ces unions dans les pays boisés d'Europe; pourquoi n'en serait-il pas de même au Cap? M. Cuvier dit expressément, *que ce Chat était apprivoisé et abandonné à lui-même sur le bâtiment; qu'il faisait la guerre aux rats; que dans la Ménagerie du Roi, à Paris, on lui rendit la liberté.* Voici une preuve de plus. On m'offrit, il y a quelques années, un Chat noir, de petite taille, à queue très-courte, transporté sur un bâtiment du Japon à Batavia et de là à Amsterdam; il avait été pris, disait-on, dans les environs de Nangasaki. Ce Chat, demi-domestique, aurait pu porter dans les catalogues méthodiques le nom de *Felis brachyura*, ou mieux, suivant l'ordre du jour, *F. Japonica* ou *Nangasakiensis*.

Page 128, *ajoutez* aux synonymes du *Félis ganté*, l'indication et la figure données par M. Ruppel, dans la première livraison de l'Atlas du Voyage de Ruppel en Égypte.

Page 130, à l'article du *Felis minuta*, j'ai dû nécessairement parler une seconde fois du *Felis undata*, ici et à l'article *Cattus*, parce que, sous cette rubrique de *l'undata* se trouvent quelques citations qu'on doit rapporter au *cattus*, (le *Chat de Vosmaer*) et au *minuta*, vu que M. Desmarest désigne en double emploi un Chat rapporté par M. Leschenault, de Java. Mon erreur, bien grave, est d'avoir omis de dire que l'article du *Felis undata*, de M. Desmarest, ne saurait être admis au rang des descriptions qui peuvent servir à la connaissance exacte d'une espèce. Voici textuellement tout l'article du *Felis undata*, de la Mammalogie de M. Desmarest, page 230 (1). On peut juger.

(Non figuré dans l'Encyclopédie.) *Petit Chat sauvage de l'Inde*, *Felis undata*, Desmarest, Nouv. Dict. d'hist. nat., deuxième édit., tom. 6, p. 115. — *Chat sauvage indien*, Vosmaer, Monog., pl. 13.

CAR. ESSENT. Pelage d'un gris sale, avec de nombreuses petites taches noirâtres un peu allongées (2).

DIMENSION. De la taille d'un petit Chat domestique.

DESCRIPT. *Nota.* Nous ne possédons point des descriptions com-

---

(1) Voyez l'analyse critique dans le *Bulletin des sciences naturelles*, par M. Desmarest, 1825, n°. 4, pages 215 et suiv.

(2) Voilà une diagnose que l'auteur aurait dû rapporter à son *Felis javanensis*, et à plus forte raison, parce qu'il désigne plus bas un sujet rapporté de Java, et qu'en effet l'étiquette qui porte le nom de *Felis undata*, DESMAREST, est placée au Musée de Paris, sur ce Félis, notre *minuta* qui habite l'île de Java.

plètes de cette espèce de Chat, dont le pelage, ainsi que le remarque M. G. Cuvier, présente plutôt des ondes que des taches. Ce même naturaliste pense qu'on pourrait le comparer au Chat sauvage de Vosmaer, si celui-ci n'était enluminé d'une teinte trop bleue. M. F. Cuvier, dit qu'il pourrait être confondu avec le Margay d'Amérique, mais qu'il est plus gris, et qu'il a des taches plus petites.

HABIT. Inconnues.

PATRIE. L'île de Java, d'où la dépouille de cet animal a été envoyée au Muséum de Paris, par M. Leschenault de La Tour.

Notez, qu'après toutes ces incertitudes et un double emploi manifeste, M. Desmarest dit, dans la critique insérée Bulletin du mois d'octobre 1825, page 221 : — Cependant ce *Felis undata*, étant fondé sur l'examen d'individus réellement différens par leurs caractères du *Félis de Java*, doit être conservé comme espèce distincte.

Après ce que l'on vient de lire, loisible à chacun de faire du *Félis undata*, de M. Desmarest, ce que bon semblera.

M. Desmarest dit encore, en parlant de ce même *Felis minuta*, cette *prétendue espèce nouvelle*. Je prie le critique de lire les synonymes (1), page 133 ; et de voir les motifs qui m'ont déterminé au changement de nom, page 132, et les deux notes de la même page. M. Desmarest a bien raison de relever une faute grave que j'ai commise. J'ai dit même article, page 134, ligne 3, les sujets du Musée de Paris ont été rapportés de Java par MM. Leschenault, Milbert et Diar, et le critique remarque que M. Milbert (2) n'a jamais été à Java : on est par conséquent prié de rayer le nom de M. Milbert de la phrase indiquée.

C'est parmi les Chats de l'ancien Continent, après le *Felis ganté*, qu'il faut classer l'espèce nouvelle, découverte par M. Duvaucel, décrite et figurée par M. F. Cuvier, *Mammif.*, vol. 3 ; n'ayant pas

---

(1) On doit ajouter à ces synonymes l'indication de la figure très-exacte de ce Chat. F. Cuv. *Mammif.* vol. 3, publié très-récemment.

(2) Tous ceux qui voient le Musée de Paris peuvent s'assurer par les étiquettes placées aux individus, que M. Milbert a parcouru l'Amérique, et que l'établissement mentionné doit à ce voyageur des richesses immenses dans toutes les classes du règne animal.

été à même de voir le sujet, nous donnons le texte de l'ouvrage cité.

Chat a collier du Népaul. — *Felis torquata*, tout le fond du pelage, dit M. Cuvier, est d'un gris clair, provenant de poils soyeux, assez courts, dont la base est grise, la partie moyenne fauve clair, et le bout annelé de blanc et de noir; les taches brunes qui le varient n'en diffèrent guère que parce que les poils qui les forment ont leur partie moyenne brun foncé au lieu de foncé clair. Le museau est gris pâle, la gorge blanche; deux taches se trouvent sur les joues; une naît au coin de l'œil, et se termine sous l'oreille ; et la seconde naît en arrière de la commissure des lèvres, et se prolonge un peu au delà de la première. Le dessus de la tête est marqué de quatre raies de taches parallèles, qui s'arrêtent derrière les oreilles, et de là en naissent trois semblables qui s'étendent le long de l'épine jusqu'à la queue. Au-dessous de la gorge, à la naissance du cou, est une tache qui forme un collier, et une autre semblable se voit au point où le cou finit. Des taches irrégulières descendent le long des épaules et viennent se réunir à deux taches transversales qui ornent la poitrine. La face externe des membres antérieurs présente quelques taches isolées transversales, et leur face interne est surtout remarquable par la tache très-large qui se voit à sa partie supérieure. Trois grandes taches transversales naissent du dos et descendent sur les flancs, et le reste du corps ainsi que les cuisses ne présentent que des taches isolées et petites, comparativement aux autres; celles de la face externe de la jambe sont transversales, et on en voit deux seulement, aussi transversales, à la face interne. La queue a cinq demi-anneaux, et le bout est entièrement noir. Toutes les parties inférieures du corps sont blanches, variées de petites taches noires. Les oreilles sont blanches à leur face interne, et *d'un fauve uniforme* à leur face externe. Les moustaches sont longues sur les lèvres et sur les yeux : les premières sont variées de blanc et de noir, les autres sont entièrement blanches.

Il a les proportions du Chat domestique; sa longueur totale est de 25 pouces; la queue seule prend 8 pouces; la hauteur moyenne est de 10 pouces.

Ce Chat nouveau, dont M. Cuvier donne une belle figure, se trouve non-seulement au Népaul, mais encore au Bengale.

Nous allons passer en revue les Chats du Nouveau-Monde; en référant au *Félis polaire*, dont il a déjà été parlé plus haut.

Page 134, *Felis concolor*, *ajoutez* les observations du prince de Neuwied. *Beit. naturg. Bras.*, *vol* 2, *page* 358.

Page 136, *Félis Jaguar*, *ajoutez* les observations du prince de Neuwied. *Beit. naturg. Bras.*, *vol.* 2, *page* 344.

Page 137, à l'article de la variété noire du *Jaguar*, *ajoutez* qu'une peau montée de *Jaguar mélas* est déposée dans le cabinet d'histoire naturelle du prince de Neuwied.

Page 139, à la note ligne 4 : un genre *lisez* un individu, et *ajoutez* aux synonymes. P. Neuw. Beit. Bras., *vol.* 2, *page* 379.

Page 140, à l'article du *Félis à ventre tacheté*, ligne 32 : largeur, *lisez* longueur.

Page 147, *ajoutez* les renseignemens et les observations donnés par le prince de Neuwied. *Beit. naturg. Bras.*, *vol.* 2, *page* 371.

Page 151, à l'article *Félis Chatti*. J'ai en effet commis ici l'erreur que M. Desmarest signale comme très-grave, d'avoir placé les synonymes du *Jaguar* de Buffon, et du *Jaguar de la Nouvelle-Espagne*, supplém. avec l'*Ocelot* et avec le *Chatti*. J'adopte l'opinion de M. F. Cuvier; on est invité de rayer ces indications à l'article de l'*Ocelot*; *ajoutez* les observations récentes du prince de Neuwied. *Beit. Bras.*, *vol.* 2, *page* 361.

Page 152, *ajoutez* aux synonymes du *Félis margay*, la belle figure publiée par M. F. Cuvier, *vol.* 3, de ses *Mammifères*.

Page 155, à l'article Notice compilée, *ajoutez* au *Chat eyra* de d'Azara : le prince de Neuwied fait aussi mention de ce Chat; il n'a pas vu l'espèce dans les parties du Brésil où ses voyages se sont étendus; les chasseurs l'ont assuré que ce Chat est plus sauvage qu'aucune autre espèce; qu'il monte aux arbres, qu'il est plus grand que le *Jaguarondi*, d'un rouge jaunâtre clair sans taches; sa queue est longue. Le prince croit qu'on pourra classer ici le *Felis unicolor* décrit dans les actes de la Société Wernérienne, vol. 3, p. 170. La figure donnée est vicieuse, probablement d'après un sujet en très-mauvais état. *Beit. naturg. Bras.*, vol. 2, page 381.

Il nous reste à parler de *trois Félis*, publiés récemment dans la belle collection de *Mammifères lithographiés sur le vivant*, dont M. F. Cuvier continue d'enrichir les sciences.

Le premier ne nous est connu que par la seule figure, sous le nom de Tigre ondulé. La description n'a pas encore été publiée. A juger par la figure mentionnée, ce *Félis*, nouveau pour moi, serait une espèce voisine du *Jaguar*. N'ayant pas l'habitude d'établir nos indications sur des figures, nous renvoyons au texte de l'ouvrage cité.

La seconde est une espèce dont Molina a fait mention et que M. Cuvier publie sur un dessin communiqué par le major Hamilton Smith, possesseur de la plus belle et de la plus riche collection de portraits de Mammifères qui existe; j'ai été souvent dans le cas d'admirer le talent distingué et l'exactitude de cet officier anglais dans l'art du dessin : il excelle particulièrement à saisir les proportions avec une facilité et une célérité vraiment étonnante. La figure du *Felis colocolo* nous paraît conséquemment mériter toute la confiance des naturalistes.

Le Felis colocolo ressemble, selon Molina, au Chat domestique, mais avec une tête plus grosse. Il est blanc, marqué de taches irrégulières noires et jaunes, et sa queue est couverte jusqu'à la pointe d'anneaux alternativement noirs et blancs. Cet animal, beaucoup trop petit pour attaquer les hommes ou les animaux domestiques, se contente de petits rongeurs et d'oiseaux, et il vient jusqu'auprès des habitations pour s'introduire dans les poulaillers.

C'est, dit M. Smith, un vrai Chat sauvage pour la taille, les proportions générales et les organes; seulement son corps est un peu plus mince et ses pates plus fortes; le fond du pelage blanc-grisâtre, varié de plusieurs rangs de taches longitudinales, noires, entourées de fauve; le ventre et les cuisses blancs; les jambes de devant jusqu'au coude, et celles de derrière jusqu'au genou, d'un gris bleuâtre ou d'ardoise; le museau, la plante des pieds et l'intérieur des oreilles couleur de chair; la queue courte, à fond blanc, converte de demi-anneaux noirs jusqu'à sa pointe terminée de noir.

Molina a trouvé l'espèce au Chili. L'individu sur lequel repose le dessin de M. Smith, et la planche de M. Cuvier, fut pris à Surinam, perché sur un arbre.

Le Colocolo a été figuré dans l'ouvrage de M. Griffith, le *Règne animal*, que nous ne possédons point et dont la publication paraît être interrompue.

La troisième repose sur la figure et la description *d'un jeune Félis*, mort à la Ménagerie de Paris, et originaire de l'Amérique septentrionale. Nous avons vu à Paris l'individu monté, et reconnu dans ce sujet un Chat déposé dans les galeries du musée des Pays-Bas, sans indication d'origine ou de demeure. Notre individu paraît avoir été un peu plus âgé que le sujet de Paris; les taches sur son pelage sont moins distinctes, plus lavées de brun et marquées d'une tache noire placée irrégulièrement au centre ou vers le bord des ondes roussâtres; il est un peu plus grand que celui du Musée de Paris, et la queue a la même longueur, comparativement à la taille, que l'indique le portrait fourni par M. Cuvier.

J'ai été guidé à ne point faire *la moindre mention* de ce sujet dans mes Monographies, par les mêmes motifs que M. Cuvier allègue, pour engager les naturalistes à ne pas classer cet animal *comme espèce constatée*. Aussi s'est-il bien gardé de lui assigner un nom spécifique; il dit seulement que l'Amérique septentrionale produit un Chat qui, dans sa jeunesse, est couvert de la livrée de l'individu dont il nous donne une figure parfaite, sous le nom provisoire de *Chat à ventre tacheté* (1).

Nous terminons cet article par une suite aux rapprochemens

---

(1) Nous invitons les naturalistes-auteurs de graver dans la mémoire ces belles pages de M. F. Cuvier, ils y trouveront des leçons d'une sage réserve très-utiles de nos jours. Après les avoir lues, nous engageons M. Rafinesque à revoir son travail sur les vingt espèces de *Félis* à queue courte qu'il signale en Amérique, et M. Brehm à revoir son *ornis* et son ornithologie d'Europe.

établis par M. Cuvier et par le relevé de ceux que ce naturaliste signale. — M. Cuvier discute en premier lieu les dissemblances qu'il observe dans un individu comparé aux espèces anciennement indiquées ; puis il passe en revue les indications que j'ai fournies dans la Monographie. Il est certain que ce Chat figuré par M. Cuvier, ni celui que le Musée des Pays-Bas possède, ne peuvent être de l'espèce du *Félis polaire ;* il a la queue proportionnellement trop longue, et le bout de cette queue différemment marqué de noir ; le pelage du *Félis polaire*, quoique très-variable aux différentes époques de l'âge, est plutôt ondé que tacheté (1). Ce ne peut être mon *Felis bai* qui est le véritable *Canadensis* des Américains (voyez le supplément à cet article), vu que le jeune Chat, en question, du Musée des Pays-Bas est exactement de la taille du très-vieux *Félis bai*, qui a vécu plusieurs années dans notre ménagerie, et qui est mort en robe complète d'hiver. La queue de ce *Félis bai* est courte et grêle, blanche en dessous et à l'extrême pointe. J'ai bien trouvé dans ce *Félis*, figuré par M. Cuvier, et celui déposé dans le Musée des Pays-Bas, les mêmes proportions, sur une échelle moins grande, que dans notre *Félis Cervier ;* la longueur de la queue ferait soupçonner l'identité, mais dans les deux jeunes sujets dont nous nous occupons le pelage est par grandes taches *plus ou moins exactement encadrées de brun noirâtre, et le bout seulement de la queue est noir avec un anneau blanc.* Pour former le grand espace noir du bout de la queue, très-caractérisque sur toutes les peaux d'adulte du *Félis Cervier*, il faudrait vérifier *s'il se peut que*, l'anneau noir séparé du bout noir de la queue par un anneau blanc, dans le jeune âge, vienne à se réunir en une masse noire dans l'adulte ; il faudrait encore constater, par des observations, *s'il peut se faire que* ces belles taches d'un noir parfait, dont le pelage gris argentin de l'adulte du *Félis Cervier*

---

(1) Il faudrait un volume, que personne ne s'aviserait de lire, pour décrire exactement la livrée extraordinairement variable des Chats ; elle peut se présenter, comme le remarque M. Cuvier, non-seulement sous *trois* figures différentes, suivant l'âge des individus, mais sous *six* états différens, par les disparités entre la robe d'hiver et celle d'été.

est couvert, soient formées par ces bandes irrégulières très-variables dans leur forme, et que la robe prenant successivement dans les divers périodes de l'âge, une teinte uniforme, conserve seulement dans l'adulte les taches d'un noir plein comme parties séparées du cadre brun-noirâtre qui entoure les grandes taches cendrées-roussâtres dans le jeune âge. *J'établis ces conjectures* sur l'examen des *deux jeunes sujets* mentionnés sur *la peau montée d'un adulte* à pelage un peu ondé et tacheté, assez irrégulièrement, de brun noirâtre (1), et sur l'examen de trois sujets en robe parfaite; plus, sur toutes les peaux passées en revue dans les magasins. Nous soumettons ces observations à l'investigation des naturalistes. Au cas qu'elles soient trouvées exactes, il faudra nécessairement désigner *le cervier* et *le polaire*, deux espèces *bien exactement distinctes*, comme habitant l'un et l'autre les parties septentrionales de l'Asie, de l'Europe et de l'Amérique.

DES CHÉIROPTÈRES.

Page 170, ligne 12, *ajoutez* aux genres de Chéiroptères, dont les espèces sont réparties dans les deux mondes, le genre *Emballonura*, Kuhl ou *Probossidea*, Spix.

Page 201, à l'article de la *Roussette amplexicaude* : M. Boié vient de nous adresser du cap de Bonne-Espérance un sujet *très-vieux* de cette espèce, qui ne diffère pas par les caractères, ni par les couleurs du pelage des individus reçus de Timor, d'Amboine et de Sumatra. Le pelage est plus court et plus lisse que dans les jeunes sujets originaires de ces îles (2). Ce sujet mentionné me fournit les additions suivantes.

(1) Elle fait partie du Muséum des Pays-Bas, et se trouve indiquée par les lignes 18 et suivantes de la page 107 de nos Monographies.

(2) On voit, par les descriptions fournies des autres espèces, que les jeunes ont toujours la robe mieux garnie, et le pelage plus long et plus frisé que dans l'adulte. C'est une observation qu'on pourrait appliquer au plus grand nombre des espèces de mammifères. Les jeunes rhinocéros, l'éléphant d'Afrique, dans le premier période de l'âge, sont couverts d'un pelage assez épais; les jeunes rhinocéros de Java et de Sumatra ont tout le corps couvert d'un poil long et rude.

Page 201, ligne 1. Après incisives petites et symétriquement rangées, *ajoutez* les supérieures isolées, distantes.

Même page, ligne 16, *ajoutez pour la taille de l'adulte*. Un sujet très-vieux du cap de Bonne-Espérance porte 21 pouces d'envergure; antibrachium, 3 pouces, 3 lignes. Ligne 28, *ajoutez*, et au cap de Bonne-Espérance, où l'individu a été pris dans les environs de la ville.

Page 203, *ajoutez*, que nous avons lieu de soupçonner l'identité de la *Roussette à oreilles bordées*, de M. Geoffroy, et de notre *Roussette mammilèvre* page 198. Au cas qu'il en soit jugé ainsi par ceux qui pourront établir des observations comparatives, le premier de ces noms devra être conservé à l'espèce.

Page 217, note, ligne 3, l'Histoire naturelle; *lisez*, l'étude de l'Histoire naturelle.

Page 228, pl. 24, *voyez* pl. 23.

Page 230, à l'article du *Molosse doguin*, *ajoutez*, il me paraît certain qu'il faut rapporter ici *Dysopes perotis*, du prince de Neuwied. *Beit. naturg. Bras.*, vol. 2, *pag.* 227. Le prince en donne la description sur un sujet très-vieux *manquant totalement d'incisives inférieures;* notre description repose sur un jeune *muni de ses quatre incisives inférieures*. Nous différons dans les dimensions (1), mais elles sont probablement dues, 1°. à la différence dans l'âge des deux sujets. 2°. Que le prince a probablement pris les dimensions sur les lieux et sur l'animal en état parfait; tandis que les dimensions signalées par nous sont prises sur des peaux montées, tirées de l'esprit-de-vin. Dans tous les cas, ce serait une absurdité d'établir des différences spécifiques, seulement sur des dimensions fournies par les descriptions, parce que nous voyons une différence *environ de deux pieds* dans l'envergure, chez le *Pteropus edulis*, *adulte de forte taille* et le même animal *à l'âge d'un an*, lorsqu'il est complétement aban-

(1) Les dimensions données dans l'ouvrage mentionné sont : longueur totale, 6 pouces 1 ligne ½ dont la queue prend 1 pouce 10 lignes; envergure 21 pouces 1 ligne.

donné par ses parens et jouissant de toutes les facultés de se transporter par le vol dans toutes les directions.

Le prince de Neuwied nous apprend encore, par les observations faites sur le vivant, que ce *Molosse* est muni, à la poitrine, d'une forte glande, d'où suinte un fluide (1). Nous voyons encore que l'estomac contenait des débris d'insectes, et que le Brésil est la patrie de cette espèce.

Page 236, Obsculus, *lisez* Obscurus.

Remarques sur le genre Dinops *et sur l'espèce européenne, décrite par M. Savi, de Pise.* Voy. *Bulletin des sciences, de juillet* 1826, *page* 386.

A la lecture de l'article que nous transcrivons du Bulletin précité, on appréciera sans doute les rapprochemens nombreux que ce cheiroptère, indiqué comme genre nouveau par M. Savi de Pise, offre avec nos *Molosses* (Dysopes), particulièrement avec l'état sous lequel les Molosses se présentent dans le premier période de l'âge, c'est-à-dire, à dents incisives au nombre de 2 en haut, et 6 en bas. Voici ces caractères tels que M. Savi les établit.

Dinops (*qui truci est vultu*) : *dents incisives* $\frac{2}{6}$; *canines* $\frac{1-1}{1-1}$, *molaires* $\frac{5-5}{5-5}$; *oreilles réunies et étendues sur le front; lèvre pendante et plissée; queue comprise dans la membrane interfémorale, seulement dans sa première moitié, et libre au delà.*

Les incisives supérieures sont écartées entre elles et le sont aussi des canines, convergentes, de médiocre longueur, coniques, pointues; leur bord externe est presque tranchant et a un petit tubercule à la base. Les incisives inférieures sont petites, en coin, avec l'extrémité plane et bilobée, et adossées les unes contre les autres. Les canines supérieures sont de médiocre grandeur, courbées en dehors et en arrière, avec trois angles saillans et trois faces concaves; leur collet est un peu plus large que la dent, et entouré d'une légère saillie, qui forme sur chaque angle un petit tubercule. Les canines inférieures

---

(1) Voyez ce que nous disons de ces glandes page 200 de ce volume.

sont plus petites que les supérieures, légèrement recourbées en dedans avec la seule face interne concave. A la mâchoire supérieure, la première molaire est très-petite, triangulaire avec 2 très-petits tubercules à sa base ; la seconde a la couronne munie de 2 pointes, dont l'externe est plus haute que l'interne ; la troisième et la quatrième ont 7 pointes aiguës à la couronne, les 5 externes placées dans un plan plus élevé que les 2 internes ; la cinquième et dernière a 5 pointes seulement, dont les 4 plus élevées sont externes, et la 5°. est plus basse et interne. Des molaires inférieures, les deux premières sont triangulaires et simples ; l'antérieure étant seulement la plus petite, les autres sont presque égales et toutes munies de 5 pointes ; entre les deux incisives supérieures est un petit cylindre charnu, de longueur égale à ces dents. La langue est lisse. Les yeux, petits, sont placés sous les oreilles. Le nez est aplati et glabre antérieurement, assez long et sillonné en dessous : on remarque une petite carène verticale dans sa partie antérieure : le bord supérieur de la partie plane et la carène sont couverts par une série continue de petits tubercules : les trous des narines sont ronds, très-écartés, et s'ouvrent latéralement. La lèvre supérieure est très-grande, toute remplie de plis transversaux et pendant vers le bas comme ceux qu'on voit dans les chiens mâtins (*cani mastini*) (1). La lèvre inférieure est aussi un peu pendante. Les oreilles, réunies antérieurement, sont grandes, arrondies, plissées de diverses manières et placées sur le front qu'elles recouvrent en totalité ; leur cavité interne a le bord antérieur couvert de beaucoup de poils qui en dehors terminent le limbe de l'oreille ; et en dedans, là où l'oreille se replie en dehors et en haut, il forme une large bordure plane et glabre de figure semilunaire. Cette même bordure où elle est la plus longue, c'est-à-dire sur le côté interne de l'oreille, se reploie de nouveau, et, se rejetant en arrière, se termine en formant une autre petite bordure plane, mais couverte de poil : sur l'angle antérieur de chaque oreille, dans la partie interne, il y a une série de 7 ou 8 petits corps membraneux, cylindriques et dres-

---

(1) L'auteur veut sans doute dire le Dogue.

sés; presque toute la partie supérieure des oreilles est nue, mais leur base et la membrane qui les réunit sont couverts de poils très-longs. Le tragus externe est petit, peu long et se rend de l'angle de l'oreille à l'angle de la bouche. Les ailes sont grandes, le pouce est court avec son tubercule basilaire grand; l'index est sans phalange et très-rapproché du médius : celui-ci est pourvu de trois phalanges, dont la dernière est cartilagineuse, comprimée, falciforme et ayant son extrémité tournée du côté du doigt annulaire; l'annulaire a trois phalanges dont la dernière, aussi cartilagineuse et comprimée, est plus petite que celle du médius, articulée avec la seconde phalange de manière à se rapprocher du médius et forme elle-même une partie du bord de l'aile; le dernier doigt a également trois phalanges dont la dernière, cartilagineuse et comprimée, est tournée du côté de la queue; la membrane interfémorale est presque droite dans son bord et comprend seule un peu plus de la moitié de la queue. Les pieds ont le tarse libre en partie; leurs doigts sont égaux, ciliés à l'extrémité et au-dessous, le premier et le dernier l'étant aussi sur leur face externe, mais le dernier beaucoup plus que l'autre. Les ongles sont forts et blanchâtres; la queue est longue, arrondie, mince et dépasse la membrane dans un peu moins de la moitié de sa longueur.

M. Savi a dédié l'espèce qu'il a découverte dans ce genre, à M. Hyacinthe Cestoni de Livourne, ami de Redi, et auteur de plusieurs observations d'histoire naturelle, notamment d'un mémoire sur les animaux du genre *Acarus*.

Le Dinops Cestoni est distingué par les caractères spécifiques suivans : *corps couvert d'un poil épais et doux; d'un gris brun tendant légèrement au jaunâtre, un peu plus brun seulement sur le dos; ailes d'un brun noir; muséau, lèvres et oreilles noirs; ces dernières grandes, arrondies, un peu échancrées sur leur bord externe; queue longue, d'un brun noir.*

Longueur de l'extrémité du museau à la base de la queue, 3 pouces; de l'extrémité d'une aile à l'autre, 1 pied 3 pouces 2 lignes; des oreilles, 10 lignes; largeur des oreilles, 8 lignes; longueur de la queue, 1 pouce 9 lignes; longueur du pouce de l'aile, 3 lignes.

Deux individus de cette espèce furent pris le même soir dans deux maisons situées aux extrémités méridionale et septentrionale de Pise : ils furent portés au Musée d'histoire naturelle de cette ville, où M. Savi les a examinés et décrits. Un troisième individu fut aperçu volant, aussi à Pise, peu de temps après la capture des 2 premiers, et on le reconnut à sa queue qui dépassait la membrane interfémorale.

M. Savi ne s'est procuré aucun renseignement sur les mœurs de ces chauves-souris : il trouva seulement des fragmens de feuilles bien mâchés dans l'estomac de l'une de celles qui ont été à sa disposition.   Desm...st.

Nous concluons de ces données, qu'il est très-probable que M. Savi n'a vu que le jeune âge ou l'état intermédiaire d'une espèce nouvelle de *Molosse*, propre aux contrées méridionales. Nous en jugeons ainsi pour ne point établir de rapprochemens, peut-être spécieux, entre ce *Molosse* de M. Savi, et notre *Molosse Ruppel;* pour en juger, il sera nécessaire de voir le sujet capturé par M. Savi. J'invite ce savant de vouloir bien me confier son cheiroptère, afin de nous mettre à même de constater cette identité, qui nous paraît très-probable.

Nous terminons ces additions et corrections par quelques remarques critiques portant sur les planches qui font partie du mémoire sur le genre Molosse. Le peintre et le graveur n'ont point mis à leur travail tout le fini désirable; les planches 18, 20 et 21, offrent des figures trop exactement tracées sur les formes que les sujets montés contractent par la dessiccation; les grandes oreilles de *Dysopes Ruppelii* sont mal rendues, elles doivent offrir, sur une échelle plus large et plus haute, la forme mieux saisie des oreilles du *Molosse Geoffroi;* l'interfémorale ayant cédé à la contraction des cartilages du calcaneum prend cette forme dans les sujets montés; cette partie est d'après le vivant dans le *Molosse Geoffroi*. Nous faisons à peu près la même remarque relativement à l'interfémorale des figures des *Molosses alecto* et *à poils ras*, quoique celles-ci soient moins retirées par la courbure du cartilage; la tête vue de face du *Molosse veloce* est mal dessinée.

FIN DU PREMIER VOLUME.

TABLE DES CHAPITRES

DU PREMER VOLUME.

	Pages.
Discours préliminaire.	j
Tableau méthodique des mammifères, répartis en ordres, genres et sections, etc.	xiij

PREMIÈRE MONOGRAPHIE. *Sur le genre* Phalanger. 1
   Première Section. A queue prenante, mais couverte en grande
                 partie de poils. 5
                 Phalanger renard. . . . . *ib.*
                 Phalanger de Cook. 7
                 Phalanger nain. 9
   Deuxième Section. A queue prenante, mais en grande partie nue
                 et couverte de rugosités. 10
                 Couscous oursin. . . . . *ib.*
                 Couscous tacheté. 14
                 Couscous à front cave. 17

DEUXIÈME MONOGRAPHIE. *Sur le genre* Sarigue. 21
   Didelphis, Philander. . . . . *ib.*
   Première Section. Les femelles qui ont une poche, etc. 27
                 Sarigue à oreilles bicolores ou manicou. . . . . . *ib.*
                 Sarigue azara ou gamba. 30
                 Sarigue crabier. 32
                 Sarigue quica. 36
                 Sarigue myosure. 38
                 Sarigue opossum. 41
                 Sarigue philander. 43
   Deuxième Section. Les femelles qui n'ont point de poche, etc. . . . 46
                 Sarigue grison. . . . . *ib.*
                 Sarigue dorsal. 48
                 Sarigue marmose. 50
                 Sarigue touan. 52
                 Sarigue brachyure. 53

TROISIÈME MONOGRAPHIE. *Sur les* Mammifères *du genre* Dasyure, *et sur deux genres voisins, les* Thylacynes *et les* Phascogales. 55
   Genre Phascogale. Phascogale. 56
                 Phascogale à pinceau. 58
                 Phascogale nain. 59

TABLE DES CHAPITRES.

	Pages.
GENRE THYLACYNE. Thylacynus.	60
Thylacyne de Harris..	63
GENRE DASYURE. Dasyurus.	66
Dasyure ursin.	68
Dasyure à longue queue.	69
Dasyure de maugé.	71
Dasyure viverrin.	72
QUATRIÈME MONOGRAPHIE. *Sur le genre* CHAT *ou* FÉLIS.	73
PREMIÈRE SECTION. Composée des Félis de l'ancien continent et des archipels.	84
Félis lion.	ib.
a. *Lion de Barbarie.*	ib.
b. *Lion du Sénégal.*	85
c. *Lion de Perse.*	86
Félis, tigre royal.	88
Félis guépard.	89
Félis léopard.	92
Félis panthère.	99
Félis longibande.	103
Félis serval.	103
Félis cervier.	106
Félis polaire.	109
Félis lynx.	111
Félis parde.	116
Félis caracal.	118
Félis doré.	120
Félis chaus.	121
Félis botté.	123
Félis chat.	126
Félis ganté.	128
Félis servalin.	180
DEUXIÈME SECTION. Félis du Nouveau-Monde.	134
Félis couguar ou puma.	ib.
Félis jaguar.	136
Félis jaguarondi.	139
Félis à ventre tacheté.	140
Félis bai.	141
Félis ocelot.	144
Félis ocelotde.	147
Félis chati.	149
Félis magay.	152
NOTICE COMPILÉE sur quelques espèces de Félis indiquées d'une manière plus ou moins exacte par les auteurs.	155
CINQUIÈME MONOGRAPHIE. *Vues générales sur l'ordre des* CHEIROPTÈRES.	157
GENRE ROUSSETTE. Pteropus.	166
PREMIÈRE SECTION. Des Roussettes.	172
Roussette intermédiaire.	176

TABLE DES CHAPITRES.

	Pages.
Roussette à face noire.	178
Roussette à tête cendrée.	179
Roussette laineuse.	180
Roussette vulgaire.	182
Roussette rougette.	183
Roussette pâle ou feuille-morte.	184
Roussette Keraudren.	186
Roussette grise.	187
Roussette masquée.	189
Roussette mélanocéphale.	190

DEUXIÈME SECTION. Des Roussettes. 191
                    Roussette kiodote. . . . . ib.

TROISIÈME SECTION. Des Roussettes. 195
                    Roussette paillée. . . . . ib.
                    Roussette Geoffroy. 197
                    Roussette mamilèvre. 198
                    Roussette amplexicaude. 200
                    Roussette à oreilles bordées. 202

SIXIEME MONOGRAPHIE. *Sur le genre* Molosse. 205

PREMIÈRE SECTION. Molosses de l'ancien continent. 218
                    Molosse pédimane. . . . . ib.
                    Molosse chamché. 223
                    Molosse Ruppel. 224
                    Molosse de Geoffroy. 226
                    Molosse grêle. 228

— DEUXIÈME SECTION. Molosses du nouveau continent. 230
                    Molosse marron ou doguin. . . . . ib.
                    Molosse alecto. 231
                    Molosse à poils ras. 232
                    Molosse nasique. 233
                    Molosse veloce. 234
                    Molosse obscure. 236

Notice compilée sur quelques espèces de Molosses indiquées dans les catalogues méthodiques. 237
Explication des planches de la sixième Monographie. 231
SEPTIEME MONOGRAPHIE. Sur une espèce nouvelle de la famille des RONGEURS. 245
                    Ulacode. ib.
                    Ulacode Swinderien. 248
ADDITIONS ET CORRECTIONS au premier volume. 249
TABLE DES CHAPITRES. 266

FIN DE LA TABLE DES CHAPITRES.

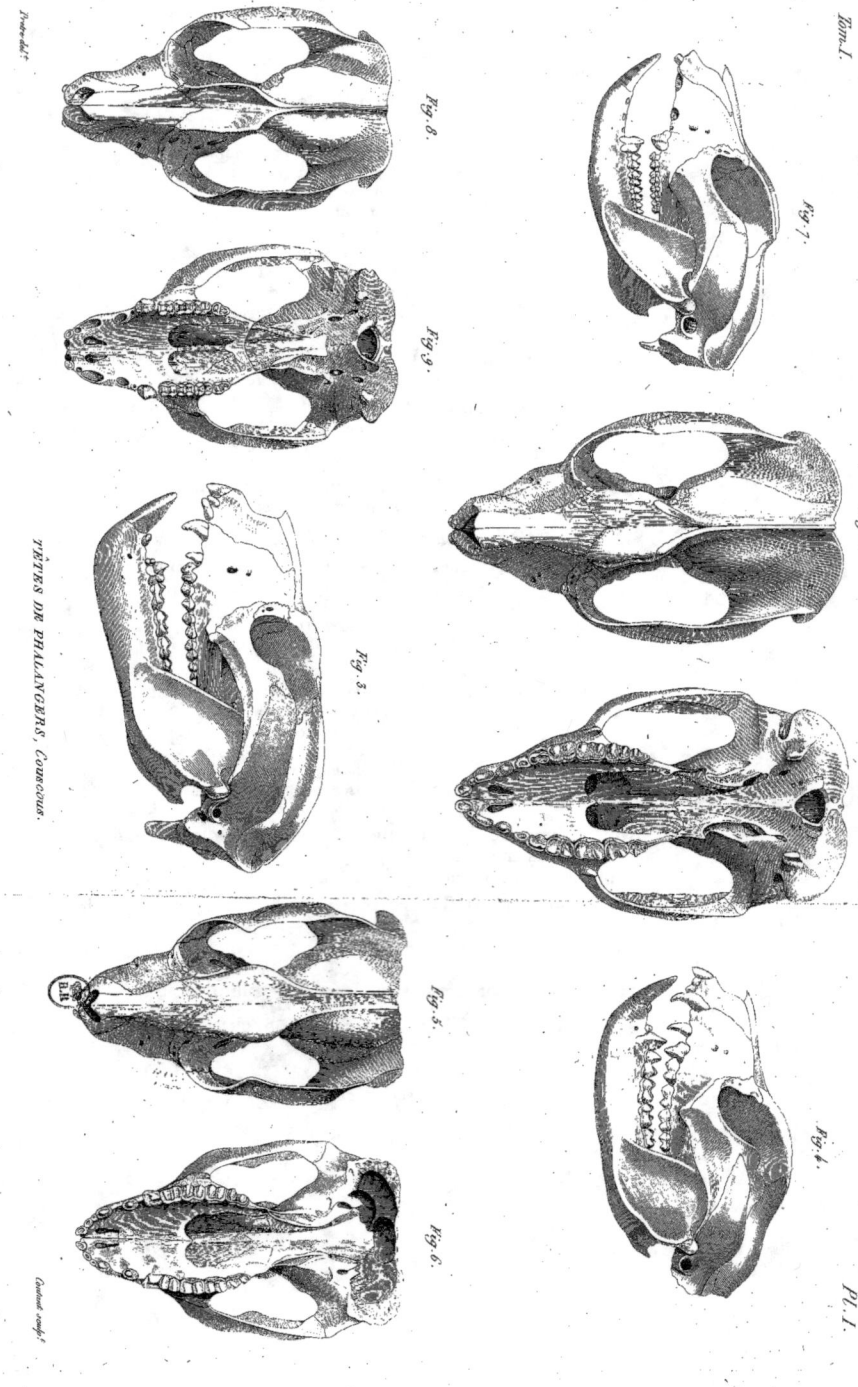

TÊTES DE PHALANGERS, Couscous.

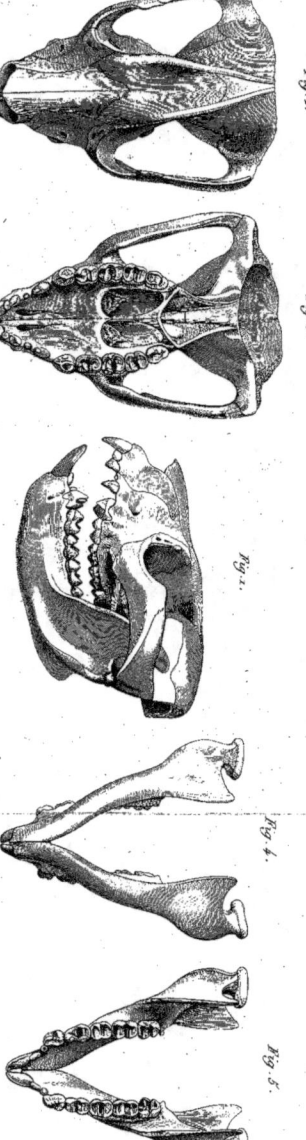

TÊTES DE PHALANGERS, Couscous.

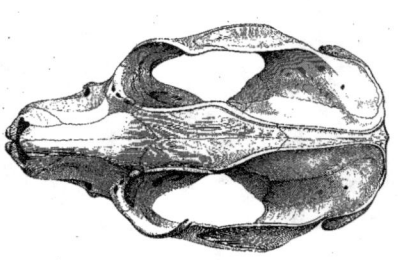
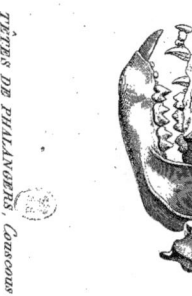
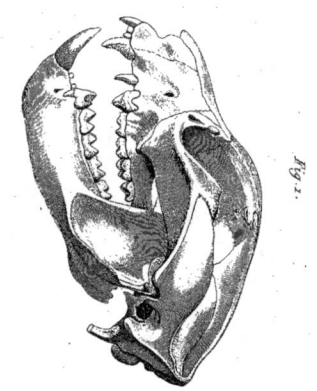
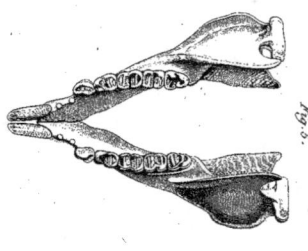
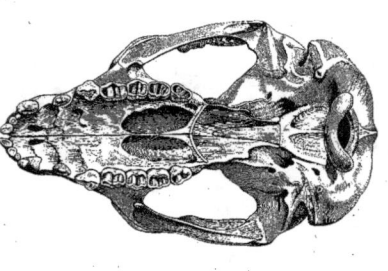

TÊTES DE PHALANGERS, Couscous.

SQUELETTE ET MEMBRES DU COUSCOUS OURSIN. A.B.C. *Extrémités grandeur naturelle.*

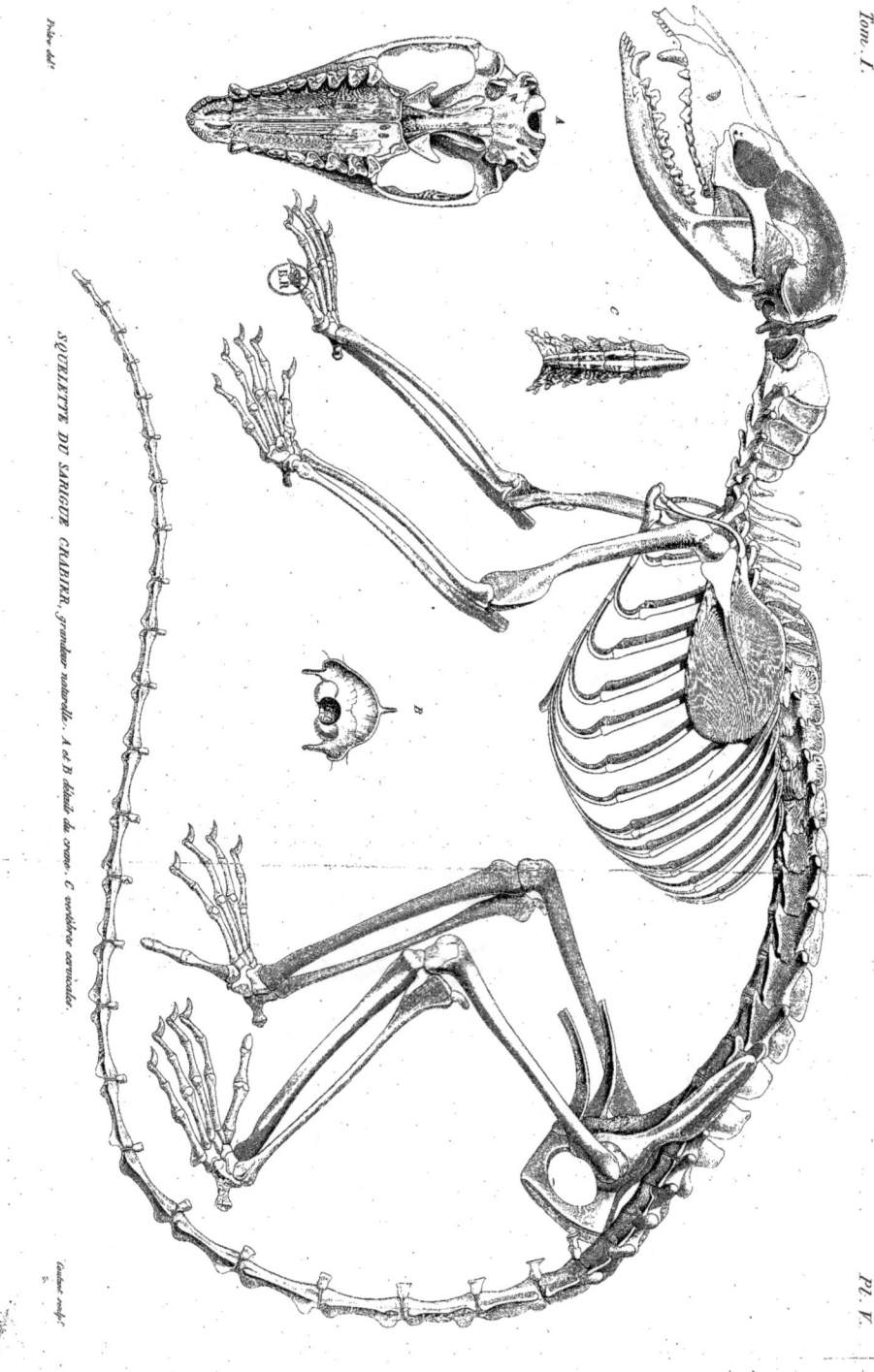

SQUELETTE DU SARIGUE CRABIER, grandeur naturelle. A et B détails du crane. C vertèbres cervicales.

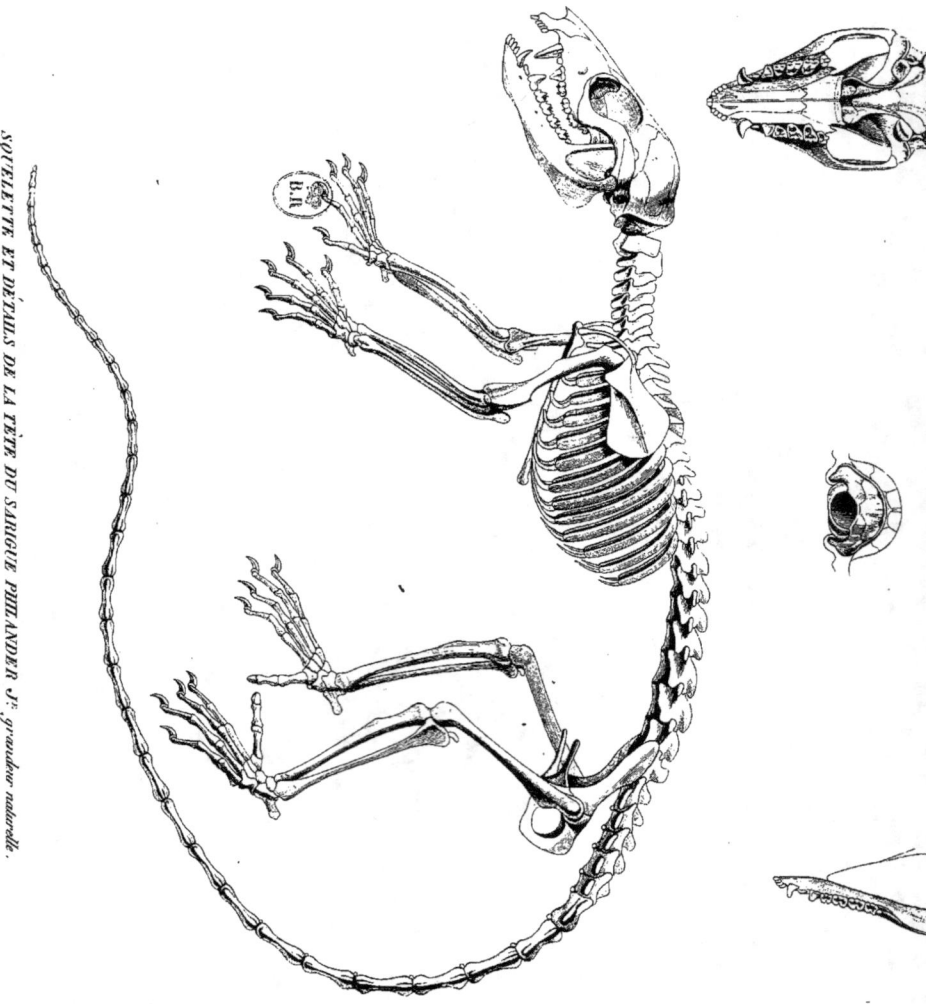

SQUELETTE ET DÉTAILS DE LA TÊTE DU SARIGUE PHILANDER J.^e grandeur naturelle.

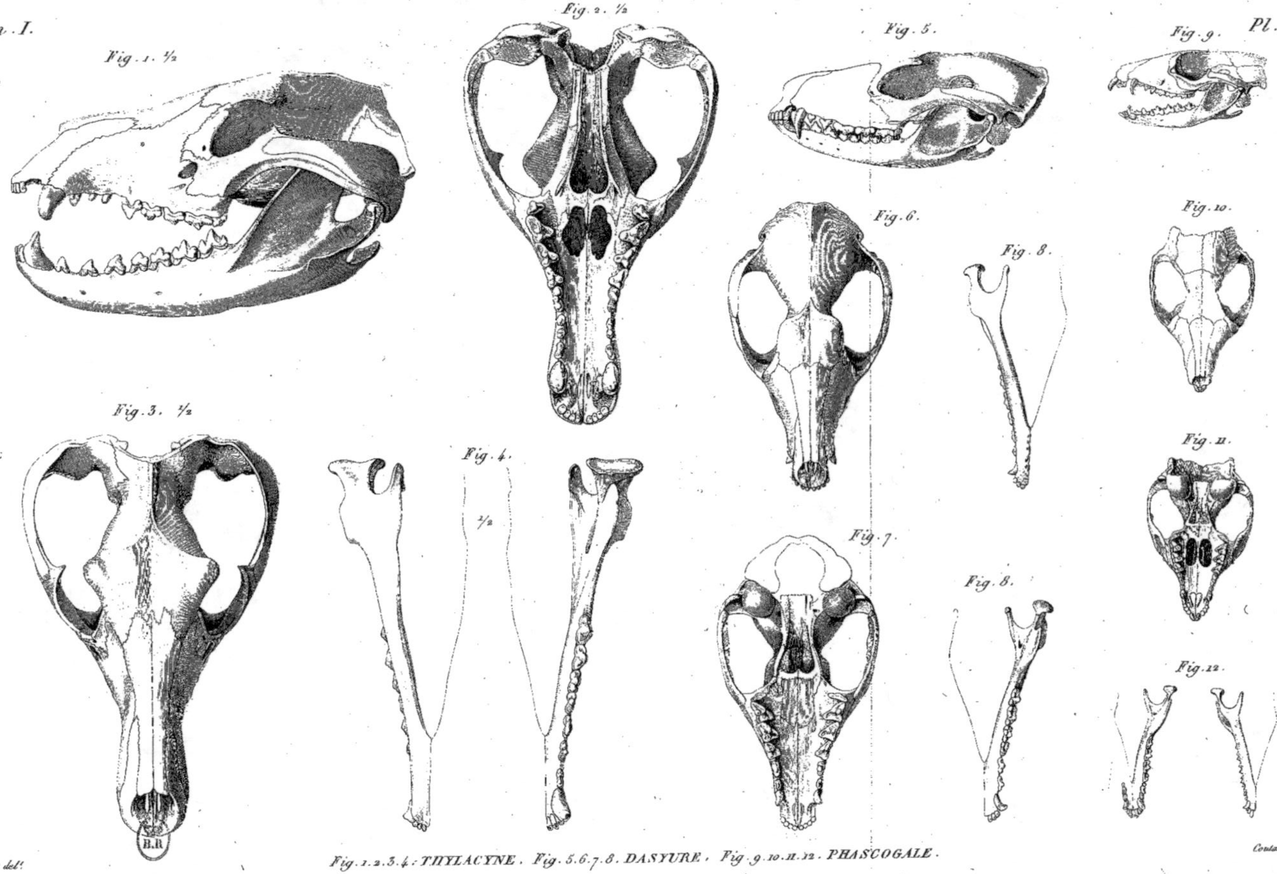

Fig. 1. 2. 3. 4. THYLACINE. Fig. 5. 6. 7. 8. DASYURE. Fig. 9. 10. 11. 12. PHASCOGALE.

Tom. I.

Pl. VIII.

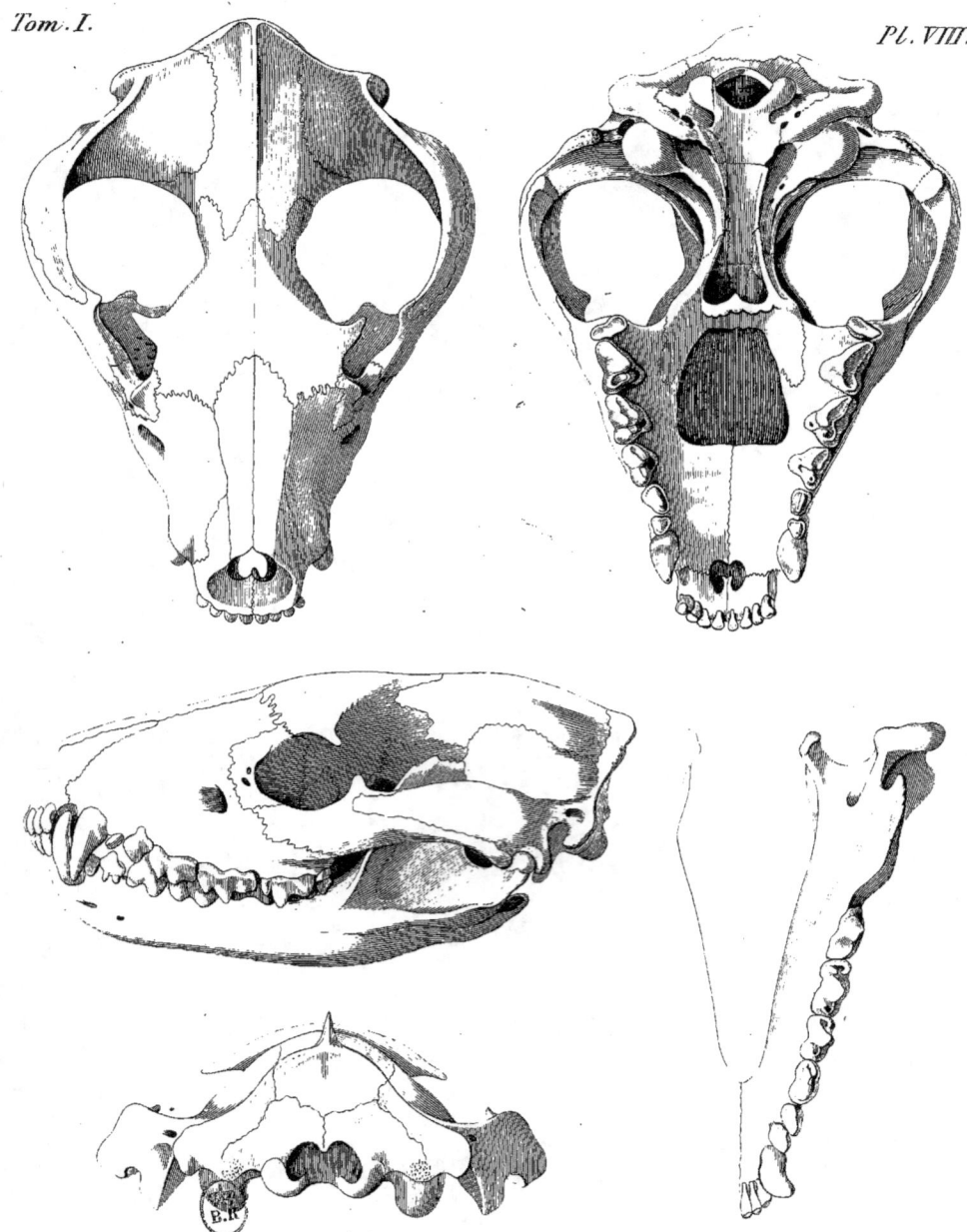

Huet del.
TÊTE DU DASYURE OURSIN.
Coutant sculp.

Tom. I.

Pl. IX.

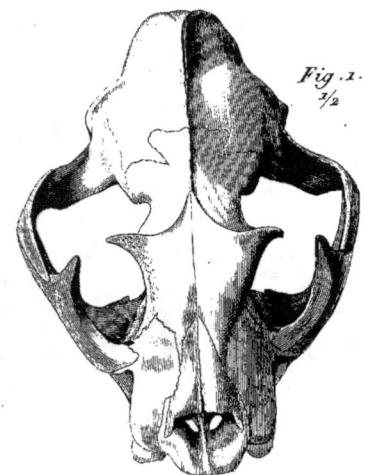

Fig. 1.
½

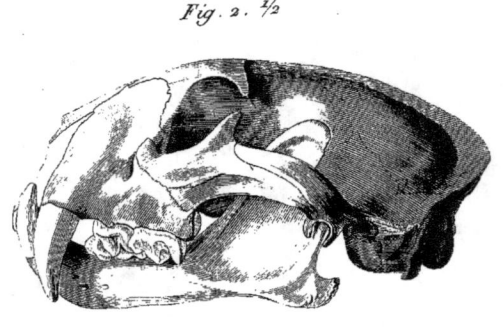

Fig. 2. ½

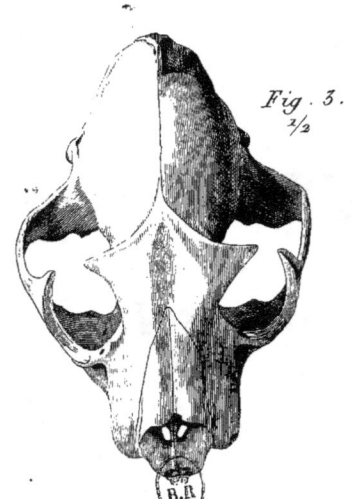

Fig. 3.
½

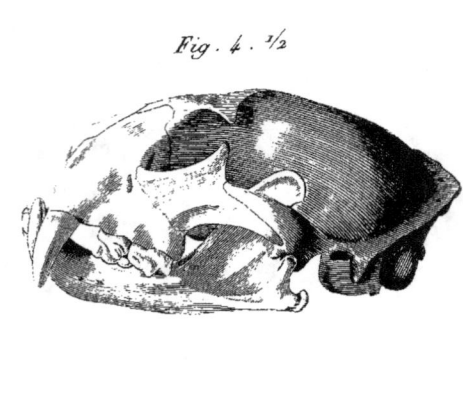

Fig. 4. ½

Fig. 1 et 2 LÉOPARD adulte.   Fig. 3 et 4 PANTHÈRE très vieille.

Van Gelder delin.t

Coutant sculp.t

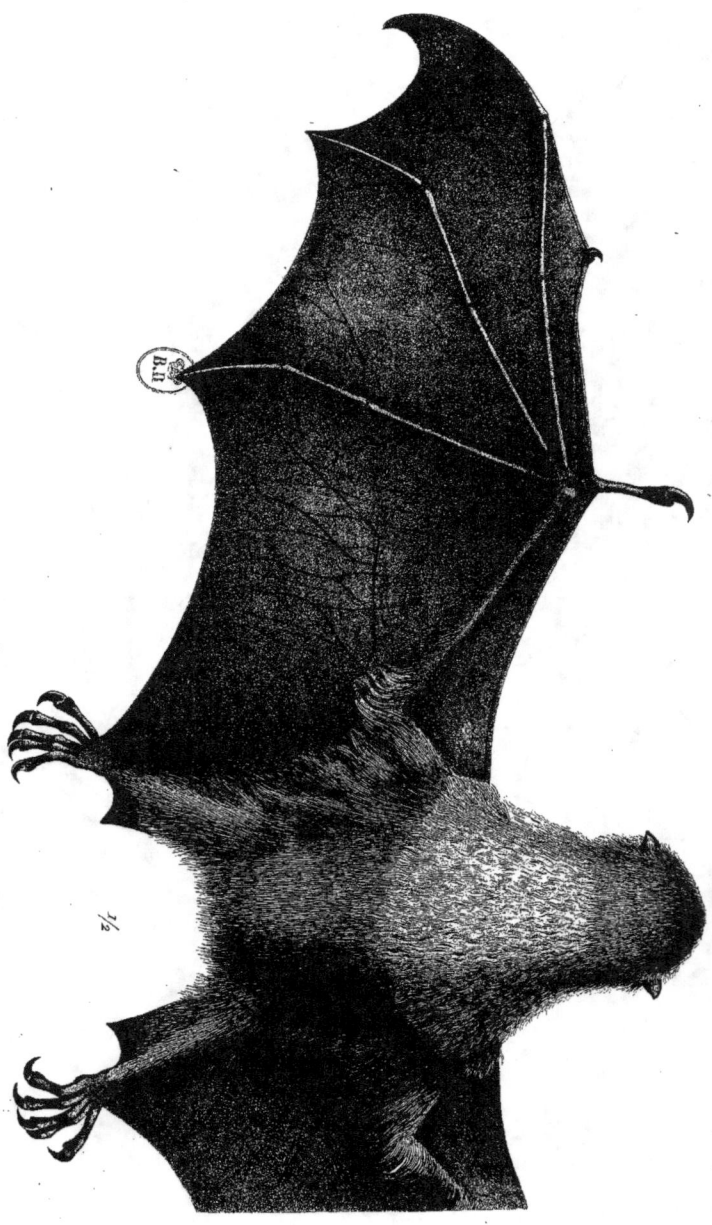

Van Gelder delin.t

ROUSSETTE laineuse.

Coutant sculp.t

½

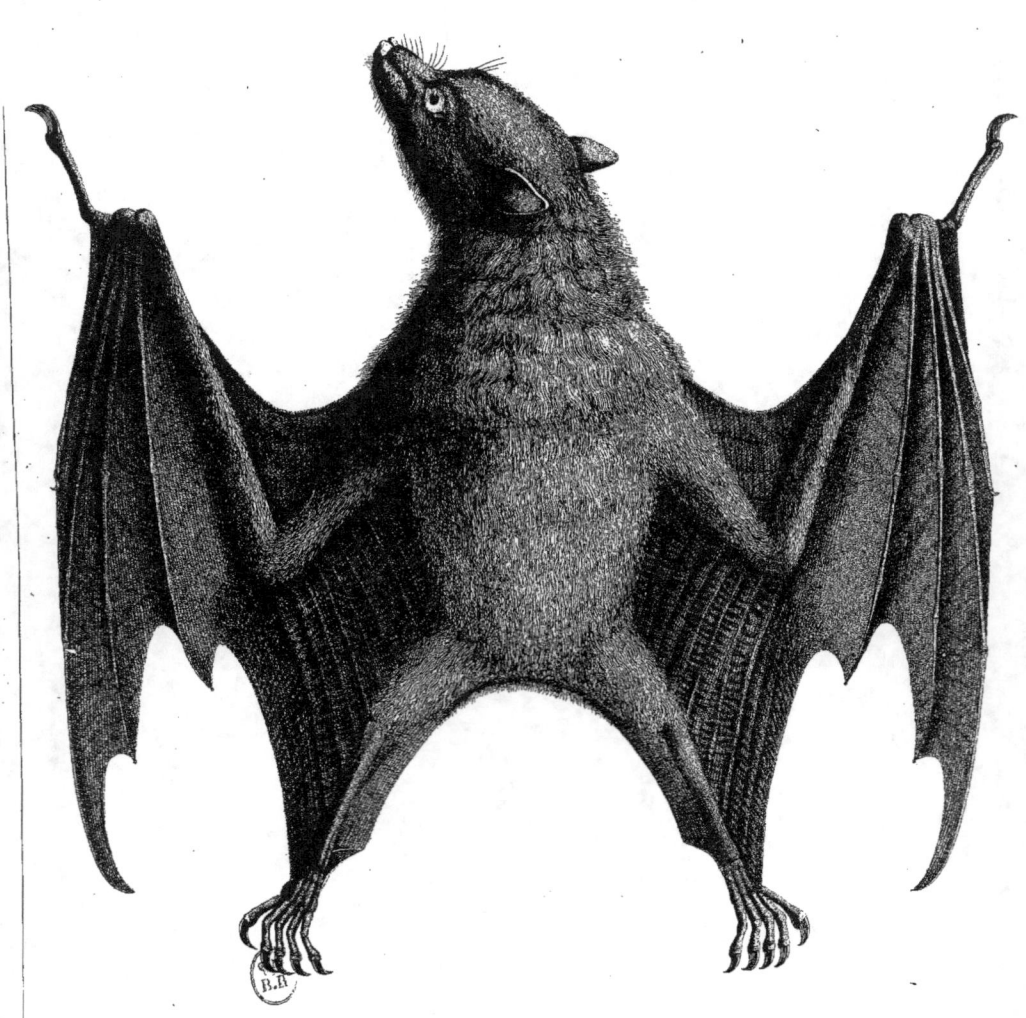

ROUSSETTE grise.

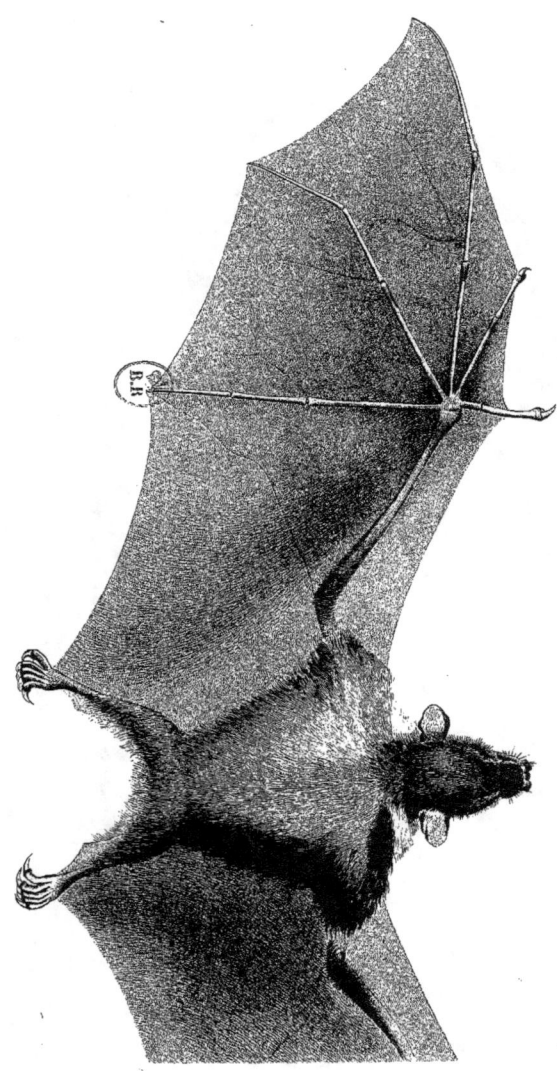

ROUSSETTE mélanocéphale (grandeur naturelle.)

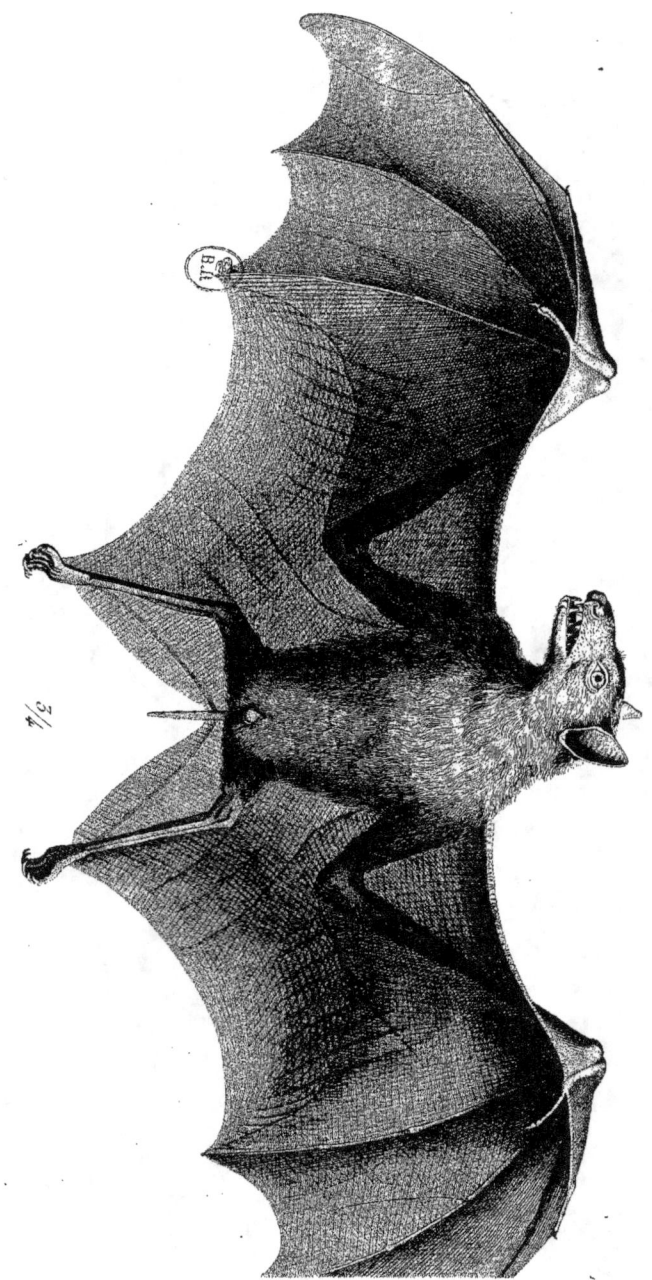

Huet delin.

ROUSSETTE *amplexicaudé.*

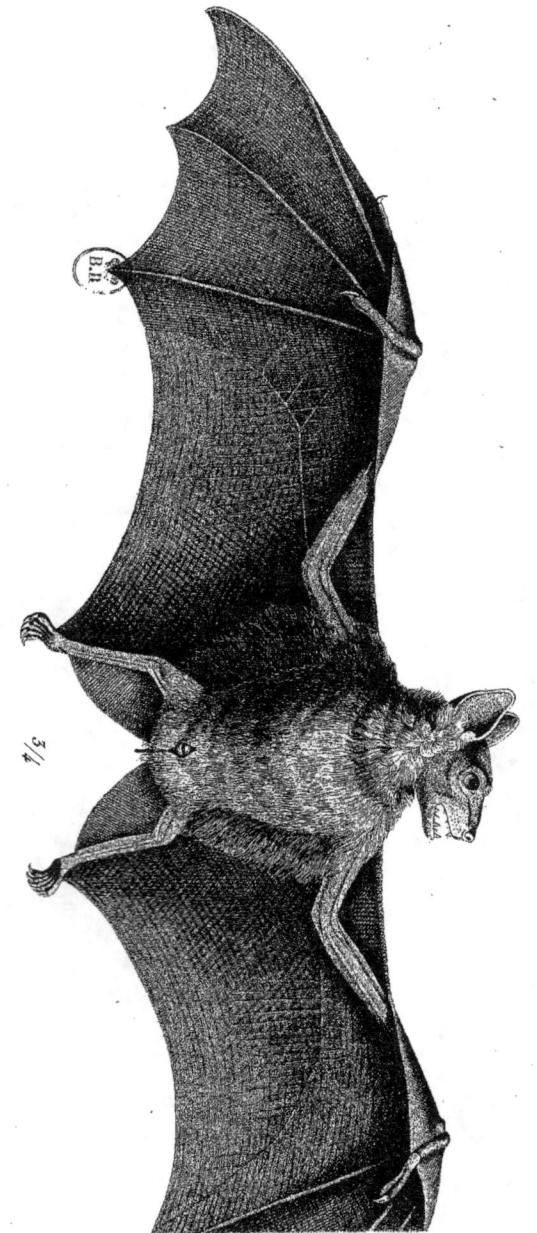

ROUSSETTE à oreilles bordées.

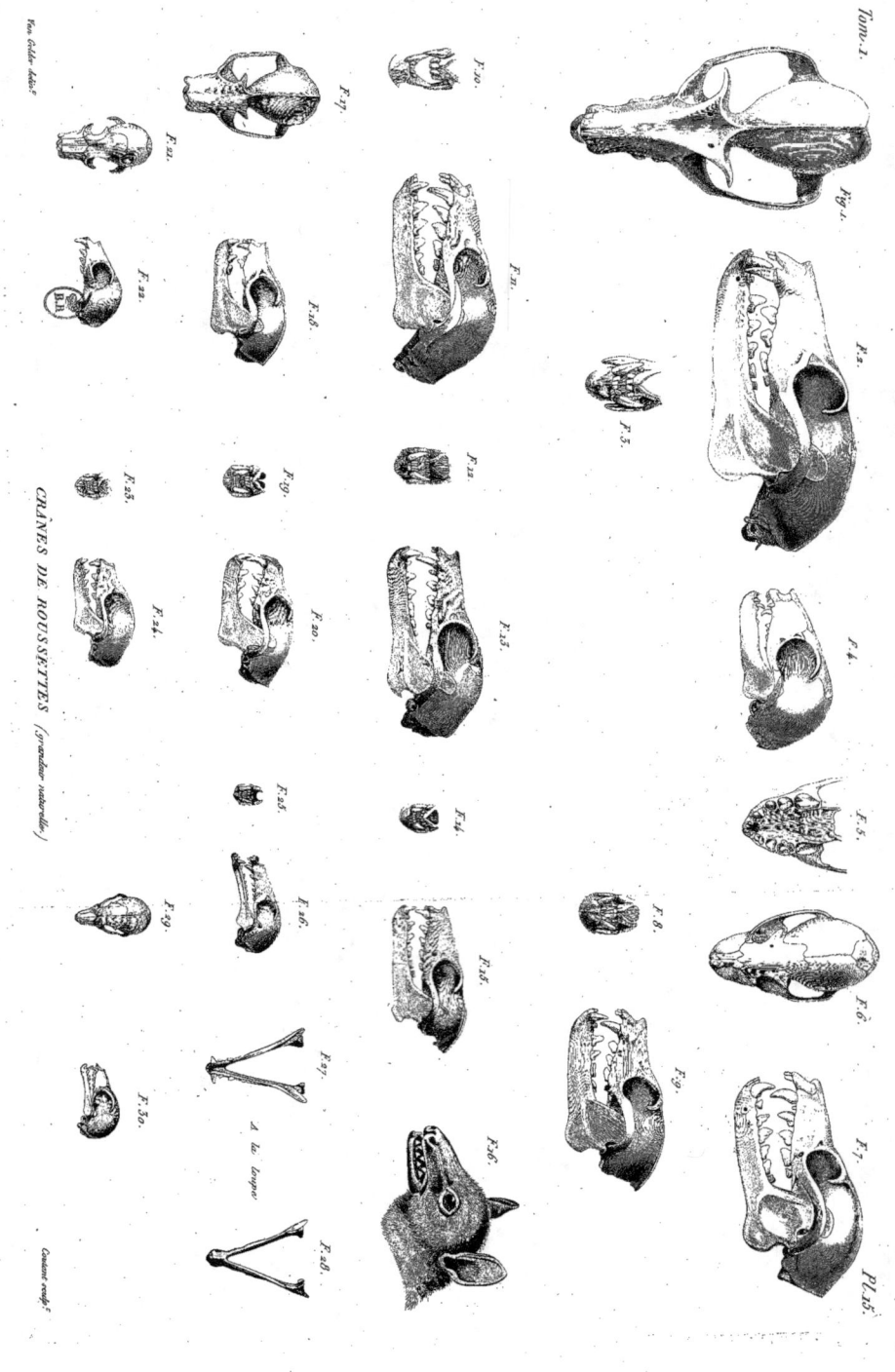

SQUELETTES DE ROUSSETTES *(grandeur naturelle.)*

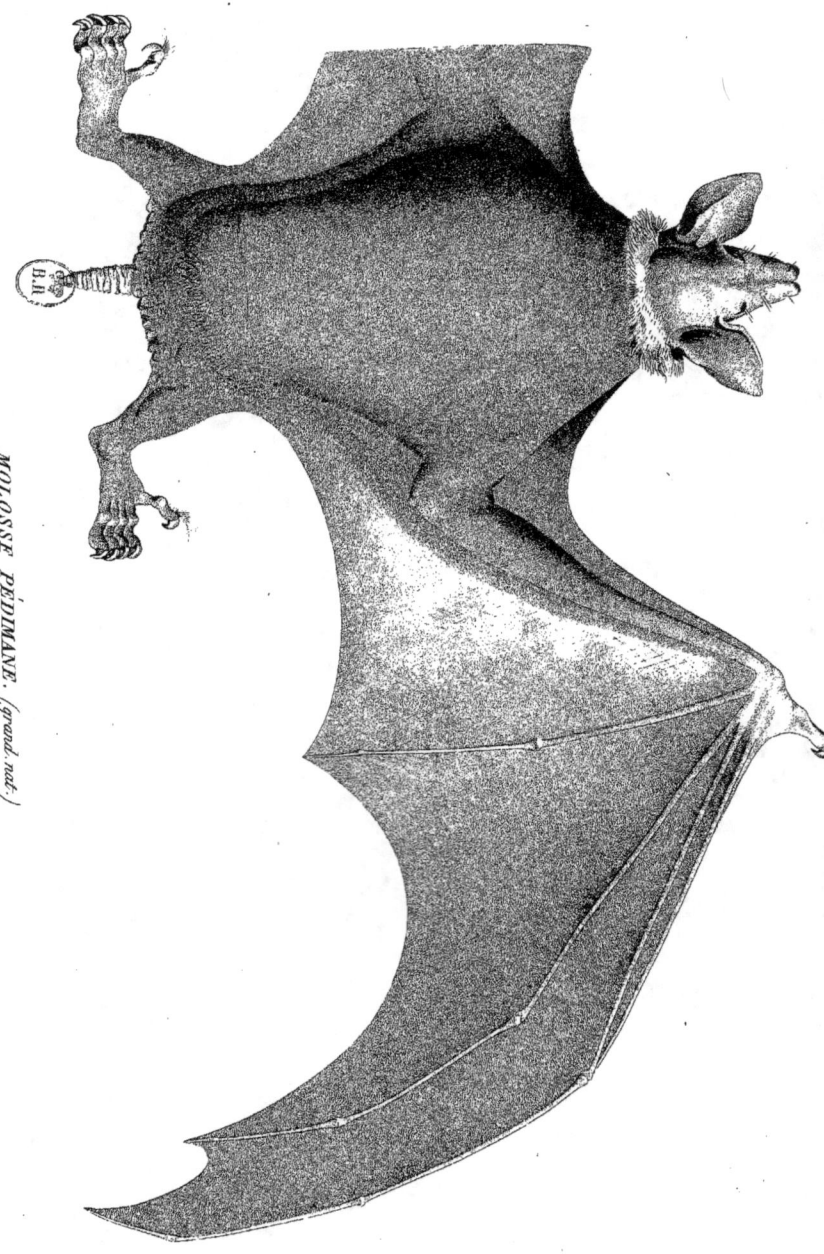

MOLOSSE PÉDIMANE. (grand. nat.)

Van Geldex del.

MOLOSSE RUPPEL. *(age moyen.)*

Coutant sculp.

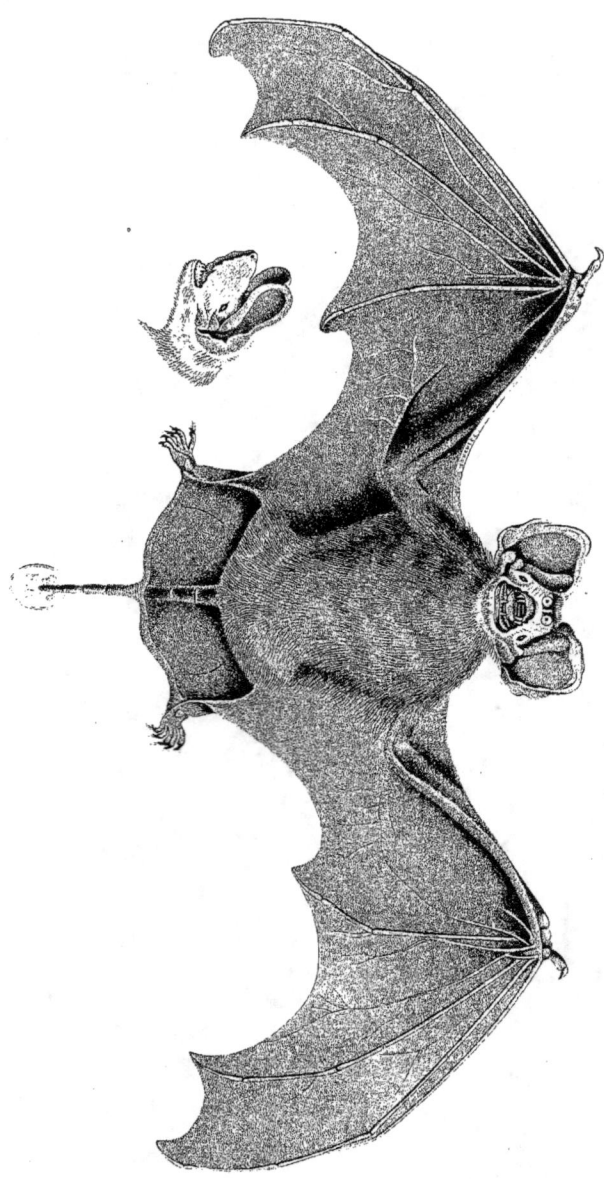

MOLOSSE GÉOFFROY. (jeune.)

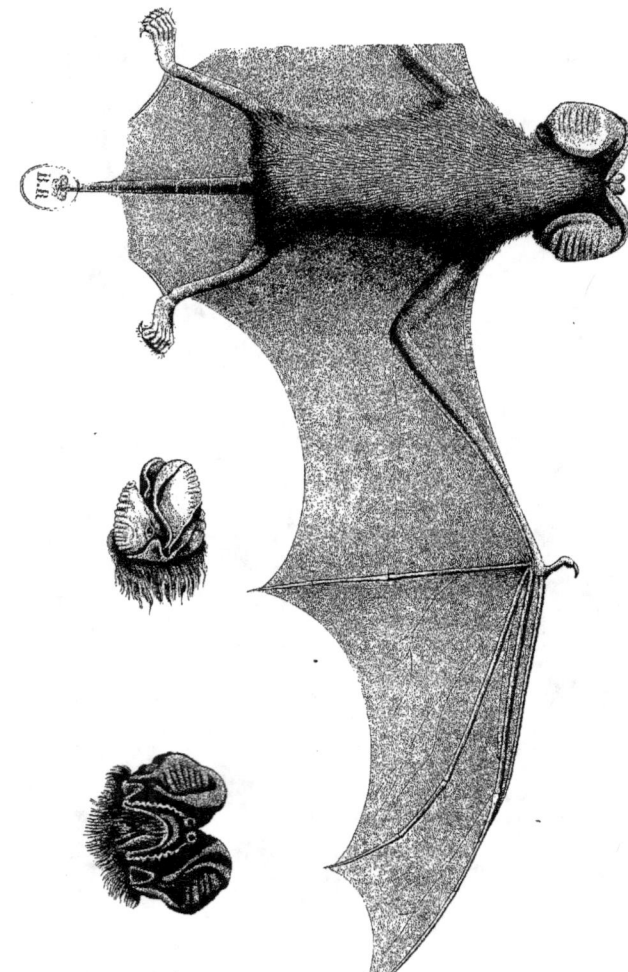

Van Gelder del.

MOLOSSE GRÊLE. (vieux.)

Coutant sculp.

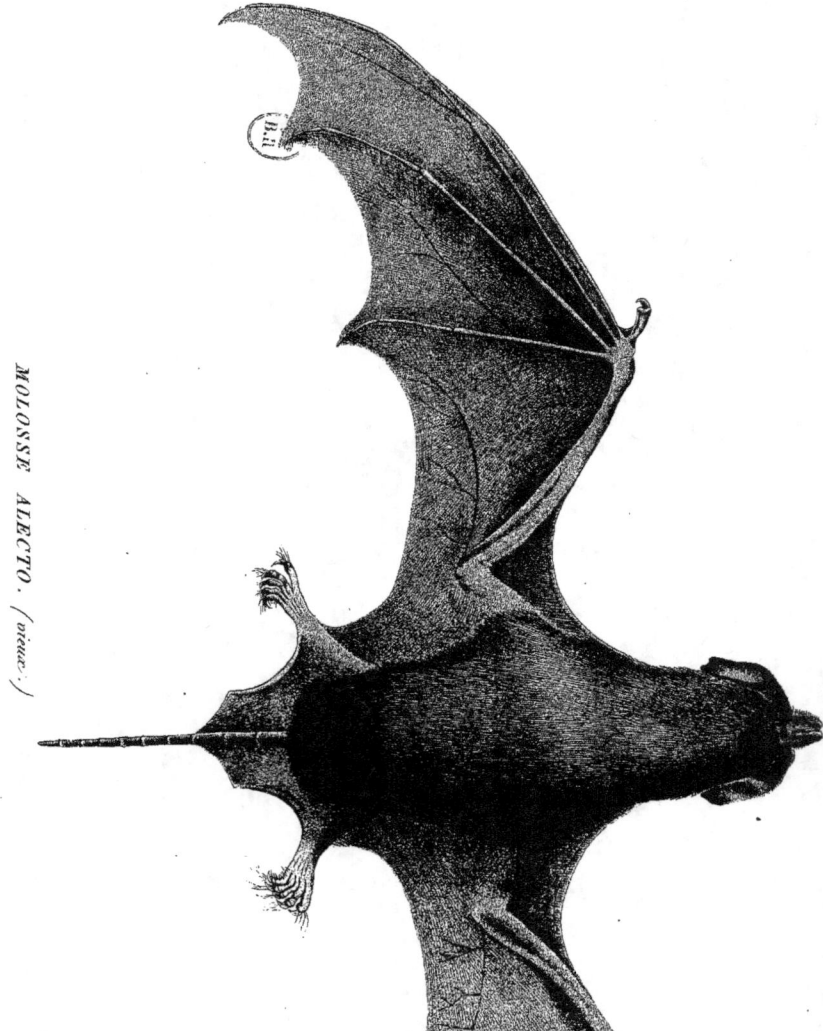

Van Gelder del.

MOLOSSE ALECTO. (vieux.)

Coutant sculp.

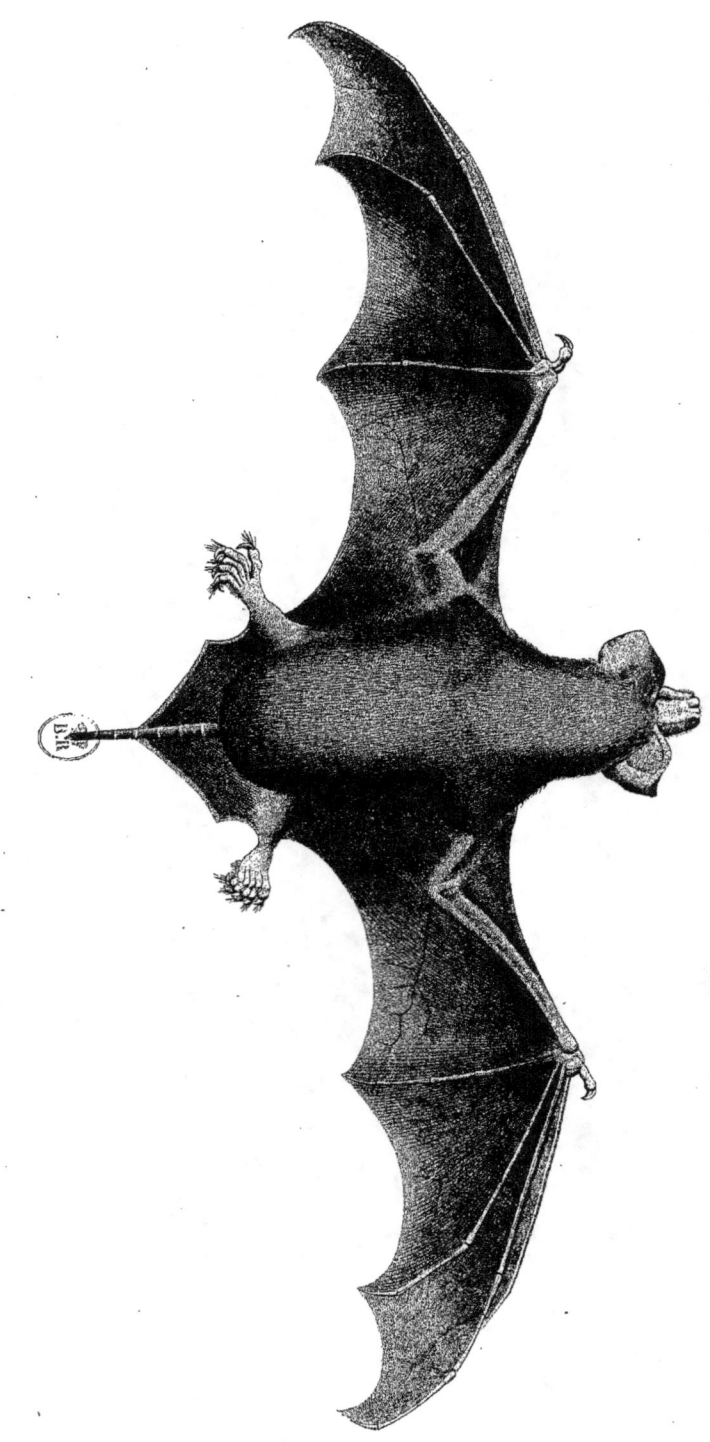

MOLOSSE À POILS RAS. (jeune)

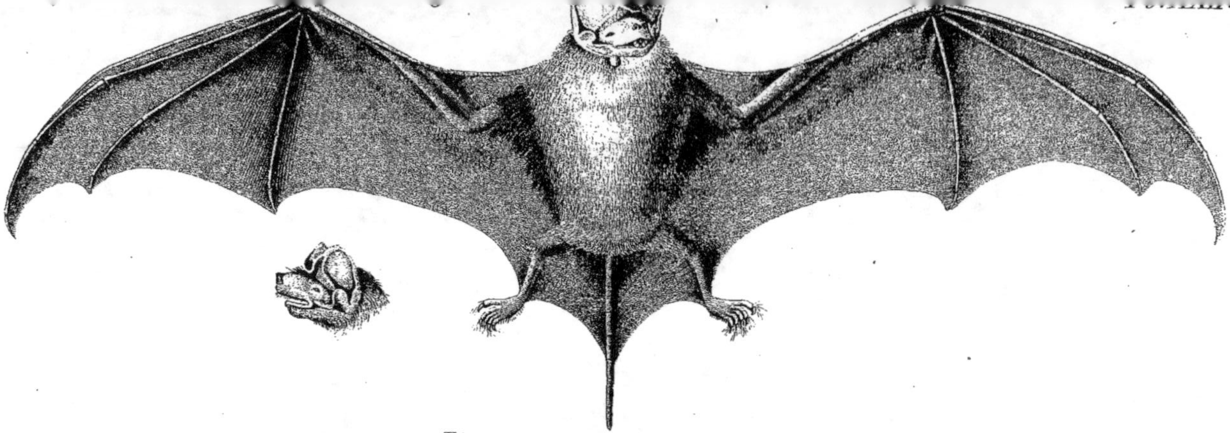

Ten Gekler del.

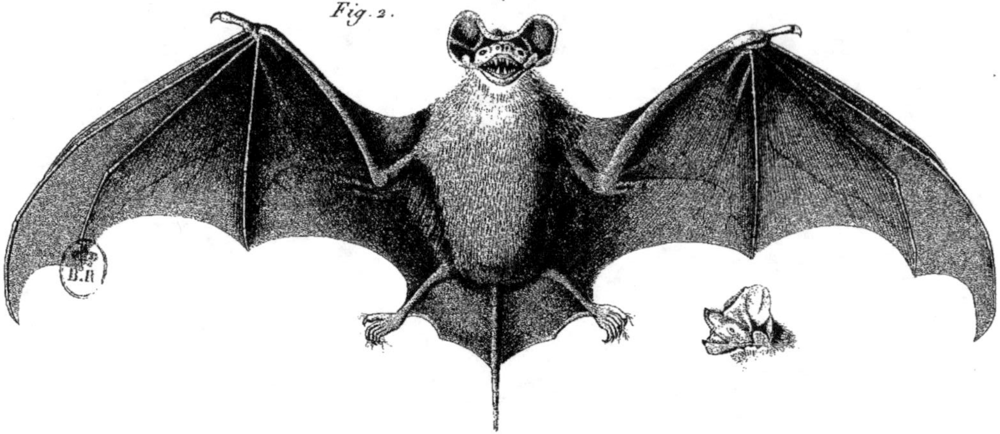

Fig. 1. MOLOSSE VÉLOCE.

Fig. 2.

Fig. 2. MOLOSSE OBSCUR.

Coutant sculp.

Tom. I. Pl. XXIII.

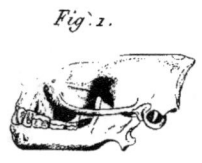 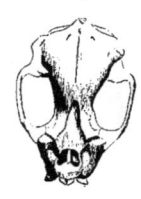 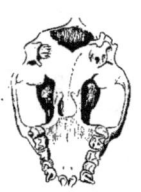 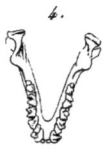 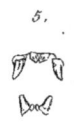

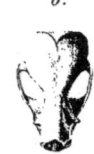 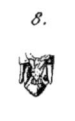 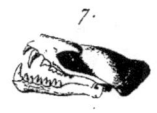   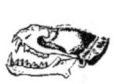

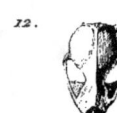 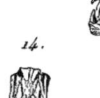 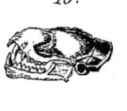 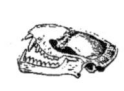

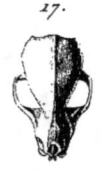 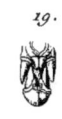 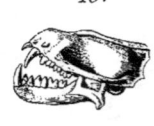 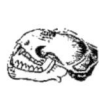 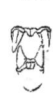

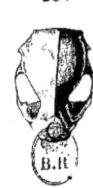 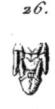 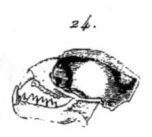 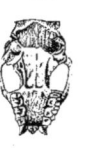

CRANES DE MOLOSSES.

Van Gelder del. Coutant sculp.

Van Gelder del.

SQUELETTES DE MOLOSSES.

Coutant sculp.

AULACODE SWINDERIEN. Squelette et détails. j^{me} grand. nat.

www.ingramcontent.com/pod-product-compliance
Lightning Source LLC
Chambersburg PA
CBHW052238220526
45471CB00001B/98